JANE AUSTEN

# Die schöne Cassandra

JANE AUSTEN

# Die schöne Cassandra

## Sämtliche Jugendwerke

Aus dem Englischen übersetzt
von Ursula und Christian Grawe

Nachwort und Anmerkungen
von Christian Grawe

Reclam

# Inhalt

## Erster Band

## Zweiter Band

## Dritter Band

# Erster Band

Für Miss Lloyd

Meine liebe Martha[1],
Als kleines Zeichen der Dankbarkeit, die ich Dir für Deine Großzügigkeit schulde, dass Du meinen Musselinumhang fertiggenäht hast, bitte ich Dich, dieses bescheidene Werk entgegenzunehmen von Deiner aufrichtigen Freundin

der Autorin

# Frederic und Elfrida

## Ein Roman

### Erstes Kapitel

Elfridas Onkel war Frederics Vater; mit anderen Worten, sie waren Vetter und Cousine ersten Grades väterlicherseits.

Da beide am selben Tag geboren und beide zur selben Schule gegangen waren, war es kein Wunder, dass sie sich mit etwas mehr als bloßer Höflichkeit betrachteten. Sie waren sich herzlich zugetan, waren aber beide entschlossen, die Regeln des Anstands nicht dadurch zu überschreiten, dass sie sich oder anderen ihre Zuneigung gestanden.

Sie waren außergewöhnlich hübsch und sich so ähnlich, dass nicht alle sie auseinanderhalten konnten. Ja, sogar ihre engsten Freunde wussten nicht, wie sie sie voneinander unterscheiden sollten – außer durch ihre Gesichtsform, ihre Augenfarbe, ihre Nasenlänge und ihren unterschiedlichen Teint.

Elfrida hatte eine enge Freundin, der sie auf Besuch bei ihrer Tante den folgenden Brief schrieb.

An Miss Drummond

Liebe Charlotte,
Ich wäre Dir dankbar, wenn Du mir während Deines Aufenthalts bei Mrs. Williamson eine neue, modische Haube kaufen könntest, die zum Teint passt Deiner

E. Falknor

Charlotte, zu deren Charakter es gehörte, allen zu Diensten zu sein, brachte ihrer Freundin, als sie wieder nach Hause kam, die gewünschte Haube mit, und so endete dieses Abenteuer zur großen Zufriedenheit aller Beteiligten.

Bei ihrer Rückkehr nach Crankhumdunberry (in diesem lieblichen Dorf war ihr Vater Pfarrer) wurde Charlotte mit der größten Freude von Frederic und Elfrida empfangen, die ihr, nachdem sie sie abwechselnd an ihren Busen gedrückt hatten, vorschlugen, mit ihr einen Spaziergang in dem Pappelhain zu machen, der von der Pfarrei zu einer üppigen Wiese führte, die prächtig mit vielfarbigen Blumen übersät war und von einem perlenden Bach bewässert wurde, den ein unterirdischer Kanal mit dem Tal von Tempé verband.

In diesem Hain hatten sie gerade erst etwas mehr als neun Stunden verbracht, als sie plötzlich angenehm durch die Laute einer höchst reizvollen Stimme überrascht wurden, die folgende Strophe trällerte.

Lied

Ich wiegte froh mich in dem Glück,
 Dass Damon innig mir gewogen;
Nun meidet er stets meinen Blick,
 Ich fürchte, er hat mich betrogen.

Kaum war das Lied beendet, da erblickten sie bei einer Abzweigung im Hain zwei elegante junge Damen Arm in Arm, die bei ihrem Anblick sofort einen anderen Weg einschlugen und ihrer Sicht entschwanden.

## Zweites Kapitel

Elfrida und ihre Gefährten hatten eindeutig erkannt, dass es sich weder um die beiden Miss Green noch um Mrs. Jackson und ihre Tochter handelte, und konnten deshalb nicht umhin, über ihr Auftauchen ihr Erstaunen zu äußern; und als ihnen schließlich einfiel, dass vor kurzem nicht weit vom Hain eine Familie ein Haus gemietet hatte, beeilten sie sich, nach Hause zurückzukehren, entschlossen, die Bekanntschaft zweier so liebenswürdiger und ehrenwerter Mädchen zu machen, von denen sie zu Recht vermuteten, dass sie zu dieser Familie gehörten.

Kurzentschlossen brachen sie noch am selben Abend auf, um Mrs. Fitzroy und ihren beiden Töchtern ihre Aufwartung zu machen. Als man sie in das elegante Ankleidezimmer bat, das mit Girlanden aus künstlichen Blumen verziert war, waren sie erstaunt über das anziehende Äußere und die schöne Figur Jezalindas, der älteren der beiden jungen Damen; aber schon nach kurzem Beisammensein waren sie von der vor Witz und Charme sprühenden Konversation der liebenswerten Rebecca so gefangen, dass sie alle wie auf Befehl aufsprangen und riefen:

»Du reizende und überaus charmante Schöne, trotz deines Schielens, deines schmutzigen Volants und schwellenden Buckels – hässlicher, als die Phantasie sich ausmalen oder die Feder beschreiben kann – sind wir so hingerissen von deinen fesselnden Geistesgaben, die den Schrecken, den jeder unvorbereitete Besucher bei deinem ersten Erscheinen empfinden muss, entschieden wettmachen.

Deine so noblen Gedanken über die unterschiedliche Qualität von indischem und englischem Musselin und der wohlüberlegte Vorzug, den du ersterem gibst, haben in uns eine Bewunderung erregt, der wir nur dadurch angemessenen Ausdruck geben können, dass wir gestehen, sie entspricht nahezu unserem eigenen Urteil.«

Dann machten sie vor der liebenswerten und verlegenen Rebecca einen tiefen Knicks, verließen das Zimmer und eilten nach Hause.

Seit diesem Ereignis nahm die Vertrautheit zwischen

den Familien Fitzroy, Drummond und Falknor täglich zu, bis sie schließlich so weit gediehen war, dass sie nicht davor zurückschreckten, sich bei der geringsten Provokation gegenseitig aus dem Fenster zu werfen.

Während dieser Zeit glückseliger Harmonie entlief die ältere Miss Fitzroy mit dem Kutscher und die liebenswerte Rebecca wurde von Hauptmann Roger aus Buckingshamshire um ihre Hand gebeten.

Mrs. Fitzroy missbilligte wegen des zarten Alters der jungen Leute diese Verbindung, da Rebecca erst 36 war und Hauptmann Roger die 63 kaum überschritten hatte. Mit Rücksicht auf diese Bedenken einigte man sich zu warten, bis sie um einiges älter waren.

## Drittes Kapitel

Inzwischen warben Frederics Eltern bei Elfridas Eltern um die Hand ihrer Tochter – ein Antrag, der freudig angenommen wurde; die Hochzeitskleider wurden gekauft, und lediglich der Hochzeitstag musste noch festgelegt werden.

Da die reizende Charlotte dringend gebeten wurde, ihrer Tante noch einmal einen Besuch abzustatten, entschloss sie sich, die Einladung anzunehmen, und deshalb ging sie zu Mrs. Fitzroy, um von der liebenswerten Rebecca Abschied zu nehmen, die sie umgeben von Pflastern, Pudern, Pomaden und Parfumflakons vorfand, mit denen sie versuchte, den mangelnden Reiz ihrer Züge zu beheben.

»Ich bin gekommen, meine liebenswerte Rebecca, um von dir für vierzehn Tage Abschied zu nehmen, die ich bei meiner Tante verbringen soll. Glaub mir, diese Trennung ist schmerzlich für mich, aber sie ist so unumgänglich wie die Arbeit, mit der du gerade beschäftigt bist.«

»Also, um die Wahrheit zu gestehen, meine Liebe«, antwortete Rebecca, »ich habe es mir in letzter Zeit in den Kopf gesetzt (vielleicht ohne Grund), dass mein Teint nicht zu meinem Gesicht passt, und deshalb habe ich, wie du siehst, zu roter und weißer Schminke Zuflucht genommen, die zu benutzen ich mich sonst weigern würde, da ich alle Künstlichkeit hasse.«

Charlotte, die den Sinn der Rede ihrer Freundin vollkommen begriff, war zu gutmütig und entgegenkommend, um ihr vorzuenthalten, was sie so dringend wünschte – ein Kompliment; und so schieden sie als die besten Freundinnen der Welt.

Mit schwerem Herzen und tränenden Augen bestieg sie das bequeme Fahrzeug – eine Postkutsche! –, die sie von ihren Freunden und ihrem Heim entfernte; aber betrübt wie sie war, ahnte sie kaum, unter welch merkwürdigen und veränderten Umständen sie zurückkehren würde.

Bei ihrer Ankunft in London, wo Mrs. Williamson zu Hause war, erklärte der Postillon, dessen Dummheit verblüffend war – … erklärte einfach ohne alle Scham oder Gewissensbisse, er wisse nicht, in welchem Teil der Stadt er sie absetzen solle, da man ihn nicht darüber informiert habe.

Charlotte, zu deren Charakter, wie wir schon angedeutet haben, es gehörte, allen zu Diensten zu sein, erklärte ihm mit der größten Leutseligkeit und guten Laune, er solle sie nach Portland Place fahren, was er denn auch tat, so dass Charlotte sich bald in den Armen ihrer liebenden Tante fand.

Kaum saßen sie wie gewöhnlich höchst innig vereint auf *einem* Stuhl, als sich plötzlich die Tür öffnete und ein älterer Herr mit blassem Gesicht und einem alten rosa Mantel der reizenden Charlotte, teils absichtlich und teils aus Schwäche, zu Füßen fiel, ihr seine Liebe gestand und sie auf höchst ergreifende Weise um Erbarmen bat.

Da sie nicht imstande war, sich dazu zu entschließen, jemanden unglücklich zu machen, erklärte sie sich bereit, seine Frau zu werden. Woraufhin der Herr das Zimmer verließ und wieder Ruhe einkehrte.

Diese Ruhe allerdings hielt nicht lange vor, denn nach dem zweiten Öffnen der Tür trat ein hübscher junger Herr in einem neuen blauen Mantel ein und beschwor die reizende Charlotte, ihm zu gestatten, um sie zu werben.

Etwas Gewisses in der Erscheinung des zweiten Fremden nahm Charlotte zu seinen Gunsten ein, und zwar mindestens so sehr wie die Erscheinung des ersten; sie wusste nicht, warum, aber so war es.

Da es ihr Freude machte und ihrem Bedürfnis entsprach, alle glücklich zu machen, versprach sie ihm, am nächsten Vormittag seine Frau zu werden; darauf verließ er sie, und die beiden Damen setzten sich zum Abendessen nieder, das aus einem jungen Hasen, zwei Rebhühnern, drei Fasanen und einem Dutzend Tauben bestand.

## Viertes Kapitel

Erst am nächsten Vormittag erinnerte sich Charlotte, dass sie zwei Verlobungen eingegangen war; als ihr aber die Ungeheuerlichkeit ihrer begangenen Dummheit aufging, beschloss sie, sich einer noch größeren schuldig zu machen, und stürzte sich in einen tiefen Bach, der durch den Park ihrer Tante am Portland Place floss.

Sie trieb bis Crankhumdunberry, wo man sie aus dem Wasser zog und beerdigte. Das folgende von Frederic, Elfrida und Rebecca gedichtete Epitaph wurde auf ihr Grab gesetzt.

Epitaph

Sie konnte nicht auf Erden bleiben,
Denn beide Freier wollt sie freien.
Man hörte fürchterlich sie schreien.

Und weil sie dies Versprechen gab,
Das kühle Wasser ward ihr Grab.
Durch Portland Place sah man sie treiben.

Diese anheimelnden Zeilen, so pathetisch wie schön, wurden niemals von einem Vorbeigehenden gelesen, ohne einen Tränenstrom auszulösen; und wenn sie dich, lieber Leser, nicht auch zu Tränen rühren, dann bist du ihrer unwürdig.

Nachdem sie ihrer verstorbenen Freundin die letzte Ehre erwiesen hatten, kehrten Frederic und Elfrida zusammen mit Hauptmann Roger und Rebecca zu Mrs. Fitzroy zurück, warfen sich ihr wie auf Befehl gemeinsam zu Füßen und sprachen sie folgendermaßen an:

»Madam, als der liebenswerte Hauptmann Roger die reizende Rebecca um ihre Hand bat, haben Sie allein aufgrund des zarten Alters der Partner der Verbindung Ihre Zustimmung versagt. Dieser Einwand gilt jetzt nicht mehr, da inzwischen sieben Tage – zusammen mit der reizenden Charlotte – dahingegangen sind, seit der Hauptmann sich zuerst an Sie wandte.

Stimmen Sie also ihrer Vereinigung zu, Madam, und als Belohnung soll dieses Riechfläschchen in meiner rechten Hand Ihnen für immer gehören, ich werde es nie zurückfordern. Wenn Sie sich aber weigern, ihnen innerhalb von drei Tagen Ihren Segen zu geben, dann wird der Dolch, den ich mit meiner Linken umfasse, von Ihrem Herzblut getränkt werden.

Sprechen Sie also, Madam, und entscheiden Sie über Ihr eigenes Schicksal und das der beiden.«

Eine so sanfte und zartfühlende Überredung konnte die beabsichtigte Wirkung nicht verfehlen. Die Antwort, die sie erhielten, lautete folgendermaßen:

»Meine lieben jungen Freunde, die Argumente, die Sie vorgebracht haben, sind zu berechtigt und zu überzeugend, als dass man ihnen widerstehen könnte; Rebecca, in drei Tagen wirst du mit dem Hauptmann getraut werden.«

Diese so überaus zufriedenstellende Mitteilung wurde von allen mit Freude vernommen. Da auf diese Weise überall wieder Friede eingekehrt war, bat Hauptmann Roger Rebecca, sie mit einem Lied zu erfreuen; und nachdem Rebecca ihnen vor Erfüllung dieses Wunsches versichert hatte, dass sie eine schreckliche Erkältung habe, sang sie folgendes

Lied

Zum Markt macht Mark sich auf die Socken.
Dort kaufte er ein Band für Bess;
Das schlang er ihr um ihre Locken,
Wodurch sie aussah riesig kess.

## Fünftes Kapitel

Drei Tage später waren Hauptmann Roger und Rebecca vereinigt, und unmittelbar nach der Trauung machten sie sich in der Postkutsche zu Hauptmann Rogers Wohnsitz in Buckinghamshire auf den Weg.

Obwohl Elfridas Eltern ernsthaft wünschten, sie vor ihrem Tod mit Frederic verheiratet zu sehen, hüteten sie sich, sie dazu zu drängen, weil sie wussten, dass ihr empfindsames Gemüt keinerlei Aufregung vertragen konnte, und zu

Recht befürchteten, dass das Festsetzen ihres Hochzeitstages zu viel für sie sein würde.

Tage und Wochen flogen dahin, ohne dass irgendwelche Fortschritte in der Sache erzielt wurden; ihre Kleidung wurde unmodern, und schließlich kamen Hauptmann Roger und seine Frau Gemahlin, um ihrer Mutter einen Besuch abzustatten und ihr ihre hübsche achtzehnjährige Tochter vorzustellen.

Elfrida, die ihre früheren Bekannten zu alt und zu hässlich fand, um weiter mit ihnen umzugehen, begrüßte die Ankunft eines so hübschen Mädchens wie Eleanor mit großer Begeisterung und beschloss, enge Freundschaft mit ihr zu schließen.

Aber das Glück, das sie von ihrer Bekannschaft mit Eleanor erwartete, wollte sich nicht recht einstellen, denn nicht nur musste sie die Demütigung hinnehmen, von ihr kaum anders als eine alte Frau behandelt zu werden, sondern mit wahrem Schrecken musste sie auch eine wachsende Leidenschaft in Frederics Busen für die Tochter der liebenswerten Rebecca wahrnehmen.

Kaum war ihr der erste Verdacht einer solchen Neigung gekommen, da flog sie zu Frederic und überfiel ihn mit dem wahrhaft heroischen Entschluss, am nächsten Tag heiraten zu wollen.

In einer so prekären Lage hätte diese Rede für jemanden mit weniger Courage als Frederic den Tod bedeutet; aber er ließ sich keineswegs einen Schreck einjagen und antwortete kühn: »Verdammt noch mal, Elfrida, *du* heiratest morgen vielleicht, aber *ich* nicht.«

Diese Antwort war zu viel für ihre zarte Konstitution. Daher wurde sie ohnmächtig und hatte nacheinander eine solche Reihe von Ohnmachtsanfällen, dass sie kaum Zeit hatte, sich von dem einen zu erholen, bevor der nächste einsetzte.

Obwohl Frederic in jeder erdenklichen Gefahr für Leib und Leben heldenhaften Mut zeigte, war sein Herz in anderer Hinsicht so weich wie Butter; und als er erfuhr, in welcher Lebensgefahr Elfrida sich befand, eilte er zu ihr, und da er sie in einem besseren Zustand als erwartet fand, wurden sie auf immer miteinander vereint. *1787–90*

# Jack und Alice

## Ein Roman

### Erstes Kapitel

Es war einmal ein Mr. Johnson, der ungefähr 53 Jahre alt war; zwölf Monate später war er 54, was ihn so entzückte, dass er beschloss, seinen nächsten Geburtstag mit einer Maskerade für seine Kinder und Freunde zu feiern. Also schickte er am Tag, an dem er 55 wurde, Einladungen an alle seine Nachbarn. Seine Bekannten in diesem Teil der Welt waren allerdings nicht sehr zahlreich, denn sie bestanden lediglich aus Lady Williams, Mr. und Mrs. Jones, Charles Adams und den drei Miss Simpson[2], die die Nachbarschaft von Pammydiddle ausmachten und die die Teilnehmer der Maskerade bildeten.

Bevor ich dazu übergehe, einen Bericht von dem Abend zu geben, ist es wohl angebracht, meinen Lesern die Personen und ihre Eigenschaften vorzustellen, die Mr. Johnson zu der Gesellschaft eingeladen hatte.

Mr. und Mrs. Jones waren beide ziemlich groß und sehr leidenschaftlich, aber in anderer Hinsicht gutmütige, wohlerzogene Leute. Charles Adams war ein liebenswürdiger, gebildeter und bezaubernder junger Mann von solch blendender Schönheit, dass nur Adler seinem Blick standhalten konnten.

Miss Simpson hatte ein ansprechendes Äußeres, angenehme Umgangsformen und ein ausgeglichenes Temperament; grenzenloser Ehrgeiz war ihr einziger Fehler. Ihre zweite Schwester Sukey war neidisch, gehässig und boshaft. Sie war klein, fett und unausstehlich. Cecilia (die jüngste) war eine vollkommene Schönheit, aber zu affektiert, um zu gefallen.

In Lady Williams vereinigten sich alle Vorzüge. Sie war eine Witwe mit einem hübschen Vermögen und den Rudimenten eines sehr hübschen Gesichts. Obwohl wohlwollend und ehrlich, war sie großzügig und aufrichtig; obwohl fromm und gütig, war sie religiös und liebenswert; obwohl elegant und entgegenkommend, war sie kultiviert und unterhaltsam.

Die Johnsons waren eine liebevolle Familie, und obwohl der Flasche und dem Glücksspiel verfallen, hatten sie viele gute Eigenschaften.

So sah die Gesellschaft aus, die sich im eleganten Salon von *Johnson Court* versammelte, und unter den weiblichen Masken war die angenehme Erscheinung einer *Sultanin* die auffälligste. Unter den Männern war eine *Sonne* die am meisten bewunderte Maske. Die Strahlen, die aus seinen Augen schossen, waren wie die des herrlichen Gestirns – wenngleich ihm unendlich überlegen. So stark waren sie, dass niemand sich traute, näher als eine halbe Meile an ihn heranzutreten; er hatte deshalb den größeren Teil des Saales für sich, denn dieser war nur eine dreiviertel Meile lang und eine halbe Meile breit. Da der Herr fand, dass die Intensität seiner Strahlen dem allgemeinen Gespräch wenig zuträglich war, weil sie die anderen Gäste zwangen, sich in einer Ecke des Saales zusammenzudrängen, senkte er die Lider, woraufhin die Gesellschaft entdeckte, dass es sich um Charles Adams in seinem schlichten grünen Mantel handelte – und zwar ohne Maske.

Als ihr Erstaunen sich einigermaßen gelegt hatte, wurde ihre Aufmerksamkeit auf zwei *Dominos* gelenkt, die in beängstigender Leidenschaft nahten; beide waren sehr groß, hatten aber offenbar in anderer Hinsicht viele gute Eigenschaften. »Diese beiden«, sagte der geistreiche Charles, »diese beiden sind Mr. und Mrs. Jones« – und so war es auch.

Alle rätselten, wer wohl die *Sultanin* war. Erst als sie eine hübsche *Flora,* die sich in einstudierter Pose auf dem Sofa zurücklehnte, mit den Worten ansprach: »Oh, Cecilia, ich wollte, ich wäre wirklich, was ich zu sein vorgebe«, erriet das niemals versagende Genie von Charles Adams, dass es die elegante, aber ehrgeizige Caroline Simpson war; und bei der Person, an die sie sich gewandt hatte, vermutete er zu Recht, dass es sich um ihre liebenswerte, aber affektierte Schwester Cecilia handelte.

Die Gesellschaft bewegte sich nun auf einen Spieltisch zu, wo drei *Dominos* (jeder mit einer Flasche in der Hand) ins Spiel vertieft saßen; eine weibliche Gestalt in der Maske der *Tugend* hingegen entfloh eilenden Fußes dieser schockierenden Szene, während eine kleine fette, den *Neid* darstellende Frau sich abwechselnd auf den Kopf der drei Spieler setzte. Charles Adams war noch so hellsichtig wie eh und je; er entdeckte bald, dass die Gruppe am Spieltisch die drei Johnsons, der *Neid* Sukey Simpson und die *Tugend* Lady Williams waren.

Dann wurden die Masken abgenommen, und die Gesellschaft begab sich ein anderes Zimmer, um an einer eleganten und gut einstudierten Darbietung teilzunehmen, woraufhin die drei Johnsons dem Flascheninhalt ziemlich hemmungslos zusprachen, und auch die übrige Gesellschaft, die *Tugend* nicht ausgeschlossen, schließlich nach Hause getragen werden musste – und zwar sternhagelblau.

## Zweites Kapitel

Drei Monate lang bot die Maskerade den Bewohnern von Pammydiddle reichlich Gesprächsstoff; aber über keinen ließ man sich so ausgiebig aus wie über Charles Adams. Die Einzigartigkeit seiner Erscheinung, die Strahlen, die aus seinen Augen schossen, sein sprühender Witz und das *tout en-*

*semble* seiner Person hatten die Herzen so vieler junger Damen bezwungen, dass von den sechs bei der Maskerade anwesenden nur fünf zurückkehrten, ohne von ihm bezaubert zu sein. Alice Johnson war die unglückliche sechste, deren Herz der Ausstrahlung seines Charmes nicht hatte widerstehen können. Aber da es meinen Lesern merkwürdig vorkommen mag, dass so viel Verdienst und Vollkommenheit nur *ihr* Herz erobert hatte, ist es nötig, ihnen mitzuteilen, dass die Miss Simpson gegen diese Ausstrahlung durch Ehrgeiz, Neid und Selbstgefälligkeit gefeit waren.

Carolines Wünsche waren ganz auf einen Mann von Adel gerichtet, während ein beeindruckender Titel in Sukey nur Neid, nicht Liebe auslöste und Cecilia zu ausschließlich in sich selbst verliebt war, um irgendjemand anderem zugetan zu sein. Was Lady Williams und Mrs. Jones angeht, so war die erstere zu vernünftig, um sich in einen viel jüngeren Mann zu verlieben, und die letztere, obwohl sehr groß und sehr leidenschaftlich, hing zu sehr an ihrem Mann, um an dergleichen zu denken.

Doch trotz aller Bemühungen von seiten Miss Johnsons, einen Hauch von Zuneigung zu ihr in ihm zu entdecken, bewahrte das kalte und gleichgültige Herz von Charles Adams, soweit erkennbar, seine angeborene Freiheit; höflich zu allen, aber keiner zugetan, blieb er der löbliche, lebhafte, aber gefühllose Charles Adams.

Als Alice eines Abends dem Wein etwas zu lebhaft zugesprochen hatte (kein sehr ungewöhnliches Ereignis), entschloss sie sich, ihrem wirren Kopf und liebeskranken Herzen durch ein Gespräch mit der klugen Lady Williams Erleichterung zu verschaffen.

Sie fand die gnädige Frau – wie es deren Gewohnheit war – zu Hause, denn sie ging nicht gerne aus, und wie der große Sir Charles Grandison[3] verschmähte sie es, sich, wenn zu Hause, verleugnen zu lassen, weil sie die modische Art, unliebsame Besucher nicht zu empfangen, für kaum weniger schlimm hielt als Bigamie.

Trotz des Weins, den sie getrunken hatte, war die arme Alice außerordentlich niedergeschlagen; sie konnte an nichts als an Charles Adams denken, sie konnte von nichts als von ihm reden; kurz und gut, sie sprach so offen, dass Lady Williams bald entdeckte, wie sehr sie an unerwiderter Liebe zu ihm litt, was in ihr ein so heftiges Bedauern und Mitgefühl erregte, dass sie sie folgermaßen ansprach:

»Ich sehe nur zu deutlich, meine liebe Miss Johnson, dass Ihr Herz dem faszinierenden Charme dieses jungen Mannes nicht widerstehen konnte, und ich bemitleide Sie von ganzem Herzen. Ist es Ihre erste Liebe?«

»Ja.«

»Dann tut es mir noch mehr leid. Ich bin selbst ein trauriges Beispiel für das Elend, das im allgemeinen mit einer ersten Liebe einhergeht, und ich bin entschlossen, in Zukunft ähnliches Unglück zu vermeiden. Ich wäre froh, wenn es auch für Sie nicht zu spät wäre und es nicht über Ihre Kräfte ginge, mein liebes Kind, sich aus einer so großen Gefahr zu retten. Eine zweite Liebe hat selten solch ernste Konsequenzen; *dagegen* habe ich deshalb nichts einzuwenden. Bewahren Sie sich vor der ersten Liebe, dann haben Sie von der zweiten nichts zu fürchten.«

»Sie haben erwähnt, Madam, dass Sie selbst das Unglück erlitten haben, vor dem Sie mich dankenswerterweise bewahren möchten. Wären Sie bereit, mir Ihr Leben und Ihre Abenteuer zu erzählen?«

»Gern, meine Liebe.«

## Drittes Kapitel

»Mein Vater war ein recht wohlhabender Gentleman in Birkshire; ich und ein paar andere waren seine einzigen Kinder. Ich war erst sechs Jahre alt, als ich das Unglück hatte, meine Mutter zu verlieren; und da ich damals jung und zartbesaitet war, schickte mein Vater mich nicht zur Schule, sondern stellte eine fähige Gouvernante ein, die meine Erziehung zu Hause betreuen sollte. Meine Brüder wurden auf altersmäßig für sie geeignete Schulen geschickt, und meine Schwestern, die alle jünger waren als ich, blieben unter der Obhut ihrer Amme.

Miss Dickins war eine ausgezeichnete Gouvernante. Sie führte mich auf den Pfad der Tugend; unter ihrer Anleitung wurde ich täglich liebenswerter und hätte sicher bald den höchsten Grad der Vollkommenheit erreicht, wenn meine würdige Lehrerin nicht meinen Armen entrissen worden wäre, bevor ich mein siebzehntes Lebensjahr erreicht hatte. Nie werde ich ihre letzten Worte vergessen. ›Meine liebe Kitty‹, sagte sie, ›ich wünsch dir gut' Nacht.‹ Ich sah sie nie wieder«, fuhr Lady Williams fort und trocknete ihre Tränen. »Sie brannte noch in derselben Nacht mit dem Butler durch.

Ich wurde im folgenden Jahr von einer entfernten Verwandten meines Vaters eingeladen, den Winter mit ihr in London zu verbringen. Mrs. Watkins war von Familie, Vornehmheit und Vermögen; sie wurde allgemein für eine hübsche Frau gehalten, aber ich persönlich habe sie nie besonders schön gefunden. Sie hatte eine zu hohe Stirn, ihre Augen waren zu klein und ihr Teint war zu dunkel.«

»Wie kann das sein?« unterbrach Miss Johnson und wurde rot vor Ärger. »Finden Sie denn, dass man einen zu dunklen Teint haben kann?«

»Das finde ich, und ich will Ihnen sagen, warum, meine liebe Alice. Wenn eine Frau zu viel Rot in ihrem Teint hat, dann sieht ihr Gesicht meiner Meinung nach zu rot aus.«

»Aber gnädige Frau, kann ein Gesicht denn zu rot aussehen?«

»Natürlich, meine liebe Miss Johnson, und ich will Ihnen sagen, warum. Wenn ein Gesicht zu rot aussieht, dann wirkt es nicht so vorteilhaft, wie wenn es blasser wäre.«

»Fahren Sie bitte in Ihrer Geschichte fort, Madam.«

»Also, wie ich schon sagte, ich wurde von dieser Dame eingeladen, mit ihr einige Wochen in London zu verbringen. Viele Gentlemen hielten sie für schön, aber meiner Meinung nach war ihre Stirn zu hoch, ihre Augen waren zu klein und ihr Teint war zu dunkel.«

»Darin, Madam, müssen Sie sich, wie ich schon sagte, geirrt haben. Mrs. Watkins kann keinen zu dunklen Teint gehabt haben, weil niemand einen zu dunklen Teint haben kann.«

»Entschuldigen Sie, meine Liebe, dass ich in diesem Punkt nicht mit Ihnen übereinstimme. Lassen Sie es mich deutlich erklären; ich denke folgendermaßen darüber: Wenn die Wangen einer Frau zu viel Rot enthalten, dann ist ihr Teint zu dunkel.«

»Aber, Madam, ich bestreite, dass man von einer Frau sagen kann, dass ihre Wangen zu viel Rot enthalten können.«

»Wie, meine Liebe, auch nicht, wenn sie zu dunkel sind?«

Miss Johnson war nun völlig am Ende ihrer Geduld, vielleicht um so mehr, als Lady Williams immer noch so ungerührt kühl blieb. Es muss allerdings daran erinnert werden, dass die gnädige Frau in einer Hinsicht einen erheblichen Vorteil vor Alice hatte – ich meine darin, dass sie nicht betrunken war, denn wenn sie durch Wein erhitzt und von Leidenschaft erregt war, dann hatte sie wenig Kontrolle über ihr Temperament.

Die Auseinandersetzung wurde schließlich so hitzig auf Alices Seite, »dass man von Worten fast zu Taten schritt«,[4] als glücklicherweise Mr. Johnson eintrat und sie mit einiger Mühe von Lady Williams und Mrs. Watkins mit ihren roten Wangen trennte.

## Viertes Kapitel

Meine Leser glauben womöglich, dass eine enge Beziehung zwischen den Johnsons und Lady Williams nach einer solchen Szene nicht mehr bestehen konnte, aber darin irren sie sich, denn Lady Williams war zu einsichtig, als dass sie sich über ein Benehmen aufgeregt hätte, das sie nur als die natürliche Folge von Trunkenheit begreifen konnte, und Alice hatte zu großen Respekt vor Lady Williams und zu großen Appetit auf ihren Rotwein, als dass sie nicht zu jedem Zugeständnis bereit gewesen wäre.

Ein paar Tage nach ihrer Versöhnung machte Lady Williams Miss Johnson einen Besuch und schlug einen Spaziergang in den Zitronenhain vor, der vom Schweinestall der gnädigen Frau zu Charles Adams' Pferdetränke führte. Alice wusste Lady Williams' Freundlichkeit, einen solchen Spaziergang vorzuschlagen, zu sehr zu schätzen und freute sich zu sehr auf die Aussicht, an seinem Ende Charles' Pferdetränke zu sehen, als dass sie ihn nicht mit sichtbarem Vergnügen angenommen hätte. Sie waren noch nicht weit gekommen, als sie aus ihren erfreulichen Gedanken über das ihr bevorstehende Glück durch Lady Williams' Bemerkungen gerissen wurde:

»Ich habe mich bisher gehütet, meine liebe Alice, mit der Geschichte meines Lebens fortzufahren, um Ihnen nicht eine Szene ins Gedächtnis zurückzurufen, die (da sie Ihnen eher zur Schande als zur Ehre gereicht) besser vergessen als erinnert wird.«

Alice begann schon die Röte ins Gesicht zu steigen, und sie wollte schon das Wort ergreifen, als die gnädige Frau ihr Missfallen wahrnahm und fortfuhr:

»Ich fürchte, mein liebes Kind, ich habe Sie durch das, was ich gerade gesagt habe, beleidigt; seien Sie versichert, ich wollte Ihnen durch die Erinnerung an etwas, was doch nicht mehr zu ändern ist, nicht wehtun; alles in allem gebe ich Ihnen nicht so viel Schuld wie die meisten Leute, denn wenn jemand betrunken ist, ist er völlig unberechenbar.«

»Madam, das ist unerträglich, ich bestehe darauf …«

»Mein liebes Kind, machen Sie sich nichts daraus; seien Sie versichert, ich habe Ihnen die ganze Geschichte vergeben; ja, ich war in dem Augenblick nicht einmal ärgerlich, weil ich gleich sah, dass Sie sternhagelblau waren. Ich wusste, Sie konnten nichts für die merkwürdigen Dinge, die Sie geäußert haben. Aber ich sehe, ich tue Ihnen weh; ich will deshalb das Thema wechseln und möchte, dass die Sache nie wieder erwähnt wird; seien Sie unbesorgt, alles ist vergessen. Ich will lieber mit meiner Geschichte fortfahren, aber ich werde mich davor hüten, Ihnen noch einmal eine Beschreibung von Mrs. Watson zu geben; es würde nur alte Geschichten aufwärmen, und da Sie sie nie gesehen haben, kann es Ihnen gleichgültig sein, ob ihre Stirn tatsächlich zu hoch, ihre Augen zu klein und ihr Teint zu dunkel sind.«

»Noch einmal, Lady Williams, ich muss Sie bitten …«

So erregt war die arme Alice durch das Aufwärmen der alten Geschichte, dass ich nicht weiß, was für Folgen es gehabt hätte, wenn ihre Aufmerksamkeit nicht auf etwas anderes gelenkt worden wäre. Eine reizende junge Frau, die offenbar in großen Schmerzen unter einem Zitronenbaum lag, war eine viel zu interessante Erscheinung, als dass sie nicht ihr Interesse hätte wecken sollen. Sie vergaßen also ihre eigene Auseinandersetzung, näherten sich ihr mit mitleidigem Zartgefühl und sprachen sie folgendermaßen an:

»Sie leiden anscheinend große Schmerzen, schöne Nymphe, und wir wollen diese gerne lindern, wenn Sie uns mitteilen, was ihre Ursache ist. Sind Sie bereit, uns Ihr Leben und Ihre Abenteuer zu erzählen?«

»Gern, meine Damen, wenn Sie so freundlich sein wollen sich zu setzen.«

Sie nahmen also Platz, und sie begann.

## Fünftes Kapitel

»Ich bin in Nordwales geboren, und mein Vater ist einer der angesehensten Schneider dort. Da er eine kinderreiche Familie hat, ließ er sich von einer Schwester meiner Mutter, die als finanziell gutgestellte Witwe ein Wirtshaus im nächsten Dorf unterhält, leicht dazu bewegen, mich ihr auf ihre Kosten zur Erziehung zu überlassen. Daher habe ich die letzten acht Jahre meines Leben bei ihr verbracht, und während dieser Zeit hat sie einige der besten Lehrer für mich angestellt, die mich die Fertigkeiten und Kenntnisse gelehrt haben, die eine junge Frau von Rang braucht. Unter ihrer Leitung lernte ich tanzen, musizieren, zeichnen und verschiedene Sprachen, wodurch ich gebildeter wurde als alle anderen Schneiderstöchter in Wales. Nie gab es ein glücklicheres Geschöpf als mich, bis vor einem halben Jahr … aber ich hätte vorher erwähnen sollen, dass der größte Besitz in unserer Gegend Charles Adams gehört, dem Eigentümer des Klinkerhauses, das Sie dort drüben sehen.«

»Charles Adams!« rief die erstaunte Alice, »sind Sie bekannt mit Charles Adams?«

»Zu meinem Leidwesen, ja, Madam. Er kam vor etwa einem halben Jahr, um die Miete für den Besitz einzuziehen, den ich gerade erwähnt habe. Damals sah ich ihn zum ersten Mal. Da Sie anscheinend mit ihm bekannt sind, Madam, brauche ich Ihnen nicht zu beschreiben, wie charmant er ist. Ich konnte seiner Anziehungskraft nicht widerstehen …«

»Ah, wer kann das schon«, sagte Alice mit einem tiefen Seufzer.

»Da meine Tante mit seiner Köchin aufs engste befreundet ist, beschloss sie auf meine Bitte, durch ihre Freundin herauszufinden, ob Aussicht besteht, dass er meine Zuneigung erwidert. Zu diesem Zweck ging sie eines Abends zum Tee zu Mrs. Susan, die im Verlauf der Unterhaltung die Vorzüge ihres Arbeitsplatzes und die Vorzüge ihres Herrn erwähnte, woraufhin meine Tante sie mit so viel Geschick aushorchte, dass Susan sehr bald gestand, sie glaube nicht, dass ihr Herr je heiraten werde, ›denn (sagte sie) er hat immer und immer wieder erklärt, seine Frau, wer immer sie auch sein mag, muss Jugend, Schönheit, Adel, Geist, Verdienst und Geld besitzen. Ich habe schon oft versucht (fuhr sie fort), ihm seinen Entschluss auszureden und ihn von der Unwahrscheinlichkeit zu überzeugen, eine solche Dame je zu finden; aber meine Argumente hatten keine Wirkung, und er ist entschiedener als je bei seinem Entschluss geblieben.‹ Sie können sich meine Enttäuschung vorstellen, meine Damen, als ich das hörte, denn ich fürchtete, dass er mich, obwohl ich Jugend, Schönheit, Geist und Verdienst besitze und die voraussichtliche Erbin von Haus und Geschäft meiner Tante bin, womöglich für unebenbürtig und seiner nicht würdig halten würde.

Trotzdem war ich entschlossen, einen kühnen Vorstoß zu machen, und schrieb ihm deshalb einen sehr freundlichen Brief, in dem ich ihm mit großem Zartgefühl Herz und Hand antrug. Auf diesen Brief erhielt ich eine zornige und entschiedene Absage. Da ich aber dachte, sie sei lediglich eine Folge seiner Bescheidenheit, setzte ich ihm noch einmal zu. Aber er beantwortete meine weiteren Briefe nicht, und sehr bald darauf verließ er Wales. Sobald ich von seiner Abreise hörte, schrieb ich ihm hierher, um ihm mitzuteilen, dass es mir eine Ehre sein würde, ihm sehr bald einen Besuch in Pammydiddle abzustatten, worauf ich keine Antwort erhielt. Entschlossen, Schweigen als Zustimmung auszulegen, verließ ich deshalb ohne Wissen meiner Tante Wales und kam nach einer ermüdenden Reise heute vormittag hier an. Auf meine Frage nach seinem Haus wurde mir der Weg durch diesen Wald zu dem Haus dort drüben gewiesen. In der beglückenden Aussicht, ihn zu sehen, betrat ich den Wald in gehobener Stimmung und war gerade bis hierher gekommen, als ich mich plötzlich am Bein gepackt fühlte und bei genauerem Hinsehen feststellte, dass ich mich in einer der stählernen Fallen gefangen hatte, wie man sie auf herrschaftlichem Grund und Boden findet.«

»Ah«, rief Lady Williams, »was für ein Glück, dass wir Sie hier treffen, sonst hätte uns womöglich das gleiche Schicksal ereilt.«

»Sie haben wirklich Glück gehabt, meine Damen, dass ich kurz vor Ihnen hier war. Ich schrie, wie Sie sich leicht vorstellen können, bis der Wald widerhallte und ein Diener des unmenschlichen Schurken mir zu Hilfe kam und mich aus meinem schrecklichen Gefängnis befreite – allerdings nicht, ohne dass mein Bein gebrochen war.«

## Sechstes Kapitel

Bei dieser melancholischen Erzählung füllten sich Lady Williams' strahlende Augen mit Tränen, und auch Alice konnte nicht umhin zu rufen: »Oh, grausamer Charles, so die Herzen und Beine aller schönen Mädchen zu brechen!«

Lady Williams griff nun ein mit der Bemerkung, das Bein der jungen Dame müsse ohne weitere Verzögerung geschient werden. Nach Untersuchung des Bruchs begann sie deshalb augenblicklich, die Operation mit großem Geschick vorzunehmen, was um so bewundernswerter war, als sie dergleichen noch nie unternommen hatte. Danach erhob sich Lucy, und als sie feststellte, dass sie ohne Schwierigkeiten gehen konnte, begleitete sie die beiden auf Lady Williams' ausdrücklichen Wunsch zu deren Haus.

Lucys makellose Figur, schönes Antlitz und gepflegte Umgangsformen gewannen Alices Zuneigung so schnell, dass sie ihr – allerdings erst nach dem Dinner, als sie sich trennten – versicherte, dass sie außer ihrem Vater, Bruder, ihren Onkeln, Tanten, Cousinen und anderen Verwandten, Lady Williams, Charles Adams und ein paar Dutzend weiterer enger Freunde niemanden auf der Welt so sehr liebe wie sie.

Solche schmeichelhaften Versicherungen ihrer Wertschätzung hätten der Adressatin sicher viel Freude gemacht, wenn sie nicht deutlich wahrgenommen hätte, dass die liebenswerte Alice Lady Williams' Rotwein allzu ausgiebig zugesprochen hatte.

Die gnädige Frau (deren Scharfsinn groß war) las in Lucys klugem Gesicht deren Gedanken über den Sachverhalt und wandte sich, sobald Miss Johnson sie verlassen hatte, mit folgenden Worten an sie:

»Wenn Sie mit meiner Alice vertrauter sind, werden Sie sich nicht wundern, Lucy, dass das gute Geschöpf ein bisschen zu viel trinkt, denn derlei geschieht jeden Tag. Sie hat viele seltene und liebenswerte Eigenschaften, aber Abstinenz gehört nicht dazu. Tatsächlich besteht die ganze Familie aus trostlosen Trunkenbolden. Es tut mir leid, sagen zu müssen, dass ich nie drei so hemmungslose Glücksspieler gekannt habe wie sie, vor allem Alice. Aber sie ist ein charmantes Mädchen. Nicht gerade mit einem ausgeglichenen Temperament gesegnet, denn ich habe noch nie solche Wutanfälle erlebt. Sie ist aber trotzdem eine reizende junge Frau. Sie werden sie sicher gern haben. Ich kenne sonst niemanden, der so sympathisch ist. Ach, wenn Sie sie nur gestern abend hätten sehen können. Wie sie tobte – und noch dazu wegen einer solchen Lappalie! Sie ist wirklich ein durch und durch gewinnendes Mädchen! Ich werde sie immer gern haben.«

»Nach Ihrer Schilderung, gnädige Frau, hat sie anscheinend viele gute Eigenschaften«, antwortete Lucy.

»Oh, tausende«, entgegnete Lady Williams, »obwohl ich viel für sie übrig habe und vielleicht durch meine Zuneigung zu ihr für ihre wirklichen Fehler blind bin.«

## Siebtes Kapitel

Am nächsten Vormittag fand ein Besuch der drei Miss Simpson bei Lady Williams statt, die sie mit der größten Höflichkeit empfing und ihrer Bekannten Lucy vorstellte, von der die älteste so eingenommen war, dass sie beim Abschied erklärte, ihr ganzer *Ehrgeiz* bestehe darin, dass Lucy sie nach Bath begleite, wohin sie am nächsten Vormittag für ein paar Wochen fahren wollten.

»Lucy«, sagte Lady Williams, »ist völlig unabhängig, und wenn sie beschließt, eine so freundliche Einladung anzunehmen, dann wird sie hoffentlich nicht aus bloßer Rücksicht auf mich zögern. Ich weiß allerdings nicht, wie ich auf sie verzichten soll. Sie ist nie in Bath gewesen, und ich könnte mir vorstellen, dass es ein höchst angenehmer Ausflug für sie wäre. Was meinen Sie, meine Liebe (sie wandte sich an Lucy), wollen Sie diese Damen begleiten? Ich werde Sie schrecklich vermissen … es wird eine höchst angenehme

Reise für Sie werden … ich hoffe, Sie nehmen die Einladung an … aber wenn ja, dann ist das gewiss mein Tod … lassen Sie sich ruhig überreden.«

Lucy bat mit vielen Beteuerungen ihrer Dankbarkeit, die außerordentlich höfliche Einladung der Miss Simpson, sie zu begleiten, ablehnen zu dürfen.

Miss Simpson schien über diese Absage sehr enttäuscht. Lady Williams drängte sie mitzufahren, behauptete, sie würde ihr nie verzeihen, wenn sie es nicht tat, würde es aber nicht überleben, wenn sie es tat, und, kurz und gut, brachte so überzeugende Argumente vor, dass man schließlich beschloss, sie solle mitfahren. Die Miss Simpson holten sie am nächsten Vormittag um zehn Uhr ab, und Lady Williams hatte bald die Genugtuung, von ihrer jungen Freundin die erfreuliche Nachricht von ihrer wohlbehaltenen Ankunft in Bath zu erhalten.

Es ist nun wohl angebracht, zum Helden dieses Romans, Alices Bruder, zurückzukehren, von dem zu sprechen ich bisher kaum Gelegenheit hatte, was zum Teil an seinem unglücklichen Hang zum Alkohol liegen mag, der ihm so völlig den Gebrauch der Fähigkeiten beraubte, mit denen die Natur ihn ausgestattet hatte, dass er niemals etwas Erwähnenswertes tat. Sein Tod ereignete sich kurz nach Lucys Abreise und war die natürliche Folge seines fatalen Lasters. Durch sein Ableben wurde seine Schwester die alleinige Erbin eines sehr großen Vermögens, eine für sie höchst erfreuliche Aussicht, die ihre Hoffnung, Charles Adams doch noch zu heiraten, aufs neue belebte; und da die Wirkung seines Todes so begrüßenswert war, hatte man kaum Grund, diesen zu beklagen.

Ihre Leidenschaft für Charles wurde von Tag zu Tag heftiger, und so vertraute sie sich schließlich ihrem Vater an und bat ihn, Charles die Ehe mit ihr anzutragen. Ihr Vater stimmte zu und machte sich eines Vormittags auf, dem jungen Mann den Vorschlag zu unterbreiten. Da Mr. Johnson ein Mann von wenig Worten war, war sein Auftrag bald ausgeführt und er erhielt folgende Antwort:

»Sir, womöglich erwarten Sie, dass ich angenehm berührt und dankbar für das Angebot bin, das Sie mir gemacht haben, aber lassen Sie mich deutlich sagen, dass ich es als Affront betrachte. Ich halte mich, Sir, für den Inbegriff der Schönheit – wo finden Sie eine vollkommenere Gestalt und bezauberndere Züge? Und dann, Sir, halte ich mein Taktgefühl und meine Umgangsformen für höchst erlesen; sie besitzen eine gewisse Eleganz und ganz besondere Verfeinerung, die ich nirgendwo sonst gefunden habe und nicht beschreiben kann. Bei aller Parteilichkeit übertrifft meine Kenntnis aller Sprachen, aller Wissenschaften, aller Künste und auch alles sonstigen Wissenswerten die aller anderen Menschen in Europa. Mein Temperament ist ausgeglichen, meine Tugenden sind zahlreich, meine Persönlichkeit ist einzigartig. Wie kommen Sie, Sir, bei diesen Eigenschaften auf den Gedanken, dass ich den Wunsch haben könnte, Ihre Tochter zu heiraten? Erlauben Sie mir, Sie und Ihre Tochter kurz zu skizzieren. Ich halte Sie, Sir, für einen im allgemeinen ganz ordentlichen Mann, einen Saufbruder zwar, aber das macht mir nichts. Ihre Tochter, Sir, ist weder schön genug, liebenswert genug, geistreich genug, noch reich genug für mich. Ich erwarte von meiner Frau nur das, was meine Frau in *mir* findet: Vollkommenheit. Das, Sir, sind meine Empfindungen, und sie gereichen mir zur Ehre. Ich habe *eine* Freundin und bin stolz darauf, dass es nur eine ist. Sie kocht gerade mein Dinner, aber wenn Sie sie sprechen möchten, wird sie Ihnen gerne bestätigen, dass ich immer so empfunden habe.«

Mr. Johnson war es zufrieden, und als er sich bei Mr. Adams für das so schmeichelhafte Porträt von sich und seiner Tochter bedankt hatte, nahm er Abschied.

Als die unglückliche Alice von ihrem Vater den traurigen Bericht seines Misserfolgs gehört hatte, konnte sie ihrer Enttäuschung kaum Herr werden – sie griff zur Flasche, und so war die Sache bald vergessen.

## Achtes Kapitel

Während diese Ereignisse in Pammydiddle stattfanden, eroberte Lucy in Bath alle Herzen. Ein vierzehntägiger Aufenthalt dort hatte Charles' einnehmende Gestalt fast ganz aus ihrem Gedächtnis gelöscht. Die Erinnerung an das, was ihr Herz einst durch seinen Charme und ihr Bein durch seine Falle gelitten hatte, erlaubte ihr, ihn einigermaßen schmerzlos zu vergessen, wozu sie entschlossen war; und zu diesem Zweck verwandte sie täglich fünf Minuten darauf, ihn aus ihrem Gedächtnis zu vertreiben.

Ihr zweiter Brief an Lady Williams enthielt die erfreuliche Nachricht, dass ihr dieses Unternehmen zu ihrer vollen Zufriedenheit gelungen sei. Sie erwähnte auch den Heiratsantrag, den sie vom Herzog von … erhalten habe, einem älteren Mann mit glänzendem Vermögen, dessen Gesundheitszustand der Hauptgrund seiner Reise nach Bath war. »Ich bin bedauerlicherweise unentschieden (fuhr sie fort), ob ich seinen Antrag annehmen soll oder nicht. Die Ehe mit einem Herzog bringt tausend Vorteile mit sich, denn neben den weniger bedeutenden wie Rang und Vermögen bietet sie mir ein Zuhause, woran mir mehr als an allem anderen liegt. Ihr freundliches Angebot, gnädige Frau, immer bei Ihnen zu bleiben, ist nobel und großzügig, aber ich möchte nicht eine Bürde für jemanden werden, den ich so liebe und schätze. Dass man nur denen zur Last fallen soll, die man verachtet, ist eine Einsicht, die mir meine schätzenswerte Tante schon in meiner frühen Jugend mit auf den Weg gegeben hat und an die man sich meiner Meinung nach nicht strikt genug halten kann. Die ehrenwerte Frau, von der ich spreche, ist, wie ich höre, wegen meiner unklugen Abreise aus Wales zu empört, um mich je wieder zu empfangen. Mir liegt sehr daran, die Damen, bei denen ich mich augenblicklich befinde, zu verlassen. Miss Simpson ist zwar (abgesehen von ihrem Ehrgeiz) sehr liebenswert, aber ihre zweite Schwester, die neidische und bösartige Sukey, ist zu unerträglich, als dass man mit ihr leben könnte. Ich habe Grund zu der Annahme, dass die Bewunderung, die ich hier in den ersten Kreisen hervorgerufen habe, ihren Hass und Neid geschürt hat, denn sie hat oft gedroht und manchmal sogar versucht, mir die Kehle durchzuschneiden. Sie machen mir sicher keinen Vorwurf, gnädige Frau, dass ich Bath gerne verlassen möchte und mir ein Zuhause wünsche, wo ich bleiben kann. Ich erwarte Ihren Rat wegen des Herzogs mit Ungeduld und bin Ihre ergebene usw.«

Lucy

Lady Williams schickte ihr auf ihre Bitte folgende Antwort:

Warum zögern Sie, liebste Lucy, auch nur einen Augenblick bezüglich des Herzogs? Ich habe Informationen über seinen Charakter eingezogen und herausgefunden, dass er ein gewissenloser, ungebildeter Mann ist. Niemals soll meine Lucy einen solchen Mann heiraten! Er hat ein fürstliches Vermögen, das mit jedem Tag zunimmt. Wie freigebig werden Sie es ausgeben! Wie werden Sie zu seinem Ansehen beitragen! Welchen Respekt wird er dank seiner Frau in den Augen der Welt genießen!

Aber, meine liebe Lucy, warum wollen Sie die Sache nicht auf der Stelle entscheiden, indem Sie zu mir zurückkehren und mich nie wieder verlassen? Obwohl ich Ihre noblen Empfindungen über das Zur-Last-Fallen teile, sollte Sie das bitte nicht davon abhalten, mich glücklich zu machen. Ihr Daueraufenthalt bei mir wird allerdings erhebliche Ausgaben mit sich bringen; Ihr Unterhalt wird zu kostspielig für mich sein. Aber was macht das im Vergleich zu dem Glück, das mir Ihre Gesellschaft bereitet? Sie wird mich zweifellos ruinieren. Sie werden daher diesen Argumenten nicht widerstehen können oder sich weigern zurückzukehren zu Ihrer höchst zärtlichen usw. usw.

C. Williams

## Neuntes Kapitel

Welche Folgen der Rat der gnädigen Frau gehabt hätte, wenn er Lucy je erreicht hätte, ist ungewiss, da er ein paar Stunden, nachdem sie ihren letzten Atemzug getan hatte, in Bath ankam. Sie fiel dem Neid und der Bosheit Sukeys zum Opfer, die sie aus Eifersucht auf ihre überlegenen Reize der bewundernden Welt im Alter von siebzehn mit Hilfe von Gift entriss.

So verschied die liebenswerte und reizende Lucy, deren Leben außer der unklugen Trennung von ihren Tanten von keinerlei Verbrechen befleckt und von keinerlei Makel getrübt war und deren Tod von allen inständig beweint wurde, die sie gekannt hatten. Unter ihren besonders betrübten Freunden waren Lady Williams, Miss Johnson und der Herzog; die ersteren hatten sie besonders geschätzt, vor allem Alice, die einen ganzen Abend in ihrer Gesellschaft verbracht und seitdem nie wieder an sie gedacht hatte. Der Schmerz seiner Gnaden ließ sich ebenfalls leicht erklären, denn er hatte einen Menschen verloren, für den er während der letzten zehn Tage eine tiefe Zuneigung und aufrichtige Wertschätzung entwickelt hatte. Er betrauerte weitere vierzehn Tage lang den Verlust mit ungebrochener Treue, und am Ende dieses Zeitraums befriedigte er den Ehrgeiz von Caroline Simpson dadurch, dass er sie in den Rang einer Herzogin erhob. So machte die Erfüllung ihrer Lieblingsleidenschaft sie schließlich vollkommen glücklich. Ihre Schwester, die durchtriebene Sukey, wurde ebenfalls auf eine Weise erhöht, die sie ehrlich verdiente und anscheinend durch ihre Taten immer angestrebt hatte. Ihr grauenhaftes Verbrechen wurde aufgedeckt, und sie wurde trotz des Einspruchs all ihrer Freunde schnellstens an den Galgen gehängt. Die hübsche, aber affektierte Cecilia war sich ihrer überlegenen Reize zu bewusst, als dass sie nicht geglaubt hätte, wenn Caroline einen Herzog an sich binden könne, dann könne sie, ohne Widerspruch zu erregen, irgendeinen Prinzen erobern, und da sie wusste, dass in ihrem Heimatland nahezu alle vergeben waren, verließ sie England, und ich habe seitdem gehört, dass sie gegenwärtig die bevorzugte Haremsdame des großen Moguls ist.

Währendessen machte ein Bericht von der bevorstehenden Heirat von Charles Adams die Runde und versetzte die Bewohner von Pammydiddle in den Zustand größter Verblüffung und Verwunderung. Der Name der Dame war noch ein Geheimnis. Mr. und Mrs. Jones meinten, es sei Miss Johnson, aber diese wusste es besser; alle ihre Befürchtungen konzentrierten sich auf seine Köchin, als er zu jedermanns Überraschung in aller Öffentlichkeit seine Hochzeit mit Lady Williams feierte.

*1787–90*

# Edgar und Emma

## Eine Erzählung

### Erstes Kapitel

»Ich begreife gar nicht«, sagte Sir Godfrey zu seiner Gemahlin, »warum wir immer noch in dieser beklagenswerten Wohnung und obendrein in einer so provinziellen Kleinstadt wohnen, wenn wir doch drei solide Häuser in einigen der schönsten Gegenden Englands besitzen, in die wir jederzeit einziehen können!«

»Mein lieber Sir Godfrey«, erwiderte Lady Marlow, »mir geht es schon lange gegen den Strich, dass wir hier seit Jahren wohnen; und warum wir überhaupt hierhergekommen sind, ist mir ein Rätsel, da keins unserer Häuser im geringsten reparaturbedürftig ist.«

»Ach, mein Liebe«, antwortete Sir Godfrey, »du bist die Letzte, die sich darüber beklagen sollte, denn wir sind doch nur dir zuliebe hierhergezogen; du musst dir darüber im klaren sein, welche Unannehmlichkeiten deine Töchter und ich in den zwei Jahren, die wir in so beengten Verhältnissen leben, in Kauf genommen haben, um dir einen Gefallen zu tun.«

»Mein Lieber«, entgegnete Lady Marlow, »wie kannst du die Wahrheit nur so entstellen, wenn du doch genau weißt, dass ich lediglich aus Rücksicht auf dich und die Mädchen unser geräumiges Haus in schönster Lage und bester Nachbarschaft aufgegeben habe, um zwei Jahre lang in einer ungesunden Stadt mit schrecklicher Luftverschmutzung zu leben, eingepfercht in diese Wohnung und noch dazu drei Treppen hoch, in der ich unter ständigem Fieber leide und mir fast die Schwindsucht zugezogen hätte.«

Da sie nach weiterem regen Wortwechsel nicht entscheiden konnten, wer mehr Schuld hatte, ließen sie die Auseinandersetzung klugerweise auf sich beruhen und brachen, als sie ihre Sachen gepackt und die Miete bezahlt hatten, am nächsten Morgen mit ihren beiden Töchtern zu ihrem Landsitz in Sussex auf.

Sir Godfrey und Lady Marlow waren im Grunde genommen sehr vernünftige Leute und wurden, obwohl sie (wie in diesem Fall) wie viele andere vernünftige Leute gelegentlich eine Dummheit begingen, im allgemeinen von Einsicht bestimmt und von Takt geleitet.

Nach einer Reise von zweieinhalb Tagen erreichten sie Marlhurst in guter Gesundheit und bester Laune und waren so beglückt, ein Haus wieder in Besitz zu nehmen, das sie vor zwei Jahren mit wechselseitigem Bedauern verlassen hatten, dass sie befahlen, die Kirchenglocken zu läuten, und die Glöckner mit ein paar Münzen belohnten.

## Zweites Kapitel

Da sich die Nachricht von ihrer Ankunft schnell in der ganzen Gegend herumsprach, erhielten sie innerhalb weniger Tage Gratulationsvisiten aller Familien in der Umgebung.

Unter den Besuchern waren auch die Bewohner von Willmot Lodge, einer schönen Villa nicht weit von Marlhurst. Mr. Willmot stammte aus einer uralten Familie und besaß neben seinem väterlichen Besitz einen erheblichen Anteil an einer Bleimine und ein Lotterielos. Seine Gemahlin war eine umgängliche Frau. Die Zahl ihrer Kinder war zu groß, um im einzelnen aufgezählt zu werden; es muss genügen, dass sie recht gutartig waren und nicht zu Ungezogenheiten neigten. Ihre Familie war zu zahlreich, um Besuche in voller Stärke zu absolvieren, und deshalb wurden abwechselnd immer nur neun mitgenommen.

Als ihre Kutsche vor Sir Godfreys Haus hielt, schlugen die Herzen der beiden Miss Marlow in der freudigen Erwartung höher, eine ihnen so liebe Familie endlich wiederzusehen. Emma, die jüngere (die an dem Besuch besonders interessiert war, weil sie in den ältesten Sohn der Willmots verliebt war), stand am Fenster ihres Ankleidezimmers in der bangen Hoffnung, den jungen Edgar aus der Kutsche steigen zu sehen.

Mr. und Mrs. Willmot mit ihren ältesten drei Töchtern erschienen zuerst – Emma fing an zu zittern. Robert, Richard, Ralph und Rodolphus folgten – Emma erbleichte. Die beiden jüngsten Mädchen wurden aus der Kutsche gehoben – Emma sank entseelt aufs Sofa.

Ein Diener trat ein, um ihr die Ankunft der Familie anzukündigen; ihr Herz war zu voll, um ihren Schmerz für sich zu behalten. Ein Seelentröster war nötig. In dem Diener Thomas hoffte sie einen zu finden, der vertrauenswürdig war, denn sie brauchte Trost, und außer Thomas war niemand verfügbar. Ihm schüttete sie rückhaltlos ihr Herz aus; und als sie ihm ihre Leidenschaft für den jungen Willmot gestanden hatte, bat sie ihn um Rat, wie sie die trostlose Enttäuschung ertragen sollte, unter der sie litt.

Thomas, der sich liebend gerne ihrer Beichte entzogen hätte, bat um Verständnis, sich diesem Ansinnen verweigern zu müssen, worein sie sich wohl oder übel fügen musste. Sie entließ ihn deshalb mit der inständigen Bitte um Diskretion und stieg mit schwerem Herzen die Treppe zum Wohnzimmer hinunter, wo sie die gutgelaunte Gesellschaft in angeregter Unterhaltung am lodernden Kaminfeuer versammelt fand.

## Drittes Kapitel

Emma hielt sich schon eine ganze Weile im Wohnzimmer auf, bevor sie den Mut aufbrachte, Mrs. Willmot nach dem Rest ihrer Familie zu fragen, und auch dann geschah es mit so leiser, so zögernder Stimme, dass niemand sie hörte. Ihr erfolgloser erster Versuch nahm ihr so den Mut, dass sie erst einen zweiten Anlauf nahm, als Mrs. Willmot eins ihrer Mädchen bat, nach der Kutsche zu klingeln; da durchquerte Emma den Raum, ergriff den Klingelzug und sagte mit entschlossener Miene: »Mrs. Willmot, Sie werden dieses Haus nicht verlassen, bevor Sie mir nicht mitgeteilt haben, wie es dem Rest Ihrer Familie und vor allem Ihrem ältesten Sohn geht.«

Alle waren außerordentlich erstaunt über diese unerwarteten Worte – und zwar wegen der Art, wie sie ausgesprochen wurden. Aber Emma, die nicht noch einmal enttäuscht werden wollte, bestand auf einer Antwort, und so holte Mrs. Willmot zu folgender wortreicher Erklärung aus:

»Allen unseren Kindern geht es prächtig, aber der größere Teil von ihnen ist augenblicklich nicht zu Hause. Amy ist bei meiner Schwester Clayton, Sam in der Schule in Eton, David ist bei seinem Onkel John, Jem und Will sind in der Schule in Winchester, Kitty ist in Queen's Square, Ned bei seiner Großmutter, Hetty und Patty sind in einer Klosterschule in Brüssel, Edgar ist auf der Universität, Peter ist bei seiner Amme, und alle übrigen (außer den neun hier) sind zu Hause.«

Nur mit Mühe konnte Emma die Tränen unterdrücken, als sie von Edgars Abwesenheit hörte. Bis zum Abschied der Willmots allerdings behielt sie einigermaßen die Fassung. Dann aber ließ sie ihrem Kummer freien Lauf; sie zog sich in ihr Zimmer zurück und gab sich dort für den Rest ihres Lebens ihrem Tränenfluss hin.

*1787–90*

# Henry und Eliza

## Ein Roman

Als Sir George und Lady Harcourt die Arbeit ihrer Heumacher beaufsichtigten, wobei sie den Fleiß der einen mit einem zustimmenden Lächeln belohnten und die Faulheit anderer mit dem Knüppel bestraften, entdeckten sie tief verborgen in einem der Heuhaufen ein hübsches kleines Mädchen, das nicht älter als drei Monate war.

Gerührt von seinem bezaubernden Gesichtsausdruck und entzückt über die kindlichen, aber lebhaften Antworten auf ihre vielen Fragen, beschlossen sie, da sie keine eigenen Kinder hatten, das Mädchen mit nach Hause zu nehmen und mit Sorgfalt und unter erheblichen Kosten aufzuziehen.

Da sie selber gute Menschen waren, betrachteten sie es als ihre erste und hauptsächliche Sorge, in Eliza eine Liebe zur Tugend und einen Hass auf das Laster zu wecken, worin sie so erfolgreich waren (Eliza neigte von Natur dazu), dass sie, als sie erwachsen wurde, der Liebling aller war, die sie kannten.

Verwöhnt von Lady Harcourt, angebetet von Sir George und von aller Welt bewundert, lebte sie in einem Zustand ununterbrochenen Glücks, bis sie ihr achtzehntes Lebensjahr erreicht hatte. Dann wurde sie, als man sie eines Tages zufällig dabei entdeckte, wie sie einen 50-Pfund-Schein stahl, von ihren unmenschlichen Wohltätern aus dem Haus geworfen. Ein solcher Umschwung wäre für jemanden, der nicht Elizas edles und erhabenes Gemüt besaß, der Tod gewesen, sie aber, glücklich im Bewusstsein ihrer eigenen Vortrefflichkeit, unterhielt sich damit, während sie unter einem Baum saß, die folgenden Zeilen zu dichten und zu singen.

Lied

Ob Unglück gleich mich jäh befallen mag,
Stets wird, so hoff' ich, seine Hand ein Freund mir reichen,
Da ich mein Herz in aller Unschuld trag'
Und man an Tugend nirgends findet meinesgleichen.

Als sie sich auf diese Weise mit dem Lied und ihren angenehmen Gedanken ein paar Stunden unterhalten hatte, erhob sie sich und machte sich auf den Weg nach M., einem Marktflecken, in dem ihre engste Freundin den *Roten Löwen* besaß.

Zu dieser Freundin, der sie ihr erlittenes Unglück berichtet hatte, ging sie unverzüglich und teilte ihr ihren Wunsch mit, in der bescheidenen Rolle einer Gesellschafterin in eine Familie aufgenommen zu werden.

Kaum hatte Mrs. Wilson, die die liebenswürdigste Person der Welt war, von ihrem Wunsch gehört, da setzte sie sich an ihren Ausschank und schrieb den folgenden Brief an die Herzogin von F., die sie unter allen Frauen am meisten schätzte.

An die Herzogin von F.

Nehmen Sie bitte auf meinen Wunsch in Ihre Familie eine junge Frau von untadeligem Charakter auf, die so freundlich ist, Ihre Gesellschaft der Verpflichtung als Dienstmagd vorzuziehen. Eilen Sie und empfangen sie sie aus den Armen

Ihrer Sarah Wilson

Die Herzogin, die Mrs. Wilson aus Freundschaft jeden Wunsch erfüllt hätte, war über diese Gelegenheit, ihr einen Gefallen zu tun, so erfreut, dass sie sich unmittelbar nach Erhalt des Briefes zum *Roten Löwen* aufmachte, wo sie am selben Abend eintraf. Die Herzogin von F. war ungefähr 45 ein halb; ihre Gefühle waren stark, ihre Freundschaft treu und ihre Feindschaft unerbittlich. Sie war Witwe und hatte nur eine Tochter, die im Begriff war, mit einem Mann von beträchtlichem Vermögen die Ehe einzugehen.

Kaum hatte die Herzogin unsere Heldin erblickt, da umschlang sie sie mit beiden Armen und erklärte sich so begeistert von ihr, dass sie beschloss, sich nie mehr von ihr zu trennen. Eliza war entzückt über die Beteuerungen der Freundschaft und begleitete nach einem überschwenglichen Abschied von Mrs. Wilson am nächsten Morgen die gnädige Frau zu ihrem Sitz in Surry.

Mit den gewähltesten Ausdrücken der Wertschätzung stellte die Herzogin sie Lady Harriet vor, die so begeistert von ihrem Aussehen war, dass sie sie inständig bat, sie als ihre Schwester zu betrachten, was Eliza ihr mit dem größten Entgegenkommen versprach.

Da Mr. Cecil, Lady Harriets Liebhaber, sich oft bei der Familie aufhielt, traf er auch häufig mit Eliza zusammen. So entwickelte sich eine wechselseitige Liebe; und als Mr. Cecil ihr seine zuerst gestand, überredete er Eliza zu einer privaten Trauung, die sich leicht arrangieren ließ, weil der herzogliche Kaplan, der selbst leidenschaftlich in Eliza verliebt war, ihr zweifellos jeden Wunsch erfüllt hätte.

Als die Herzogin und Lady Harriet eines Abends bei einer Gesellschaft waren, nahm das junge Ehepaar die Gelegenheit ihrer Abwesenheit wahr und wurde von dem verliebten Kaplan getraut.

Als die Damen zurückkehrten, fanden sie zu ihrem Erstaunen statt Eliza folgende Zeilen.

Madam,
Wir sind verheiratet und verschwunden.

Henry und Eliza Cecil

Kaum hatte die gnädige Frau den Brief gelesen, der die ganze Affäre hinreichend erklärte, bekam sie einen Tobsuchtsanfall; und nachdem sie sich damit eine angenehme halbe Stunde bereitet und Eliza mit allen schockierenden Namen belegt hatte, die ihre Wut ihr eingab, schickte sie 300 bewaffnete Männer mit dem Befehl hinter ihnen her, nicht ohne die beiden Übeltäter – tot oder lebendig – zurückzukehren; sie beabsichtigte, sie, falls die beiden noch am Leben waren, nach einigen Jahren Gefängnis auf qualvolle Weise in den Tod zu befördern.

Währenddessen setzten Cecil und Eliza ihre Flucht auf den Kontinent fort, den sie wegen der grässlichen Folgen der herzoglichen Rache, die sie so viel Grund zu fürchten hatten, für sicherer hielten als ihr Heimatland.

Sie blieben drei Jahre in Frankreich; während dieser Zeit wurden sie Eltern zweier Jungen, und dann wurde Eliza Witwe ohne jeden Lebensunterhalt für sich oder ihre Kinder. Sie hatten seit ihrer Heirat 18 000.– Pfund pro Jahr ausgegeben, wovon Mr. Cecils Besitz nur etwas weniger als ein Zwanzigstel ausmachte; daher hatten sie kaum etwas sparen können, sondern ihr Einkommen völlig aufgebraucht.

Eliza war sich ihrer zerrütteten Finanzen völlig bewusst und segelte sofort nach dem Tod ihres Mannes in einem Kriegsschiff mit 55 Kanonen, das sie in besseren Tagen gebaut hatten, nach England zurück. Aber kaum hatte sie in Dover, an jeder Hand ein Kind, den Fuß an Land gesetzt, da wurde sie von den Schergen der Herzogin ergriffen und in ein schmuckes kleines Gefängnis der gnädigen Frau geführt, das diese für den Empfang ihrer eigenen privaten Gefangenen errichtet hatte.

Sobald Eliza ihr Verlies betreten hatte, war ihr erster Gedanke, wie sie ihm entfliehen könne.

Sie ging zur Tür, aber diese war verschlossen. Sie sah zum Fenster, aber es war mit Eisenstäben vergittert. In ihren Erwartungen enttäuscht, wollte sie schon alle Hoffnung auf eine Flucht aufgeben, als sie zu ihrem Glück in einer Ecke ihrer Zelle eine kleine Säge und eine Strickleiter entdeckte. Sofort ging sie mit der Säge zu Werk und hatte in ein paar Wochen alle Stäbe außer einem beseitigt, an dem sie die Leiter befestigte.

Eine Schwierigkeit ergab sich allerdings, die zu lösen ihr zunächst nicht gelang. Ihre Kinder waren zu klein, um allein die Leiter hinunterzuklettern, aber sie konnte sie auch nicht in ihren Armen halten, wenn *sie* es tat. Schließlich entschloss sie sich, alle ihre Kleider – und sie hatte eine riesige Menge – hinunterzuwerfen. Dann gab sie den Kindern den strikten Befehl, sich nicht wehzutun, und warf sie hinterher. Sie selbst kletterte die Leiter mühelos hinab und fand unten zu ihrer Freude ihre kleinen Jungen bei bester Gesundheit und in tiefem Schlaf.

Nun stand sie vor der verhängnisvollen Notwendigkeit, ihre Garderobe zu verkaufen, um sich selbst und ihre Kinder am Leben erhalten zu können. Mit Tränen in den Augen trennte sie sich von diesen letzten Überbleibseln ihrer früheren Pracht, und mit dem Geld, das sie dafür bekam, kaufte sie nützlichere Dinge – ein paar Spielsachen für ihre Jungen und eine goldene Uhr für sich.

Aber kaum war sie mit den obengenannten nötigen Artikeln versorgt, als sie feststellte, dass sie ziemlich hungrig war, und da ihre Kinder schon zwei ihrer Finger abgebissen hatten, hatte sie Grund zu der Annahme, dass sie sich in derselben Lage befanden.

Um dieses unvermeidliche Unglück zu lindern, entschloss sie sich, zu ihren alten Freunden, Sir George und

Lady Harcourt, zurückzukehren, deren Großmut sie so oft erfahren hatte und wieder zu erfahren hoffte.

Sie musste ungefähr 40 Meilen zurücklegen, bevor sie deren gastfreundliches Haus erreichte; aber nachdem sie ohne Unterbrechung 30 Meilen gewandert war, fand sie sich am Eingang einer Stadt, zu der sie in glücklicheren Zeiten Sir George und Lady Harcourt oft begleitet hatte, wenn diese sich dort in einem Gasthof einen kalten Imbiss schmecken ließen.

Der Gedanke an die Abenteuer, die sie erlebt hatte, seit sie zum letzten Mal an diesen Schmausereien teilgenommen hatte, beschäftigte sie einige Zeit, während sie auf den Stufen zum Haus eines Gentleman saß. Nach Abschluss dieser Überlegungen stand sie auf und beschloss in der Hoffnung, von den aus und ein gehenden Gästen eine milde Gabe zu erhalten, sich vor genau dem Gasthof zu postieren, an den sie sich mit so viel Vergnügen erinnerte.

Sie hatte gerade erst ihren Platz an der Einfahrt zum Gasthof eingenommen, als eine Kutsche herausfuhr und an der Ecke, wo sie stand, anhielt, um dem Kutscher Gelegenheit zu geben, die schöne Aussicht zu bewundern. Eliza trat an die Kutsche, um ein Almosen zu erbitten, als sie beim Anblick der Dame im Innern ausrief: »Lady Harcourt!«

Worauf die Dame erwiderte: »Eliza!«

»Ja, Madam, es ist die beklagenswerte Eliza selbst.«

Sir George, der auch in der Kutsche saß, aber vor Staunen sprachlos war, war im Begriff, von Eliza eine Erklärung zu erbitten, warum sie sich in dieser Lage befand, als Lady Harcourt, außer sich vor Freude, ausrief: »Sir George, Sir George, sie ist nicht nur Eliza, unsere Adoptivtochter, sondern unser leibliches Kind.«

»Unser leibliches Kind! Lady Harcourt, was willst du damit sagen? Du weißt doch, dass du niemals guter Hoffnung warst. Was soll das heißen, ich bitte dich?«

»Du musst dich doch erinnern, Sir George, dass du mich in anderen Umständen zurückließt, als du nach Amerika gesegelt bist.«

»Ja, ja, sprich weiter, meine liebe Polly.«

»Vier Monate nach deiner Abreise wurde ich von diesem Mädchen entbunden; aber da ich deine Empörung fürchtete, dass es nicht der gewünschte Junge war, trug ich sie zu einem Heuhaufen und legte sie dort nieder. Ein paar Wochen später kamst du zurück und stelltest zu meinem Glück keine Fragen zu dem Thema. Unbesorgt um die Wohlfahrt meines Kindes, vergaß ich, dass ich eins hatte; jedenfalls ahnte ich ebenso wenig wie du, als wir sie kurz darauf in genau dem Heuhaufen fanden, in den ich sie gelegt hatte, dass sie mein Kind war; und nichts hätte mir den Umstand ins Gedächtnis zurückgerufen, wenn ich nicht zufällig ihre Stimme gehört hätte, deren verblüffende Ähnlichkeit mit der meines eigenen Kindes mich stutzig machte.«

»Der vernünftige und einleuchtende Bericht, den du von der ganzen Affäre gibst«, sagte Sir George, »lässt keinen Zweifel daran, dass sie unsere Tochter ist, und deshalb vergebe ich ihr gerne den von ihr begangenen Diebstahl.«

Daraufhin fand eine wechselseitige Versöhnung statt, und so kehrte Eliza, nachdem sie mit ihren beiden Kindern in die Kutsche gestiegen war, zu dem Heim zurück, das sie fast vier Jahre zuvor verlassen hatte.

Kaum hatte sie ihre frühere bevorzugte Stellung in Harcourt Hall wieder eingenommen, da stellte sie ein Heer auf, mit dem sie das Gefängnis der Herzogin, so schmuck es auch war, vollständig zerstörte. So erwarb sie sich die Dankbarkeit von Tausenden und den Beifall ihres eigenen Herzens.

*1787–90*

# Mr. Harleys Abenteuer

Mr. Harley war eins von vielen Kindern. Da er nach dem Willen seines Vaters Geistlicher und nach dem Willen seiner Mutter Seemann werden sollte, bat er Sir John in dem Wunsch, es beiden recht zu machen, ihm die Stelle des Seelsorgers auf einem Kriegsschiff zu vermitteln. Also ließ er sich die Haare schneiden und stach in See.

Ein halbes Jahr später kehrte er zurück und machte sich in der Postkutsche auf den Weg nach Hogsworth Green, dem Wohnsitz von Emma. Seine Mitreisenden waren ein Mann ohne Hut, ein anderer mit zweien, eine alte Jungfer und eine jungverheiratete Frau.

Diese war etwa siebzehn Jahre alt, hatte hübsche dunkle Augen und eine elegante Figur. Kurz und gut, Mr. Harley merkte bald, dass sie seine Emma war, und da fiel ihm auch wieder ein, dass er sie ein paar Wochen vor seiner Abreise aus England geheiratet hatte. *1787–90*

## Sir William Mountague

Sir William Mountague war der Sohn von Sir Henry Mountague, dem Sohn von Sir John Mountague, einem Nachkommen von Sir Christopher Mountague, dem Neffen von Sir Edward Mountague, dessen Vorfahr Sir James Mountague ein naher Verwandter von Sir Robert Mountague war, der Titel und Besitz von Sir Frederic Mountague geerbt hatte.

Sir William war ungefähr siebzehn, als sein Vater starb und ihm ein hübsches Vermögen, ein altes Herrenhaus und einen üppig mit Wild bestückten Park hinterließ. Sir William hatte sein Erbe gerade angetreten, als er sich in die drei Miss Cliftons von Kilhoobery Park verliebte. Diese jungen Damen waren alle gleich jung, gleich anziehend, gleich reich und gleich liebenswert – und Sir William war in alle gleich verliebt. Da er nicht wusste, welcher er den Vorzug geben sollte, verließ er die Gegend und ließ sich in einem kleinen Dorf in der Nähe von Dover nieder.

In dieser Abgeschiedenheit, die er in der Hoffnung gesucht hatte, Zuflucht vor seinen Liebesqualen zu finden, fasste er eine Neigung zu einer angesehenen jungen Witwe, die nach dem Tod ihres Mannes, den sie stets zärtlich geliebt hatte und nun zutiefst betrauerte, auf der Suche nach Abwechslung in dasselbe Dorf gekommen war.

Lady Percival war jung, gebildet und reizend. Sir William betete sie an, und sie willigte ein, seine Frau zu werden. Inständig von Sir William bedrängt, den Tag zu bestimmen, an dem er sie zum Altar führen dürfe, nannte sie ihm schließlich den folgenden Montag, der auf den 1. September fiel. Sir William war Jäger und konnte den Gedanken nicht ertragen, selbst aus einem solchen Anlass auf diesen wichtigen Tag verzichten zu müssen. Er bat sie deshalb, die

Hochzeit um ein paar Tage zu verschieben. Lady Percival war empört und kehrte am nächsten Vormittag nach London zurück.

Sir William tat es leid, sie zu verlieren, doch da er wusste, dass der Verlust des 1. September ihm sehr viel schmerzlicher gewesen wäre, mischte sich eine gewisse Erleichterung unter seine Trauer, und seine Freude überwog seinen Kummer bei weitem.

Nach ein paar weiteren Wochen in dem Dorf brach er auf und begab sich zum Haus eines Freundes in Surry. Mr. Brudenall war ein vernünftiger Mann und hatte eine hübsche Nichte, in die Sir William sich sogleich verliebte. Aber Miss Arundel war grausam. Sie zog einen Mr. Stanhope vor. Sir William erschoss Mr. Stanhope; die Dame hatte nun keinen Grund mehr, ihn zurückzuweisen; sie nahm seinen Antrag an, und die Hochzeit wurde auf den 27. Oktober festgelegt.

Aber am 25. erhielt Sir William einen Besuch von Emma Stanhope, der Schwester des unglücklichen Opfers seines Zorns. Sie drang auf Entschädigung, auf Buße für den grausamen Mord an ihrem Bruder. Sir William bat sie, ihren Preis zu nennen. Sie forderte 14 Shilling. Sir William bot ihr seine Hand und sein Vermögen. Sie reisten am nächsten Tag nach London und wurden dort in aller Stille getraut. Vierzehn Tage lang war Sir William vollkommen glücklich, doch als er eines Tages eine charmante junge Dame eine Kutsche in Brook Street besteigen sah, verliebte er sich erneut aufs heftigste. Er erkundigte sich nach dem Namen der schönen Unbekannten und erfuhr, dass sie eine Schwester seiner alten Freundin Lady Percival sei, was ihn höchlich erfreute, da er dank seiner Bekanntschaft mit dieser Dame leicht Zugang zu Miss Wentworth zu haben hoffte … *1787–90*

## Mr. Cliffords Memoiren

Mr. Clifford lebte in Bath; und da er London nie gesehen hatte, brach er eines Montagmorgens auf, um sich an dem Anblick der großen Metropole sattzusehen. Er reiste in seiner vierspännigen Kutsche, denn er war ein sehr reicher junger Mann und hielt sich viele Kutschen, von denen mir nicht einmal die Hälfte einfällt. Ich erinnere mich lediglich, dass er eine Kutsche, einen Rennwagen, eine Kalesche, einen Landauer, einen Halblandauer, einen Phaeton, einen Vierspänner, einen zweirädrigen Einspänner, einen zweirädrigen Zweispänner, eine italienische Sänfte, einen Kutschwagen und eine Schiebkarre hatte. Außerdem besaß er einen Stall voll edler Pferde. Soweit ich weiß, hatte er sechs Grauschimmel, vier Braune, acht Rappen und ein Pony.

In seiner Kutsche mit den vier Braunen machte sich Mr. Clifford um etwa fünf Uhr am Morgen des 1. Mai, einem Montag, auf den Weg nach London. Er reiste immer außerordentlich schnell, und deshalb gelang es ihm, am ersten Tag von Bath nach Devizes zu kommen, was nicht weniger als neunzehn Meilen sind. Er kam dort allerdings erst um elf Uhr abends an, und wie man sich vorstellen kann, schaffte er es nur mit äußerster Mühe.

Als er aber endlich in Devizes angekommen war, beschloss er, sich eine schöne heiße Mahlzeit zu gönnen, und ließ deshalb für sich und seine Diener ein ganzes Ei kochen. Am nächsten Morgen setzte er seine Reise fort und erreichte nach drei Tagen Schwerstarbeit Overton, wo er von einem gefährlichen Fieber, der Folge von Überanstrengung, gepackt wurde.

Fünf Monate blieb unser Held in dieser berühmten Stadt in der Pflege ihres nicht weniger berühmten Arztes, der ihn schließlich vollständig von seiner ärgerlichen Krankheit heilte.

Da Mr. Clifford immer noch sehr schwach war, führte ihn die Reise des ersten Tages nur bis Dean Gate, wo er ein paar Tage blieb und merkte, wie wohl ihm die Luftveränderung tat.

In kurzen Etappen rückte er bis Basingstoke vor. Ein weiterer Tag brachte ihn nach Clarkengreen, der nächste nach Worting, der dritte zum Fuß des Hügels von Basingstoke und der vierte zu Mr. Robins … *1787–90*

# Die schöne Cassandra

## Ein Roman in zwölf Kapiteln

Miss Austen mit ihrer Erlaubnis gewidmet

### Widmung

Madam,
Sie sind ein Phönix. Ihr Geschmack ist erlesen, Ihre Empfindungen sind nobel und Ihre Tugenden zahllos. Ihre Persönlichkeit ist liebenswert, Ihre Figur elegant und Ihre Haltung imponierend. Ihre Umgangsformen sind gepflegt, Ihre Konversation ist verständig und Ihre Erscheinung einzigartig. Wenn also die folgende Geschichte Sie nur ein wenig amüsiert, dann ist jeder Wunsch erfüllt Ihrer gehorsamen, untertänigen Dienerin

der Autorin

### Erstes Kapitel

Cassandra war die Tochter, und zwar die einzige Tochter einer gefeierten Putzmacherin in der Bond Street. Ihr Vater war adliger Herkunft, da er ein naher Verwandter des Butlers der Herzogin von … war.

### Zweites Kapitel

Als Cassandra ihr sechzehntes Lebensjahr erreicht hatte, war sie hübsch und liebenswert und verliebte sich, wie der Zufall es wollte, in die elegante Haube, die ihre Mutter gerade im Auftrag der Gräfin von … fertiggestellt hatte. Sie setzte sie sich auf ihr gepflegtes Köpfchen und verließ den Laden ihrer Mutter, um ihr Glück zu machen.

## Drittes Kapitel

Die erste Person, der sie begegnete, war der Vicomte von …, ein junger Mann, der ebenso sehr für seine Fertigkeiten und Tugenden wie für seine Eleganz und Schönheit berühmt war. Sie knickste und ging weiter.

## Viertes Kapitel

Dann begab sie sich zur Konditorei, wo sie sechs Portionen Eis verschlang, sich weigerte, dafür zu bezahlen, den Konditor niederschlug und weiterging.

## Fünftes Kapitel

Daraufhin stieg sie in eine Mietkutsche und wies den Kutscher an, sie nach Hampstead zu fahren, wo sie ihn unmittelbar nach ihrer Ankunft anwies, umzukehren und sie wieder zurückzufahren.

## Sechstes Kapitel

Als sie an derselben Stelle in derselben Straße, von wo sie abgefahren war, wieder ankam, verlangte der Kutscher seine Bezahlung.

## Siebtes Kapitel

Sie suchte und suchte in ihren Taschen, aber die Suche war vergeblich. Sie konnte kein Geld finden. Der Mann wurde ungeduldig. Sie stülpte ihm ihre Haube über und lief davon.

## Achtes Kapitel

Dann wanderte sie durch viele Straßen und erlebte keinerlei Abenteuer, bis sie beim Bloomsbury Square um die Ecke bog und auf Maria stieß.

## Neuntes Kapitel

Cassandra stutzte, und auch Maria schien überrascht; sie zitterten, erröteten, wurden blass und gingen schweigend aneinander vorbei.

## Zehntes Kapitel

Cassandra wurde dann von ihrer Freundin, der Witwe, angesprochen, die ihren kleinen Kopf aus dem noch kleineren Fenster zwängte und sie fragte, wie es ihr gehe. Cassandra knickste und ging weiter.

## Elftes Kapitel

Eine weitere Viertelmeile brachte sie zu ihrem väterlichen Haus in der Bond Street, von dem sie nun fast sieben Stunden abwesend gewesen war.

## Zwölftes Kapitel

Sie trat ein, und ihre Mutter, diese würdige Frau, drückte sie an ihren Busen. Cassandra lächelte und sagte leise zu sich: »Was für ein sinnvoll verbrachter Tag.« *1787–90*

# Amelia Webster

## Eine interessante und gekonnt geschriebene Erzählung

Erster Brief
An Miss Webster

Meine liebe Amelia,
Du wirst Dich freuen zu hören, dass mein liebenswerter Bruder aus dem Ausland zurückgekehrt ist. Er kam am Donnerstag an, und nie habe ich eine elegantere Erscheinung gesehen – außer der Deiner Dich liebenden Freundin

Mathilde Hervey

Zweiter Brief
An H. Beverley, wohlgeboren

Lieber Beverley,
Ich bin am letzten Donnerstag hier angekommen und von Vater, Mutter und Schwestern herzlich empfangen worden. Die letzteren sind beide reizende Mädchen – vor allem Maud, die die ideale Frau für Dich wäre. Was meinst Du dazu? Ihre Mitgift beträgt zweitausend Pfund und einiges mehr, wenn Du es geschickt anstellst. Wenn Du sie nicht heiratest, hast Du tödlich beleidigt Deinen Freund

George Hervey

Dritter Brief
An Miss Hervey

Liebe Maud,
Glaub mir, die Ankunft Deines Bruders hat mich sehr gefreut. Ich muss Dir tausend Dinge erzählen, aber dieses Blatt

erlaubt mir nur hinzuzufügen, ich bin Deine Dich liebende Freundin

Amelia Webster

Vierter Brief
An Miss S. Hervey

Liebe Sally,
Ich habe eine sehr günstig gelegene, hohle alte Eiche als neues Versteck für unseren nun schon lange anhaltenden Briefwechsel gefunden. Der Baum ist eine Meile von meinem Haus und sieben von Deinem entfernt. Vielleicht findest Du, ich hätte einen aussuchen sollen, der von unseren Häusern gleich weit entfernt ist. Ich war mir dessen durchaus bewusst, aber da ich dachte, der längere Spaziergang würde Dir bei Deiner schwächlichen und angegriffenen Gesundheit guttun, habe ich diesen Baum einem in Deiner Nähe vorgezogen und bin Dein treuer

Benjamin Bar

Fünfter Brief
An Miss Hervey

Liebe Maud,
Ich schreibe nur, um Dir mitzuteilen, dass ich am letzten Montag auf meinem Weg nach Bath nicht bei euch vorbeigeschaut habe. Ich muss Dir auch sonst noch allerlei berichten, aber das Blatt Papier zwingt mich zu schließen. Ich bin immer Deine usw.

Amelia Webster

## Sechster Brief

An Miss Webster

Sonnabend

Madam,

Ein Ihnen ergebener Bewunderer wendet sich nun an Sie. Ich sah Ihre reizvolle Erscheinung am letzten Montag, als Sie auf dem Weg nach Bath an unserem Haus vorüberkamen … sah Sie durch ein Fernrohr und war von Ihrem Liebreiz so gefesselt, dass ich von dem Augenblick an keine Nahrung mehr zu mir genommen habe.

George Hervey

## Siebter Brief

An Jack

Als mir heute morgen beim Frühstück die Zeitung gebracht wurde und ich unter »Hochzeiten« nachsah, las ich die folgenden Anzeigen.

> George Hervey, wohlgeboren, und Miss Amelia Webster;
> Henry Beverley, wohlgeboren, und Miss Hervey
> und Benjamin Bar, wohlgeboren, und Miss Sarah Hervey

Dein Tom

*1787–90*

# Der Besuch

## Eine Komödie in zwei Akten

*Dramatis Personae*

| | |
|---|---|
| Sir Arthur Hampton | Lady Hampton |
| Lord Fitzgerald | Miss Fitzgerald |
| Stanly | Sophy Hampton |
| Willoughby, Sir Arthurs Neffe | Cloe Willoughby |

Die Szenen spielen in Lord Fitzgeralds Haus.

## Erster Akt

### Erste Szene, ein Salon.

*Lord Fitzgerald und Stanly treten auf.*

STANLY. Vetter, dein Diener.

FITZGERALD. Stanly, einen schönen guten Morgen. Ich hoffe, du hast gut geschlafen.

STANLY. Bestens. Ich danke dir.

FITZGERALD. Ich fürchte, du hast dein Bett zu kurz gefunden. Es wurde zur Zeit meiner Großmutter gekauft, die eine sehr kleine Frau war und darauf bestand, dass alle Betten ihrer eigenen Länge entsprachen, da sie wegen eines unglückseligen Sprachfehlers, von dem sie wusste, dass er ihren Mitbewohnern missfiel, niemals Gäste empfing.

STANLY. Du brauchst dich nicht zu entschuldigen, lieber Fitzgerald.

FITZGERALD. Ich will dir nicht durch zu viel Höflichkeit auf die Nerven gehen. Ich bitte dich nur, dich hier so zu Hause zu fühlen wie im Haus deines Vaters. Erinnere dich: »Je freier, desto willkommener.«

*Fitzgerald tritt ab.*

STANLY. Liebenswerter Jüngling!

»Wenn deiner Tugend er ergeben,
Wie glücklich wäre Stanlys Leben.«

*Stanly tritt ab.*

## Zweite Szene

*Stanly und Miss Fitzgerald, auf der Bühne.*

STANLY. Wen erwartest du heute zum Dinner, Cousine?

MISS F. Sir Arthur und Lady Hampton, ihre Tochter, ihren Neffen und ihre Nichte.

STANLY. Miss Hampton und ihre Cousine sind beide hübsch, nicht wahr?

MISS F. Miss Willoughby ganz besonders. Miss Hampton sieht gut aus, aber nicht ganz so gut wie ihre Cousine.

STANLY. Ist dein Bruder nicht in die letztere verliebt?

MISS F. Ich weiß, er bewundert sie, aber ich glaube, mehr nicht. Ja, ich habe ihn sagen hören, dass sie das schönste, anziehendste und liebenswerteste Mädchen der Welt ist und er sie als seine Frau allen anderen vorziehen würde. Aber dabei ist es geblieben, da bin ich sicher.

STANLY. Und doch sagt mein Vetter nie etwas, was er nicht meint.

MISS F. Niemals. Schon von der Wiege an war er immer ein strikter Anhänger der Wahrheit.

*Sie treten nacheinander ab.*

Ende des ersten Aktes

## Zweiter Akt

### Erste Szene. Das Wohnzimmer

*Stühle stehen im Kreis. Lord Fitzgerald, Miss Fitzgerald und Stanly sitzen.*
*Ein Diener tritt auf.*

DIENER. Sir Arthur und Lady Hampton. Miss Hampton, Mr. und Miss Willoughby.
*Der Diener tritt ab.*
*Die Gäste treten ein.*

MISS F. Ich hoffe, ich habe das Vergnügen, die gnädige Frau bei bester Gesundheit zu sehen. Sir Arthur, Ihre ergebene Dienerin. Und Ihre, Mr. Willoughby. Liebe Sophy, liebe Cloe …
*Sie tauschen Komplimente aus.*

MISS F. Bitte setzen Sie sich.
*Sie setzen sich.*
Du liebe Güte! Es müssten doch acht Stühle sein und es sind nur sechs. Wenn allerdings die gnädige Frau Sir Arthur auf den Schoß nimmt und Sophy meinen Bruder auf ihren, dann werden wir es sicher ganz bequem haben.

LADY H. Oh, mit Vergnügen …

SOPHY. Ich bitte den gnädigen Herrn, Platz zu nehmen.

MISS F. Ich bin ganz entsetzt, dass Sie so beengt sitzen müssen, aber da meine Großmutter (die das ganze Mobiliar dieses Zimmer gekauft hat) nie eine größere Gesellschaft gab, hielt sie es nicht für nötig, mehr Stühle zu kaufen, als für ihre eigene Familie und zwei enge Freundinnen genügten.

SOPHY. Sie brauchen sich nicht zu entschuldigen. Ihr Bruder ist ganz leicht.

STANLY (*beiseite*). Was für ein Cherub Cloe ist!

CLOE (*beiseite*). Was für ein Seraph Stanly ist!

*Ein Diener tritt ein.*

DIENER. Das Dinner ist serviert.

*Alle erheben sich.*

MISS F. Lady Hampton, Miss Hampton, Miss Willoughby.

*Stanly reicht Cloe, Lord Fitzgerald Sophy, Willoughby Miss Fitzgerald und Sir Arthur Lady Hampton die Hand.*

*Sie gehen ab.*

## Zweite Szene

*Das Esszimmer.*

*Miss Fitzgerald oben am Tisch. Lord Fitzgerald unten. Die Gesellschaft an beiden Seiten. Die Diener servieren.*

CLOE. Darf ich Mr. Stanly um ein wenig von der Rindshaxe und den Zwiebeln bitten.

STANLY. Oh, Madam, es ist ein ganz eigenes Vergnügen, sie einer so reizenden Dame anzubieten …

LADY H. Ich versichere Ihnen, gnädiger Herr, Sir Arthur rührt niemals Wein an, aber Sophy wird zweifellos einen hinter die Binde gießen, um dem gnädigen Herrn einen Gefallen zu tun.

LORD F. Holunderwein oder Met, Miss Hampton?

SOPHY. Wenn es Ihnen recht ist, Sir, hätte ich gerne ein warmes Bier mit Toast und Muskatnuss.

LORD F. Zwei Gläser warmes Bier mit Toast und Muskatnuss.

MISS F. Ich fürchte, Mr. Willoughby, Sie sind zu bescheiden. Es sieht so aus, als ob Ihnen gar nichts schmeckt.

WILLOUGHBY. Oh, Madam, mir fehlt nichts, solange eine falsche Fährte … eh … ein falscher Hase auf dem Tisch steht.

LORD F. Sir Arthur, probieren Sie doch die Kindereien … eh … die Innereien. Sie werden Ihnen bestimmt schmecken.

LADY H. Sir Arthur isst nie Innereien; sie sind ihm zu scharf, gnädiger Herr.

MISS F. Räumen Sie bitte die Leber und den Krähenbraten ab und bringen Sie den Plumpudding herein.
(*Eine kurze Pause.*)

MISS F. Sir Arthur, darf ich Ihnen ein wenig Plumpudding anbieten?

LADY H. Sir Arthur isst nie Plumpudding, Madam. Er ist ihm zu massiv.

MISS F. Darf ich niemandem etwas von dem Plumpudding anbieten? Dann tragen Sie ihn wieder raus, John, und bringen Sie den Wein.
*Die Diener räumen ab und bringen Flaschen und Gläser.*

LORD F. Ich wollte, ich könnte Ihnen etwas Obst anbieten, aber meine Großmutter hat schon zu ihren Lebzeiten das Treibhaus abgerissen, um mit dem Material einen Stall für die Puter zu bauen, und es ist uns nie gelungen, es zu ersetzen.

LADY H. Sie brauchen sich nicht zu entschuldigen, gnädiger Herr.

WILLOUGHBY. Los, ihr Mädchen, reicht die Flasche rum.

SOPHY. Eine ausgezeichnete Idee, Vetter; ich unterstütze sie von ganzem Herzen. Stanly, Sie trinken ja gar nicht.

STANLY. Madam, ich trinke in tiefen Zügen Liebe aus Cloes Augen.

SOPHY. Davon wird man aber nicht satt. Trinken Sie lieber auf Ihre engere Freundschaft mit ihr.
*Miss Fitzgerald geht an einen Schrank und kommt mit einer Flasche wieder.*

MISS F. Dies, meine Damen und Herren, hat meine liebe Großmutter selbst gebraut. Stachelbeerwein war ihre Spezialität. Wollen Sie ihn probieren, Lady Hampton?

LADY H. Wie erfrischend er ist!

MISS F. Ich hoffe, Sir Arthur darf mit Ihrer Erlaubnis auch ein wenig davon probieren.

LADY H. Auf keinen Fall. Sir Arthur trinkt niemals etwas so Hochprozentiges.

LORD F. Und nun, meine liebe Sophia, haben Sie die Güte, mich zu heiraten.

*Er nimmt sie bei der Hand und führt sie nach vorne.*

STANLY. Oh, Cloe, dürfte ich hoffen, dass Sie mich glücklich …

CLOE. Aber ja.

*Sie treten vor.*

MISS F. Da Sie, Willloughby, als einziger übriggeblieben sind, kann ich Ihren leidenschaftlichen Antrag nicht ablehnen … Hier ist meine Hand.

LADY H. Und ich wünsche Ihnen allen Glück. *1787–90*

# Das Geheimnis

## Ein unvollendetes Lustspiel

### Erste Szene

*Ein Garten.*
*Corydon tritt auf.*

CORYDON. Aber still! Man unterbricht mich.
*Der alte Humbug und sein Sohn treten im Gespräch auf.*
ALTER H. Deshalb möchte ich, dass du meinen Rat befolgst. Siehst du ein, dass er berechtigt ist?
JUNGER H. Sir, ich werde Ihrem Rat unbedingt folgen.
ALTER H. Dann wollen wir ins Haus zurückkehren.
*Gehen ab.*

### Zweite Szene

*Ein Zimmer in Humbugs Haus.*
*Mrs. Humbug und Fanny mit einer Handarbeit.*

MRS. H. Sie verstehen mich also, meine Liebe.
FANNY. Vollkommen, Madam, fahren Sie bitte fort.
MRS. H. Ach, meine Geschichte ist zu Ende, denn ich habe über das Thema weiter nichts zu sagen.
FANNY. Ah hier ist Daphne.
*Daphne tritt auf.*
DAPHNE. Meine liebe Mrs. Humbug, wie geht es Ihnen? Ach, Fanny, alles ist aus.
FANNY. Wirklich!
MRS. H. Das tut mir aber leid.

FANNY. Dann hat es also gar nichts genutzt, dass ich …

DAPHNE. Überhaupt nichts.

MRS. H. Und was soll nun werden aus …

DAPHNE. Das ist alles geregelt …

*Sie flüstert mit Mrs. Humbug.*

FANNY. Und wie hat man sich entschieden?

DAPHNE. Das will ich Ihnen sagen.

*Sie flüstert mit Fanny.*

MRS. H. Und wird er nun …

DAPHNE. Ich will Ihnen alles erzählen, was ich über die Sache weiß.

*Sie flüstert mit Mrs. Humbug und Fanny.*

FANNY. Nun, wo ich alles weiß, will ich gehen.

MRS. H. und FANNY. Ich auch.

## Dritte Szene

*Als der Vorhang sich öffnet, sieht man Sir Edward Spangle, in eleganter Haltung auf dem Sofa zurückgelehnt, schlafend dasitzen.*
*Oberst Elliot tritt auf.*

OBERST. Meine Tochter ist, wie ich sehe, nicht hier … Dort liegt Sir Edward … Soll ich ihn in das Geheimnis einweihen? … Nein, er hält bestimmt nicht dicht … Aber er schläft und hört mich nicht … Ich kann es also wagen.

*Er geht auf Sir Edward zu, flüstert ihm etwas ins Ohr und geht ab.* *1787–90*

Ende des ersten Aufzugs.

## Die drei Schwestern

### Ein Roman

Erster Brief
Miss Stanhope an Mrs. …

Meine liebe Fanny,
Ich bin überglücklich, denn Mr. Watts hat mir einen Heiratsantrag gemacht. Es ist der erste, den ich je erhalten habe, und ich weiß mich vor Freude darüber gar nicht zu lassen. Wie werde ich über die Duttons triumphieren! Ich habe zwar nicht vor, ihn anzunehmen, jedenfalls ist mir gar nicht danach. Aber da ich nicht ganz sicher bin, habe ich ihm eine zweideutige Antwort gegeben und ihn dann alleingelassen. Und nun, meine liebe Fanny, bitte ich Dich um Rat, ob ich den Antrag annehmen soll oder nicht. Damit Du Dir aber ein Bild von seinen Vorzügen und seiner finanziellen Lage machen kannst, will ich Dir einen Eindruck davon vermitteln. Er ist schon ein recht alter Mann, ungefähr 32, sehr gewöhnlich, ja, so gewöhnlich, dass ich ihn einfach nicht ansehen kann. Er ist ganz unerträglich, und ich hasse ihn mehr als alle Menschen auf der Welt. Er hat ein riesiges Vermögen und würde mir einen erheblichen Teil davon hinterlassen; aber andererseits ist er sehr gesund. Kurz und gut, ich weiß nicht, was ich tun soll. Wenn ich ihn zurückweise – so hat er mir deutlich zu verstehen gegeben –, dann wird er Sophie seine Hand antragen, und wenn sie ihn zurückweist, Georgiana, und ich könnte es einfach nicht ertragen, wenn eine von ihnen eher heiratet als ich. Wenn ich ihn nehme, werde ich für den Rest meines Lebens unglücklich sein, das weiß ich genau, denn er ist immer mürrisch und schlecht gelaunt, außerordentlich eifersüchtig und so geizig, dass man einfach

nicht mit ihm unter einem Dach leben kann. Er hat mir gesagt, er will mit Mama sprechen, aber ich habe darauf bestanden, dass er das nicht tut, denn dann zwingt sie mich womöglich, ihn gegen meinen Willen zu heiraten. Aber wahrscheinlich hat er es trotzdem getan, denn er tut nie, worum man ihn bittet. Ich glaube, ich nehme ihn doch. Es wäre ein solcher Triumph, eher als Sophie, Georgiana und die Duttons zu heiraten. Und er hat mir versprochen, zu diesem Anlass eine neue Kutsche anzuschaffen. Nur sind wir wegen der Farbe fast in Streit geraten, denn ich bestand darauf, dass sie blau mit silbernen Punkten sein soll, und er wollte unbedingt eine einfache, schokoladenbraune; und um mich noch mehr zu ärgern, sagte er dann noch, dass die Federung nicht besser sein wird als bei seiner jetzigen. Ich nehme ihn doch lieber nicht. Er hat gesagt, er kommt morgen wieder und holt sich meine endgültige Antwort. Ich glaube, ich nehme ihn lieber doch, solange ich kann. Ich weiß, die Duttons werden mich beneiden, und ich kann dann Sophie und Georgiana als Anstandsdame zu allen Winterbällen begleiten. Aber was nützt mir das, wenn er mich höchstwahrscheinlich nicht gehen lässt, denn ich weiß, er hasst Bälle, und was er selber hasst, davon kann er sich auch nicht vorstellen, dass andere es mögen; und außerdem redet er dauernd davon, dass Frauen immer zu Hause bleiben sollen und solche Sachen. Ich glaube, ich nehme ihn doch nicht; ich würde ihn auf jeden Fall zurückweisen, wenn ich sicher wäre, dass keine meiner Schwestern ihn nimmt, und wenn sie ihn nicht nehmen, er den Duttons keinen Antrag macht. Das Risiko kann ich nicht eingehen, und wenn er also verspricht, die Kutsche nach meinen Wünschen anfertigen zu lassen, dann nehme ich ihn; wenn nicht, kann er allein darin ausfahren. Ich hoffe,Du billigst meine Entschlossenheit; etwas Besseres fällt mir nicht ein. Ich bin Deine Dich liebende

Mary Stanhope

## Zweiter Brief
### Von derselben an dieselbe

Liebe Fanny,
Ich hatte meinen letzten Brief gerade versiegelt, als meine Mutter hereinkam und sagte, sie wolle etwas Wichtiges mit mir besprechen.

»Ah, ich weiß, was du meinst«, sagte ich. »Der alte Trottel, Mr. Watts, hat dir alles erzählt, obwohl ich ihn gebeten habe, es nicht zu tun. Aber du kannst mich nicht zwingen, ihn zu nehmen, wenn ich es nicht will.«

»Ich will dich ja gar nicht zwingen, mein Kind, ich möchte nur wissen, zu welchem Entschluss du im Hinblick auf seinen Antrag gekommen bist, und darauf dringen, dich so oder so zu entscheiden, damit Sophie ihn haben kann, wenn du ihn nicht willst.«

»O nein«, erwiderte ich schnell, »Sophie braucht sich keine Hoffnung zu machen, ich heirate ihn auf jeden Fall selber.«

»Wenn das dein Entschluss ist«, sagte meine Mutter, »warum hast du dann Angst, dass ich dich zu einer Entscheidung zwingen will?«

»Warum? Weil ich noch nicht ganz sicher bin, ob ich ihn nehme oder nicht.«

»Du bist doch ein komisches Mädchen, Mary. Was du im einen Augenblick sagst, willst du im nächsten ungesagt machen. Sag mir ein für allemal, ob du beabsichtigst, Mr. Watts zu heiraten oder nicht.«

»Aber Mama, wie kann ich dir sagen, was ich selber nicht weiß?«

»Dann bitte ich dich, es bald zu wissen, und zwar sehr bald, denn Mr. Watts sagt, er lässt sich nicht länger hinhalten.«

»Das hängt von mir ab.«

»Nein, das tut es nicht, denn wenn du ihm nicht morgen, wenn er zum Tee zu uns kommt, deine endgültige Antwort gibst, will er Sophie einen Antrag machen.«

»Dann werde ich aller Welt sagen, dass er sich mir gegenüber unmöglich benommen hat.«

»Und was soll das nützen? Mr. Watts wird von aller Welt schon zu lange verachtet, als dass es ihm etwas ausmachte.«

»Wenn ich bloß einen Vater oder einen Bruder hätte, dann würden sie ihn fordern.«

»Das wäre schlau von ihnen, denn Mr. Watts würde auf der Stelle weglaufen, und deshalb musst und wirst du ihn bis morgen abend erhört oder abgelehnt haben.«

»Aber warum muss er denn, wenn ich ihn nicht nehme, meinen Schwestern einen Antrag machen?«

»Warum? Weil er sich mit unserer Familie verbinden will und sie genauso hübsch sind wie du.«

»Aber wird Sophie ihn heiraten, Mama, wenn er ihr einen Antrag macht?«

»Höchstwahrscheinlich. Und warum auch nicht? Wenn sie ihn aber nicht will, dann ist eben Georgiana dran, denn ich bin entschlossen, mir eine solche Gelegenheit, eine meiner Töchter vorteilhaft zu verheiraten, nicht entgehen zu lassen. Also nutz die Zeit; ich überlasse dich deiner eigenen Entscheidung.«

Und damit ging sie; das einzige, was mir nun einfällt, meine liebe Fanny, ist, Sophie und Georgiana zu fragen, ob sie ihn nehmen, wenn er ihnen einen Antrag macht; und wenn sie nein sagen, dann bin ich entschlossen, ihn auch nicht zu nehmen, denn ich hasse ihn mehr, als Du Dir vorstellen kannst. Und wenn er dann eine von den Duttons heiratet, habe ich jedenfalls den Triumph, ihn vorher abgelehnt zu haben. Also, adieu, meine liebe Freundin.

Immer Deine M. S.

## Dritter Brief

### Miss Georgiana Stanhope an Miss XXX

Mittwoch

Meine liebe Anne,
Sophie und ich haben unserer älteren Schwester gerade einen Streich gespielt. Wir fühlen uns zwar nicht ganz wohl dabei, aber wenn es überhaupt Umstände gibt, die derlei verzeihlich machen, dann in diesem Fall. Unser Nachbar, Mr. Watts, hat Mary einen Antrag gemacht – einen Antrag, der ihr Kopfzerbrechen bereitet, denn obwohl sie gerade ihn überhaupt nicht ausstehen kann (und da ist sie keineswegs die einzige), würde sie ihn doch eher heiraten, als es darauf ankommen zu lassen, dass er Sophie oder mir einen Antrag macht, womit er ihr im Fall ihrer Ablehnung gedroht hat, denn du musst wissen, dass das arme Kind es für das größte Unglück hält, das ihr zustoßen könnte, wenn eine von uns früher heiratet als sie; und um das zu verhindern, würde sie mit Freuden auch eine ihr nur Elend bereitende Ehe mit Mr. Watts in Kauf nehmen. Vor einer Stunde kam sie zu uns, um uns auszuhorchen, wie wir uns zu der Geschichte stellen, damit sie dementsprechend ihre Entscheidung treffen kann. Kurz bevor sie zu uns kam, hatte unsere Mutter uns davon erzählt und uns darauf hingewiesen, dass sie um keinen Preis zulassen will, dass er außerhalb unserer eigenen Familie eine Frau sucht.

»Und deshalb«, sagte sie, »muss Sophie ihn nehmen, wenn Mary ihn nicht will, und wenn Sophie ihn nicht will, dann Georgiana.«

Die arme Georgiana! Keine von uns versuchte, den Entschluss unserer Mutter umzustoßen, denn bedauerlicherweise liegt ihr mehr daran, dass Entschlüsse strikt eingehalten als auf sinnvolle Weise gefasst werden. Sobald sie gegangen war, brach ich das Schweigen, um Sophie zu versichern, ich erwartete, falls Mary Mr. Watts ablehnen sollte, nicht von ihr, dass sie aus lauter Rücksicht auf mich ihr Glück durch eine Heirat mit ihm opferte, wozu ihre Gutmütigkeit und schwesterliche Liebe sie womöglich verleiten könnten.

»Wir wollen darauf bauen«, erwiderte sie, »dass Mary ihn nicht ablehnt. Aber wie kann ich hoffen, dass meine Schwester womöglich einen Mann nimmt, der sie nicht glücklich machen wird?«

»*Er* kann es zwar nicht, aber sein Vermögen, sein Name, sein Haus, seine Kutsche werden sie glücklich machen, und ich zweifle nicht, dass Mary ihn heiraten wird. Und warum sollte sie auch nicht? Er ist erst 32 – genau das richtige Alter für einen Mann zum Heiraten. Er ist zwar ziemlich gewöhnlich, aber schließlich, was ist Schönheit bei einem Mann; er muss nur eine einigermaßen elegante Erscheinung abgeben und ansprechende Züge haben, das genügt.«

»Das stimmt alles, Georgiana, aber Mr. Watts' Erscheinung ist leider ungewöhnlich vulgär, und seine Züge sind ausgesprochen stumpfsinnig.

Und was seine schlechte Laune angeht, dafür ist er bekannt, aber vielleicht hat sich die Welt in ihrem Urteil getäuscht. Er hat eben eine ehrliche, offene Art, was einem Mann gut steht. Man sagt, er ist geizig; wir werden es Besonnenheit nennen. Man sagt, er ist misstrauisch. Aber das beruht nur auf seinem Temperament, das bei der Jugend immer verzeihlich ist; kurz und gut, ich sehe keinen Grund, warum er nicht ein ausgezeichneter Ehemann werden und Mary sehr glücklich machen sollte.«

Sophie lachte; ich fuhr fort: »Ob Mary ihn allerdings nehmen wird, darüber bin ich mir noch nicht im klaren. Mein Entschluss ist gefasst. Ich würde Mr. Watts auch dann nicht heiraten, wenn Betteln die einzige Alternative wäre.

So unzulänglich in jeder Hinsicht! Ein so abschreckendes Aussehen und keine einzige gute Eigenschaft, die es wettmachen könnte! Sein Vermögen ist zwar groß, aber so riesig doch auch wieder nicht! 3000 pro Jahr! Was sind 3000 pro Jahr? Das ist nur sechsmal so viel wie das Einkommen unserer Mutter. Das kann mich nicht reizen.«

»Aber für Mary ist es natürlich ein ganz hübsches Vermögen«, sagte Sophie und lachte wieder.

»Für Mary! Ja, ich würde mich freuen, wenn sie es so gut träfe.«

Und so machte ich zum größten Vergnügen meiner Schwester weiter, bis Mary, anscheinend in großer Erregung, ins Zimmer trat. Sie setzte sich. Wir machten vor dem Feuer Platz für sie. Sie wusste offenbar nicht, wie sie anfangen sollte, und sagte schließlich in einiger Verwirrung: »Sag mal, Sophie, hast du die Absicht zu heiraten?«

»Zu heiraten! Nein, keineswegs. Aber warum fragst du? Kennst du jemanden, der mir einen Antrag machen will?«

»Ich? Nein, wie sollte ich? Aber darf man nicht eine einfache Frage stellen?«

»So einfach nun auch wieder nicht, Mary«, sagte ich. Sie hielt inne, besann sich einen Augenblick und fuhr dann fort: »Würdest du gerne Mr. Watts heiraten, Sophie?«

Ich zwinkerte Sophie zu und antwortete für sie: »Wer würde nicht überglücklich sein, einen Mann mit 3000 pro Jahr zu heiraten?«

»Schon wahr«, erwiderte sie, »das ist schon wahr. Du würdest ihn also nehmen, wenn er dir einen Antrag machte, Georgiana ... du auch Sophie?«

Sophie mochte nicht gerne lügen und ihre Schwester betrügen; sie vermied daher ersteres und ersparte sich halbwegs durch Zweideutigkeit ein schlechtes Gewissen: »Ich würde genauso handeln wie Georgiana.«

»Also schön«, sagte Mary mit triumphierendem Funkeln in den Augen, »ich *habe* einen Antrag von Mr. Watts erhalten.«

Wir waren natürlich völlig überrrascht: »Oh, nimm ihn nicht an«, sagte ich, »dann nimmt er vielleicht mich.«

Kurz und gut, Mary fiel auf meinen Trick herein und ist nun entschlossen, ihn zu nehmen, um unser angebliches Glück zu verhindern, an dem ihr doch in Wirklichkeit gar nichts liegt. Aber ich fühle mich trotzdem ein bisschen schuldig, und Sophie hat noch mehr Gewissensbisse. Beruhige uns, meine liebe Anne, schreib uns und sag uns, dass Du unser Verhalten billigst. Denk in Ruhe darüber nach. Mary wird es genießen, eine verheiratete Frau zu sein und die Anstandsdame zu spielen; und das soll sie auch, denn ich fühle mich verpflichtet, so viel wie möglich zu ihrem Glück beizutragen, da ich sie zu ihrem neuen Leben überredet habe. Sie werden vermutlich eine neue Kutsche anschaffen, die sie selig machen wird; und wenn wir Mr. Watts dazu überreden können, seinen Phaeton instand zu setzen, ist sie überglücklich. Alle diese Dinge wiegen natürlich in Sophies und meinen Augen häusliches Elend nicht auf. Berücksichtige all das und verurteile uns nicht.

Freitag

Gestern abend kam Mr. Watts wie verabredet zum Tee zu uns. Sobald seine Kutsche vorfuhr, ging Mary ans Fenster.

»Kannst du dir so etwas vorstellen, Sophie?« sagte sie, »der alte Trottel will, dass seine neue Kutsche die gleiche Farbe hat wie die alte und auch so schlecht gefedert ist. Aber das kommt nicht in Frage. Ich werde mich durchsetzen. Und wenn sie nicht so gut gefedert ist wie die der Duttons und blau mit silbernen Punkten ist, nehme ich ihn nicht. Nein, das tue ich nicht! Hier kommt er. Er ist bestimmt wieder ungezogen, bestimmt wieder schlecht gelaunt und hat kein einziges freundliches Wort für mich und benimmt sich gar nicht wie ein Liebhaber.« Dann setzte sie sich wieder hin, und Mr. Watts trat ein.

»Meine Damen, Ihr ergebenster …« Wir begrüßten ihn, und er setzte sich. »Schönes Wetter, meine Damen.« Dann wandte er sich an Mary. »Also, Miss Stanhope, ich hoffe, Sie haben sich endlich zu einem Entschluss durchgerungen und werden so gütig sein, mir mitzuteilen, ob Sie sich dazu herablassen wollen, mich zu heiraten oder nicht.«

»Ich finde, Sir«, sagte Mary, »Sie hätten auf etwas höflichere Art fragen können. Ich weiß nicht, ob ich Sie nehmen *werde*, wenn Sie sich so merkwürdig betragen.«

»Mary!« sagte meine Mutter.

»Wieso, Mama, wenn er so unausstehlich ist …«

»Pst, pst, Mary, sei nicht so ungezogen zu Mr. Watts.«

»Aber ich bitte Sie, Madam, Sie brauchen Miss Stanhope nicht dazu anzuhalten, höflich zu sein. Wenn ihr nichts daran liegt, meinen Antrag anzunehmen, kann ich mich an jemand anderen wenden; ich habe durchaus keine besondere Vorliebe für Sie, Mary. Es ist mir ganz gleich, welche der drei Schwestern ich heirate.«

Hat man je einen solchen Lumpen gesehen! Sophie wurde rot vor Ärger, und ich war richtig wütend.

»Also gut«, sagte Mary gereizt, »dann nehme ich Sie, wenn es unbedingt sein muss.«

»Ich dächte doch, Miss Stanhope, wenn einem eine finanzielle Versorgung, wie ich sie Ihnen vorgeschlagen habe, angeboten wird, dann braucht man sich keinen Zwang anzutun, das Angebot anzunehmen.«

Mary murmelte etwas, und da ich ihr am nächsten saß, konnte ich es hören: »Was nützt einem eine große Erbschaft, wenn Männer ewig leben?« Und dann fügte sie vernehmlicher hinzu: »Vergessen Sie nicht das Nadelgeld, zweihundert pro Jahr.«

»Hundertfünfundsiebzig, Madam.«

»Nein, nein, Sir, zweihundert«, sagte meine Mutter.

»Und vergessen Sie auch nicht, dass ich eine neue Kutsche bekomme, die so gut gefedert ist wie die der Duttons und blau mit silbernen Punkten ist; und ich erwarte ein neues Reitpferd, eine Garnitur von feiner Spitze und eine riesige Menge höchst kostbarer Juwelen. Unerhörte Diamanten und Perlen, Rubine und Smaragde ohne Zahl. Sie werden Ihren Phaeton instand setzen, der cremefarben und mit einem Kranz von silbernen Blumen dekoriert sein muss. Sie werden vier der schönsten Füchse Englands dazu kaufen, und Sie werden mich jeden Tag darin ausfahren. Und das ist noch nicht alles. Sie werden Ihr Haus ganz und gar nach meinem Geschmack neu einrichten, Sie werden zwei zusätzliche Diener für mich einstellen und zwei Zofen zu meiner Bedienung. Sie werden mir ganz und gar meinen Willen lassen und ein guter Ehemann sein.«

Hier hielt sie inne, ich glaube, um Luft zu holen.

»All das kann meine Tochter recht und billig erwarten, Mr. Watts.«

»Und es ist nur recht und billig, Mrs. Stanhope, dass Ihre Tochter enttäuscht wird.« Er wollte fortfahren, aber Mary unterbrach ihn: »Sie werden mir ein elegantes Gewächshaus bauen und es mit Pflanzen ausstatten, Sie werden mich jeden Winter in Bath, jedes Frühjahr in London, jeden Sommer auf Reisen und jeden Herbst in einem Kurort verbringen lassen, und den Rest des Jahres, wenn wir zu Hause sind (Sophie und ich lachten), werden Sie ständig Feste und Maskenbälle geben. Sie werden dazu einen Saal anbauen lassen und ein Theater für private Aufführungen. Das erste Stück, das wir aufführen, wird *Welcher Mann ist es?* sein, und ich selbst spiele die Lady Bell Bloomer.«[5]

»Und darf ich fragen, Miss Stanhope«, sagte Mr. Watts,

»was ich als Gegenleistung für all diese Dinge erwarten darf?«

»Gegenleistung? Na, Sie können erwarten, mir damit Freude zu machen.«

»Es wäre wirklich merkwürdig, wenn das nicht der Fall wäre. Ihre Ansprüche sind zu hoch für mich, und ich muss mich an Miss Sophie wenden, die vielleicht nicht ganz so hoch greift.«

»Da irren Sie sich ganz entschieden, Sir«, sagte Sophie, »denn obwohl ich nicht ganz dieselben Wünsche habe wie meine Schwester, sind meine Ansprüche doch durchaus so hoch wie ihre, denn ich erwarte vor allem, dass mein Mann immer ausgeglichen und gutgelaunt ist, bei all seinen Handlungen mein Glück im Auge hat und mich treu und innig liebt.«

Mr. Watts starrte sie an. »Sie haben wirklich höchst eigenartige Ideen, meine liebe junge Dame. Schlagen Sie sie sich aus dem Kopf, bevor Sie heiraten, sonst müssen Sie es hinterher tun.«

Meine Mutter machte unterdessen Mary Vorhaltungen, die merkte, dass sie zu weit gegangen war, und als Mr. Watts im Begriff war, mich anzusprechen, offenbar um mir einen Antrag zu machen, wandte sie sich in halb unterwürfigem, halb gekränktem Ton an ihn: »Sie irren, Mr. Watts, wenn Sie annehmen, ich meinte es ernst mit all diesen Forderungen. Aber eine neue Kutsche muss ich haben.«

»Ja, Sir, Sie müssen zugeben, dass Mary darauf ein Recht hat.«

»Mrs. Stanhope, ich beabsichtige und habe immer beabsichtigt, zu meiner Hochzeit eine neue Kutsche anzuschaffen. Aber sie wird die Farbe meiner jetzigen haben.«

»Ich finde, Mr. Watts, Sie sollten meinem Kind das Kompliment machen, in solchen Dingen *ihren* Geschmack zu Rate zu ziehen.«

Damit wollte Mr. Watts sich nicht einverstanden erklären; er bestand eine Zeitlang auf schokoladenbraun, während Mary ebenso unnachgiebig auf blau mit silbernen Punkten beharrte. Schließlich allerdings schlug Sophie vor, die Kutsche solle, um Mr. Watts entgegenzukommen, dunkelbraun und, um Mary entgegenzukommen, gut gefedert sein und eine silberne Leiste haben. Darauf einigte man sich schließlich, wenn auch auf beiden Seiten widerstrebend, da beide eigentlich vorgehabt hatten, nicht nachzugeben. Dann wandten wir uns anderen Dingen zu, und man einigte sich darauf zu heiraten, sobald die Formalitäten erledigt waren. Mary lag außerordentlich daran, eine Ausnahmegenehmigung zu beantragen, und Mr. Watts sprach von einem regulären Aufgebot. Schließlich einigte man sich auf das Einhalten der üblichen Formalitäten. Mary soll den gesamten Familienschmuck erhalten, der aber wohl ziemlich wertlos ist, und Mr. Watts hat versprochen, ihr ein Reitpferd zu kaufen; aber dafür soll sie drei Jahre darauf verzichten, nach London oder überhaupt irgendwohin zu reisen. Sie soll weder ein Gewächshaus, Theater noch einen Phaeton erhalten und sich mit *einer* Zofe begnügen ohne einen zusätzlichen Diener. Es nahm den ganzen Abend in Anspruch, diese Dinge zu regeln; Mr. W. speiste mit uns und ging erst um zwölf. Sobald er gegangen war, rief Mary: »Gott sei Dank! Endlich ist er fort! Wie ich ihn hasse!«

Umsonst hielt ihr Mama vor, wie ungehörig es sei, ihren zukünftigen Mann so zu verabscheuen, aber sie hörte nicht auf, von ihrer Abneigung gegen ihn zu sprechen und zu hoffen, ihn nie wiederzusehen. Das wird eine schöne Hochzeit werden! Adieu, meine liebe Anne.

Herzlich Deine Georgiana Stanhope

## Vierter Brief
### Von derselben an dieselbe

Sonnabend

Liebe Anne,
in dem Wunsch, alle über ihre bevorstehende Hochzeit zu informieren, und vor allem in dem Bedürfnis, ihren Triumph über die Duttons auszukosten, wie sie es nennt, bat uns Mary, heute vormittag mit ihr nach Stoneham zu gehen. Da wir nichts anderes vorhatten, stimmten wir gerne zu und genossen den schönen Spaziergang – soweit das in Marys Begleitung möglich ist, denn deren Unterhaltung bestand ausschließlich darin, den Mann zu beschimpfen, den sie schon bald heiraten will, und sich eine blaue Kutsche mit silbernen Punkten zu wünschen.

Als wir bei den Duttons ankamen, fanden wir die beiden Mädchen im Ankleidezimmer mit einem ausgesprochen gut aussehenden jungen Mann, der uns natürlich vorgestellt wurde. Es ist der Sohn von Sir Henry Brudenell aus Leicestershire. Einen so schönen Mann wie Mr. Brudenell habe ich noch nie gesehen; wir waren alle drei von ihm außerordentlich eingenommen. Mary platzte beim Betreten des Zimmers fast vor Selbstgefälligkeit über ihre neue Rolle und dem Wunsch, allen davon zu berichten, und konnte, als wir uns gesetzt hatten, nicht länger schweigen. Sie wandte sich daher sehr bald an Kitty.

»Findest du nicht, es ist nötig, alle Juwelen neu fassen zu lassen.«

»Nötig wofür?«

»Wofür? Na, für meinen Auftritt!«

»Ich bitte um Entschuldigung, aber ich verstehe dich wirklich nicht. Von was für Juwelen sprichst du, und wo soll der Auftritt stattfinden?«

»Beim ersten Ball nach meiner Hochzeit natürlich.« Du

kannst dir ihr Erstaunen vorstellen. Erst wollten sie es gar nicht glauben, aber als wir die Geschichte bestätigten, blieb ihnen nichts anderes übrig.

»Und mit wem?« war natürlich die erste Frage. Mary tat verschämt und antwortete leicht verwirrt und mit niedergeschlagenen Augen: »Mit Mr. Watts.«

Aber auch das musste von uns bestätigt werden, denn dass jemand mit Marys Schönheit und Vermögen (ausreichend, wenn auch klein) freiwillig Mr. Watts heiraten würde, wollte ihnen einfach nicht in den Kopf. Da wir nun schon einmal beim Thema waren und Mary sich im Mittelpunkt der allgemeinen Aufmerksamkeit fand, verlor sie alle Befangenheit und wurde hemmungslos und mitteilsam.

»Mich wundert, dass ihr noch nicht davon gehört habt, denn im allgemeinen sprechen solche Dinge sich doch schnell in der Nachbarschaft herum.«

»Aber nein!« sagte Jemina. »Ich hatte nicht die leiseste Ahnung von der Sache. Besteht der Plan schon lange?«

»O ja, schon seit Mittwoch.«

Alle lächelten, besonders Mr. Brudenell.

»Ihr müsst wissen, Mr. Watts ist so in mich verliebt, dass es seinerseits ganz und gar eine Liebesheirat ist.«

»Nicht nur seinerseits, hoffe ich«, sagte Kitty.

»Wieso, wenn eine Seite so verliebt ist, ist Liebe auf der anderen nicht nötig. Aber ich habe weiter nichts gegen ihn, obwohl er natürlich ausgesprochen gewöhnlich ist.«

Mr. Brudenell starrte sie an, die Miss Duttons lachten, und Sophie und ich schämten uns von Herzen für unsere Schwester. Sie fuhr fort: »Wir werden uns eine neue Kutsche anschaffen und wahrscheinlich unseren Phaeton instand setzen lassen.«

Wir wussten, dass das nicht stimmt, aber das arme Kind war von dem Gedanken, die Anwesenden davon zu überzeugen, so angetan, dass ich ihr ein so harmloses Vergnügen nicht rauben wollte. Sie sprach weiter: »Mr. Watts wird mir den Familienschmuck überreichen, der, nehme ich an, von erheblichem Wert ist.« Ich konnte nicht umhin, Sophie zuzuflüstern: »Das nehme ich nicht an.«

»Dieser Schmuck muss wahrscheinlich neu gefasst werden, bevor man ihn tragen kann. Ich werde ihn nicht vor dem ersten Ball tragen, den ich nach meiner Hochzeit besuche. Wenn Mrs. Dutton nicht hingehen sollte, darf ich hoffentlich die Anstandsdame für euch spielen; ich nehme Sophie und Georgiana ohnehin mit.«

»Das ist sehr nett von dir«, sagte Kitty, »und da du die Absicht hast, junge Damen unter deine Fittiche zu nehmen, würde ich dir raten, Mrs. Edgecombe zu überreden, dich auch für ihre sechs Töchter die Anstandsdame spielen zu lassen. Mit ihnen, deinen beiden Schwestern und uns wird dein Auftritt dann höchst eindrucksvoll sein.«

Wir mussten alle über Kittys Bemerkung lächeln – außer Mary, die den Sinn gar nicht verstand und nur kühl antwortete, für so viele würde sie nicht gerne die Anstandsdame spielen. Sophie und ich bemühten uns, das Thema zu wechseln, hatten aber damit nur vorübergehend Erfolg, denn Mary sorgte dafür, dass sich die Aufmerksamkeit wieder auf sie und ihre bevorstehende Hochzeit richtete. Mir tat es um meiner Schwester willen leid, dass es Mr. Brudenell anscheinend Spaß machte, ihr zuzuhören und sie sogar durch Fragen und Bemerkungen zu ermutigen, denn es war offensichtlich, dass er lediglich darauf aus war, sich über sie lustig zu machen. Ich fürchte, er fand sie einfach sehr lächerlich. Es gelang ihm sehr gut, ernst zu bleiben, aber man konnte leicht sehen, welche Mühe es ihn kostete. Schließlich aber schien er erschöpft und von dem lächerlichen Gespräch mit ihr so angewidert, dass er sich uns zuwandte und vor unserem Aufbruch von Stoneham die letzte halbe Stunde kaum mit ihr sprach. Sobald wir aus dem Haus waren, fingen wir gemeinsam an, Mr. Brudenells Erscheinung und Benehmen zu loben.

Zu Hause fanden wir Mr. Watts vor.

»Also, Miss Stanhope«, sagte er, »Sie sehen, ich bin wie ein richtiger Liebhaber gekommen, um Ihnen den Hof zu machen.«

»Na, das brauchen Sie mir doch nicht zu *sagen*. Ich weiß schließlich, warum Sie kommen.«

Sophie und ich verließen in dem Glauben, im Weg zu sein, falls eine Liebesszene stattfinden sollte, das Zimmer. Wir waren daher überrascht, als Mary uns fast auf dem Fuße folgte.

»Und ist die Liebesszene schon vorbei?« fragte Sophie.

»Liebesszene!« erwiderte Mary. »Wir haben uns gezankt. Watts ist ein solcher Trottel! Hoffentlich sehe ich ihn nie wieder.«

»Das wirst du wohl oder übel müssen«, sagte ich, »denn er speist heute abend bei uns. Aber worüber habt ihr denn gestritten?«

»Ach, bloß weil ich ihm erzählt habe, ich hätte heute vormittag einen viel hübscheren Mann gesehen, hat er mir eine große Szene gemacht und mich einen Drachen genannt, und da bin ich nur geblieben, um ihm zu sagen, dass ich ihn für einen Schuft halte, und dann gegangen.«

»Kurz und zärtlich«, sagte Sophie. »Aber Mary, wie wollt ihr euch nun wieder vertragen?«

»Er muss sich bei mir entschuldigen. Aber wenn er es täte, würde ich ihm trotzdem nicht verzeihen.«

»Dann würde sein Nachgeben gar nichts nützen.«

Wir zogen uns um und kehrten dann ins Wohnzimmer zurück, wo Mama und Mr. Watts sich vertraulich unterhielten. Anscheinend hatte er sich über das Benehmen ihrer Tochter beklagt, und sie hatte ihn überredet, es nicht weiter ernst zu nehmen. Deshalb empfing er Mary mit seiner gewohnten Zuvorkommenheit; und nach kurzen Seitenhieben auf den Phaeton und das Gewächshaus verging der Abend in großer Harmonie und Herzlichkeit. Watts fährt nun nach London, um die Vorbereitungen zur Hochzeit zu beschleunigen.

Ich bin Deine zärtliche Freundin
Georgiana Stanhope *1792*

## Eine hinreißende Beschreibung der unterschiedlichen Wirkung von Empfindsamkeit auf unterschiedliche Gemüter

Ich habe gerade erst an Melissas Bett gesessen, und obwohl ich im Verlauf meines ziemlich langen Lebens schon an vielen Betten gesessen habe, hat sich mir noch nie ein so mitleiderregender Anblick geboten, wie sie ihn bietet. Angetan mit einem Nachthemd aus Musselin, einem Schal aus Chambray-Seide und einer französischen Nachthaube liegt sie da. Sir William ist ständig an ihrer Seite. Die einzige Ruhe, die er sich gönnt, ist auf dem Sofa im Wohnzimmer, wo er alle vierzehn Tage fünf Minuten lang in unruhigen Schlummer sinkt, wobei er alle Augenblicke aufschreckt und ein »Oh, Melissa, ach, Melissa« ausstößt, dann wieder zurücksinkt, den linken Arm hebt und sich am Kopf kratzt. Die arme Mrs. Burnaby ist über alle Maßen betrübt. Sie seufzt hin und wieder, ungefähr jede Woche einmal, während der melancholische Charles alle Augenblicke »Wie geht es dir, Melissa?« sagt. Die reizenden Schwestern sind sehr zu bedauern. Julia beklagt die Lage ihrer Schwester, während sie hinter ihrem Kissen liegt und ihren Kopf stützt; Maria, zurückhaltender in ihrem Schmerz, spricht davon, nächste Woche nach London zu fahren; und Anna kommt immer wieder auf das angenehme Leben zurück, das wir hatten, als Melissa noch gesund war.

Ich stehe meist am Herd und koche für die unglückliche Kranke eine kleine Delikatesse, wobei ich mal aus den Resten einer alten Ente ein Frikassee mache, mal etwas Käse toaste oder einen Curry zubereite – die Lieblingsgerichte unserer armen Freundin. Bei diesen Beschäftigungen wurden wir heute vormittag durch einen Besuch von Dr. Dowkins überrascht.

»Ich bin gekommen, um nach Melissa zu sehen«, sagte er, »wie geht es ihr?«

»Mehr schlecht als recht«, sagte die entkräftete Melissa.

»Schlecht ist mir nicht recht. Dann steht es wohl um Sie recht schlecht«, erwiderte der zu Wortspielen neigende Doktor. »Wie ist Ihr Appetit?«

»Schlecht, sehr schlecht«, sagte Julia.

»Das *ist* sehr schlecht«, erwiderte er. »Wie ist ihre Stimmung, Madam?«

»So schlecht, Sir, dass wir Melissa ständig Melissengeist einflößen müssen.«

»Na, dann ist sie wenigstens nicht von allen guten Geistern verlassen. Schläft sie gut?«

»Selten.«

»Selter's hilft da auch selten. Das arme Ding! Denkt sie ans Sterben?«

»Sie hat nicht die Kraft überhaupt zu denken.«

»Dann kann sie wohl auch nicht daran denken, zu Kräften zu kommen.« *1793*

## Der großzügige Hilfspfarrer

### Eine moralische Erzählung, die beschreibt, wie vorteilhaft es ist, großzügig und Hilfspfarrer zu sein

In einem wenig bekannten Teil der Grafschaft Warwick lebte vor nicht allzu langer Zeit ein höchst ehrenwerter Geistlicher. Das Einkommen von seiner Pfarre, das sich auf ungefähr zweihundert Pfund belief, und die Zinsen vom Vermögen seiner Frau, das nicht der Rede wert war, reichten völlig für Begehr und Bedürfnis der Familie, die weder begehrte noch bedurfte, was ihr Einkommen auch nur im geringsten überstieg. Mr. Williams hatte seine Pfarre schon über zwanzig Jahre inne, als die vorliegende Geschichte begann, und seine Heirat, die kurz nach seiner Amtseinführung stattfand, hatte ihn zum Vater von sechs ausgezeichneten Kindern gemacht. Der älteste Sohn kam im Alter von ungefähr dreizehn Jahren auf die königliche Marineakademie in Portsmouth und trat dann auf einem der Schiffe einer kleinen Flotte, die nach Neufundland segelte, seinen Dienst an, wo er dank seines vielversprechenden und liebenswerten Charakters Freundschaft mit vielen Eingeborenen schloss und von wo er seiner Familie jeden Monat einen riesigen Neufundländer schickte.

Das zweite Kind, ebenfalls ein Sohn, war von einem benachbarten Pfarrer in der Absicht adoptiert worden, ihn auf eigene Kosten erziehen zu lassen, was auch durchaus wünschenswert gewesen wäre, wenn das Einkommen dieses Kollegen, der sich und seine kinderreiche Familie von einer Hilfspastorenstelle von fünfzig Pfund pro Jahr ernähren musste, seiner Großzügigkeit entsprochen hätte. So aber wusste der junge Williams im Alter von achtzehn Jahren nicht mehr, als was ihm die ärmliche Dorfschule auch hätte beibringen können. Aber obwohl sein Genie sich nicht entfalten konnte, war sein Charakter höchst liebenswert, und er gab sich keinem Laster hin oder machte sich je eines Fehlers schuldig, den sein Alter und seine Umstände nicht zu jeder Zeit entschuldigt hätten. Tatsächlich war er manchmal dabei ertappt worden, wie er eine Ente mit Steinen bewarf oder seinem Wohltäter Ziegelsteine ins Bett legte, aber diese unschuldigen Geistesblitze wurden von dem guten Mann eher als die Äußerungen einer lebhaften Einbildungskraft denn als schlechte Charakterzüge betrachtet; und wenn ihm eine Strafe für das Vergehen auferlegt wurde, dann bestand sie lediglich darin, dass der Übeltäter die Steine aufheben oder die Ziegelsteine zurücktragen musste. *1793*

## Ode an das Mitleid

1

Voll Freude wandle ich den Pfad der Ehre
  Und den des Myrtenhains – gedankenvoll,
Der Mond dabei wirft seine blassen Strahlen
  Auf die enttäuschte Liebe.
Dann singt auf leichtem Zweig des Hagedorns
  Klagend und süß die Nachtigall; die Drossel
Parlieret mit der Taube.

2

Die große Straße trödle ich entlang,
  Mit leisem Rauschen stürzt der Bach.
Der Mond tritt hinter einer Wolke vor,
  Wirft auf den Myrtenhain den blassen Strahl.
Ah, welche Szenen tun sich mir nun auf:
  Die Hütte, Grotte, Matte und die komische Kapelle
Und auch das altersschwache Bauwerk, die Abtei,
  Von alten Kiefern sonst verhüllt, erhebt ihr Haupt,
Unsichtbar stets, blickt sie verstohlen um sich.

*1793*

# Zweiter Band

## Liebe und Freundschaft

### Ein Roman in einer Reihe von Briefen

»Um Freundschaft betrogen, um Liebe gebracht.«

Erster Brief
Isabel an Laura

Wie oft hast Du mir auf meine wiederholten Bitten, meiner Tochter eine ausführliche Schilderung der Missgeschicke und Abenteuer Deines Lebens zu geben, geantwortet: »Nein, meine Freundin, ich werde deinem Wunsch nicht nachkommen, solange ich in Gefahr bin, die furchtbaren Erfahrungen noch einmal durchzumachen.« Ist diese Zeit nicht jetzt gekommen? Du wirst heute 55. Wenn eine Frau je vor der entschlossenen Nachstellung von Liebhabern und der grausamen Verfolgung von uneinsichtigen Vätern sicher ist, dann doch wohl an diesem Punkt ihres Lebens.

Isabel

Zweiter Brief
Laura an Isabel

Obwohl ich Dir nicht zustimmen kann, dass mir so unverdientes Unglück, wie ich es erfahren habe, nicht noch einmal zustoßen kann, will ich doch die Neugier Deiner Tochter befriedigen, um mir den Vorwurf der Uneinsichtigkeit und des bösen Willens zu ersparen. Möge die Standhaftigkeit, mit der ich all das Missgeschick meines bisherigen Lebens ertragen habe, ihr von Nutzen sein bei dem Unglück, das sie in ihrem eigenen Leben vielleicht befallen wird.

Laura

## Dritter Brief

### Laura an Marianne

Als Tochter meiner engsten Freundin hast Du, finde ich, ein Anrecht darauf, meine unglückselige Geschichte kennenzulernen, zu deren Erzählung Deine Mutter mich schon so oft aufgefordert hat. Mein Vater stammte aus Irland und lebte in Wales; meine Mutter war die uneheliche Tochter eines schottischen Adligen und einer italienischen Opernsängerin – ich wurde in Spanien geboren und erhielt meine Erziehung in einem Kloster in Frankreich.

Als ich das achtzehnte Lebensjahr erreicht hatte, wurde ich von meinen Eltern ins väterliche Haus zurück nach Wales gerufen. Unser Besitz lag in einer der romantischsten Gegenden des Usketals. Wenn auch meine Reize jetzt erheblich verblasst sind und durch das mir widerfahrene Missgeschick gelitten haben, war ich doch einmal schön. Aber so hübsch ich war – meine äußere Ansehnlichkeit war nur der geringste meiner Vorzüge. Ich besaß alle meinem Geschlecht eigenen Fertigkeiten und Kenntnisse. Schon im Kloster übertraf mein Wissen immer meine jeweiligen Lektionen, meine Talente waren für mein Alter unglaublich und binnen kurzem übertraf ich meine Lehrer.

Was immer meinem Geist zur Zierde gereichen konnte, hatte er erworben; in ihm gaben sich alle lobenswerten Tugenden und alle edlen Empfindungen ein Stelldichein.

Ein Zartgefühl, das von jedem Missgeschick meiner Freunde und meiner Bekannten und vor allem meiner selbst allzu leicht in tiefste Mitleidenschaft gezogen wurde, war mein einziger Fehler – wenn man es denn einen Fehler nennen kann. Aber ach, wie anders heute! Obwohl mein eigenes Missgeschick mich nicht weniger rührt als damals, lassen mich die Leiden anderer nun völlig kalt. Auch meine Fertigkeiten und Kenntnisse lassen allmählich nach – ich kann nicht mehr so gut singen und so graziös tanzen wie damals, und das *Minuet de la cour* habe ich völlig vergessen.

Adieu, Laura

## Vierter Brief
## Laura and Marianne

Unsere Nachbarschaft war klein, denn sie bestand nur aus Deiner Mutter. Sie hat Dir sicher schon erzählt, dass ihre Eltern sie in ärmlichen Umständen zurückgelassen hatten und sie sich daraufhin aus finanziellen Gründen in Wales niederließ. Dort hat unsere Freundschaft begonnen. Isabel war damals 21; obwohl ihre Erscheinung und ihre Umgangsformen angenehm waren, besaß sie (unter uns gesagt) nicht einen Bruchteil meiner Schönheit oder Fähigkeiten. Isabel war in der Welt herumgekommen. Sie hatte zwei Jahre in einem der führenden Pensionate Londons verbracht, sich vierzehn Tage in Bath aufgehalten und einmal in Southampton zu Abend gegessen. »Hüte dich, meine Laura«, sagte sie oft, »hüte dich vor der faden Nichtigkeit und dem öden Müßiggang der Hauptstadt Englands, hüte dich vor dem unsinnigen Luxus von Bath und vor dem stinkenden Fisch von Southampton.«

»Ach«, rief ich, »wie soll ich diesen Übeln aus dem Weg gehen, wenn ich sie doch nie erleben werde? Welche Aussicht besteht, dass ich je den Müßiggang Londons, den Luxus von Bath oder den stinkenden Fisch von Southampton kosten werde? Ich, die ich dazu verurteilt bin, die Zeit meiner Schönheit und Jugend in einer bescheidenen Hütte im Usketal zu vergeuden?«

Ach, ich ahnte damals nicht, dass es mir bestimmt war, die bescheidene Hütte bald schon mit den trügerischen Freuden der Welt zu vertauschen.

Adieu, Laura

## Fünfter Brief
### Laura an Marianne

Eines Abends im Dezember, als mein Vater, meine Mutter und ich im häuslichen Gespräch um unseren Kamin versammelt waren, wurden wir plötzlich durch ein heftiges Klopfen an der Tür unserer ländlichen Hütte in großes Erstaunen versetzt.

Mein Vater schreckte auf. »Was ist das für ein Geräusch?« sagte er.

»Es klingt wie ein lautes Rütteln an der Tür«, erwiderte meine Mutter.

»Ja, wirklich«, rief ich.

»Den Eindruck habe ich auch«, sagte mein Vater, »es rührt anscheinend wirklich von der ungewöhnlichen Heftigkeit, mit der jemand gegen unsere völlig arglose Tür vorgeht.«

»Ja«, rief ich, »mir kommt es fast so vor, als ob jemand um Einlass bittet.«

»Das gehört nicht zur Sache«, antwortete er. »Wir dürfen uns kein Urteil anmaßen, was die Ursache des Klopfens ist, obwohl auch ich einigermaßen überzeugt bin, dass tatsächlich jemand an der Tür rüttelt.«

Hier unterbrach ein zweites Rütteln meinen Vater mitten in seinen Worten und jagte meiner Mutter und mir einen Schreck ein.

»Ob wir nicht doch lieber nachsehen, was es ist?« fragte sie, »die Dienerschaft ist nicht zu Hause.«

»Das ist ganz meine Meinung«, sagte ich.

»Ja, wirklich«, fügte mein Vater hinzu, »ganz unbedingt.«

»Sollen wir gleich hingehen?« fragte meine Mutter.

»Je eher, desto besser«, antwortete er. »Ach, wir wollen keine Zeit verlieren«, rief ich.

Ein drittes, noch heftigeres Rütteln traf unser Ohr. »Es klopft bestimmt jemand an die Tür«, sagte meine Mutter.

»Das glaube ich auch«, erwiderte mein Vater.

»Vielleicht ist die Dienerschaft schon nach Hause gekommen«, sagte ich, »ich glaube, ich höre Mary zur Tür gehen.«

»Das wäre mir sehr lieb«, rief mein Vater, »denn ich brenne darauf zu wissen, wer es ist.«

Ich hatte recht mit meiner Vermutung, denn in diesem Augenblick trat Mary ein und erklärte, ein junger Gentleman und sein Diener seien an der Tür, die sich verirrt hätten, ganz durchgefroren seien und darum bäten, sich an unserem Feuer wärmen zu dürfen.

»Wollen wir sie nicht hereinbitten?« fragte ich.

»Du hast doch nichts dagegen, meine Liebe?« fragte mein Vater.

»Aber ganz und gar nicht«, erwiderte meine Mutter.

Ohne weitere Befehle abzuwarten, verließ Mary auf der Stelle das Zimmer und kehrte gleich darauf mit dem schönsten und liebenswürdigsten jungen Mann zurück, den ich je gesehen hatte. Den Diener behielt sie gleich bei sich.

Mein zartfühlendes Gemüt war durch die Leiden des unglücklichen jungen Mannes schon erheblich angeregt; und kaum erblickte ich ihn, da spürte ich, dass Glück oder Elend meines künftigen Lebens nur von ihm abhingen.

Adieu, Laura

## Sechster Brief

### Laura an Marianne

Der edle junge Mann berichtete uns, dass sein Name Lindsay sei – aus bestimmten Gründen aber werde ich seine Identität hinter dem Pseudonym Talbot verbergen. Er erzählte uns, dass er der Sohn eines englischen Barons sei, seine Mutter schon seit vielen Jahren nicht mehr lebe und er eine mittelgroße Schwester habe.

»Mein Vater«, fuhr er fort, »ist ein gemeiner und geiziger Schuft – aber nur so vertrauten Freunden wie Ihnen würde ich seine Schwächen je verraten. Ihre Tugenden, mein liebenswürdiger Polydor«, wandte er sich an meinen Vater, »und Ihre, liebe Claudia, und Ihre, meine reizende Laura, verführen mich dazu, Ihnen mein Herz ganz zu öffnen.« Wir verneigten uns. »Geblendet vom falschen Glanz seines Reichtums und vom eitlen Pomp seines Titels, bestand mein Vater darauf, dass ich meine Hand Lady Dorothea reiche. ›Nein, niemals‹, rief ich. ›Lady Dorothea ist reizend und bezaubernd; sie ist mir lieber als jede andere Frau. Aber nehmen Sie zur Kenntnis, Sir, dass ich es verachte, entsprechend Ihren Wünschen zu heiraten. Nein, niemals soll man von mir sagen, dass ich mich dem Wunsch meines Vaters gebeugt habe.‹«

Wir bewunderten alle die edle Männlichkeit seiner Antwort. Er fuhr fort: »Sir Edward war erstaunt. So hochgesinnten Widerstand gegen seinen Willen hatte er anscheinend nicht erwartet. ›Wo, in drei Teufels Namen, Edward, hast du bloß dieses sinnlose Gefasel aufgeschnappt? Du hast wohl zu viele Romane gelesen, wie?‹ Ich ließ mich zu keiner Antwort herab; es wäre unter meiner Würde gewesen. Ich bestieg mein Pferd und machte mich, gefolgt von meinem treuen William, auf den Weg zu meinen Tanten.

Das Haus meines Vaters liegt in Bedfordshire, das meiner Tante in Middlesex, und obwohl ich mir schmeichle, in Geographie einigermaßen bewandert zu sein, fand ich mich plötzlich, ich weiß nicht, wie es geschah, am Eingang dieses schönen Tals, das sich anscheinend in Südwales befindet, während ich erwartet hatte, bei meinen Tanten einzutreffen.

Nachdem ich ein Weilchen an den Ufern der Uske entlanggegangen war, ohne zu wissen, wohin ich mich wenden sollte, begann ich aufs bitterste und erbarmungswürdigste mein grausames Schicksal zu beklagen. Es war jetzt völlig dunkel, nicht ein einziger Stern leuchtete, um meine Schritte zu lenken, und ich weiß nicht, was aus mir geworden wäre, wenn ich nicht schließlich in der mich umfangenden Düsternis ein fernes Licht gesehen hätte, das ich beim Näherkommen als Ihr wohltuendes Feuer erkannte. Getrieben von dem vielen auf mich einstürzenden Missgeschick, nämlich Angst, Kälte, Hunger, zögerte ich nicht, um Einlass zu bitten, der mir schließlich auch gewährt wurde; und nun, meine anbetungswürdige Laura«, fuhr er fort und nahm meine Hand, »wann darf ich hoffen, die einzige Belohnung, die ich für all das schmerzliche Leiden begehre, das ich während der ganzen Zeit meiner Liebe zu Ihnen ausgestanden habe, zu empfangen? Ach, wann werden Sie mich mit Ihrer Hand belohnen?«

»Auf der Stelle, lieber, reizender Edward«, erwiderte ich. »Wir lassen uns sogleich von meinem Vater trauen, der ein theologisches Studium absolviert hat, obwohl er nie ordiniert worden ist.«

Adieu, Laura

## Siebter Brief

### Laura an Marianne

Wir blieben noch ein paar Tage nach unserer Trauung im Usketal. Nach einem herzzerreißenden Abschied von meinem Vater, meiner Mutter und meiner Isabel begleitete ich Edward zu seiner Tante nach Middlesex. Philippa empfing uns beide mit Ausdrücken zärtlichster Liebe. Meine Ankunft war für sie eine höchst angenehme Überraschung, da sie nicht nur nichts von meiner Heirat mit ihrem Neffen ahnte, sondern auch gar nicht wusste, dass es auf der Welt einen Menschen wie mich gab.

Augusta, Edwards Schwester, war bei unserer Ankunft gerade zu Besuch bei ihr. Sie entsprach genau dem Bild, das ihr Bruder uns von ihr entworfen hatte – sie war mittelgroß. Sie empfing uns mit der gleichen Überraschung, wenn auch nicht der gleichen Herzlichkeit wie Philippa. Ihr Verhalten mir gegenüber verriet eine unangenehme Kälte und abweisende Zurückhaltung, die mich bedrückten und erstaunten. Nichts von dem interessanten Zartgefühl und der liebenswürdigen Sympathie in ihrem Verhalten und ihrer Ausdrucksweise mir gegenüber, die unser erstes Zusammentreffen doch hätte auszeichnen sollen. Ihre Worte waren weder warm noch liebevoll; ihre Willkommensgrüße weder lebhaft noch entgegenkommend; sie öffnete ihre Arme nicht, um mich ans Herz zu drücken, obwohl meine doch ausgestreckt waren, sie zu umfangen.

Eine kurze Unterhaltung zwischen Augusta und ihrem Bruder, die ich zufällig hören konnte, verstärkte meine Abneigung gegen sie und überzeugte mich davon, dass ihr Herz ebenso wenig für die zarten Bande der Liebe wie für den herzlichen Umgang mit Freunden empfänglich war.

»Aber glaubst du denn, dass mein Vater sich je mit dieser unklugen Verbindung versöhnen wird?« fragte Augusta.

»Augusta«, erwiderte der edle junge Mann, »ich dachte, du würdest besser von mir denken, als ernsthaft zu glauben, dass ich mich je so schmählich erniedrigen würde, bei meinen Entscheidungen dem Urteil meines Vaters Gewicht und Bedeutung zuzumessen. Sag mir, Augusta, sag mir in aller Aufrichtigkeit, hast du es seit meinem fünfzehnten Lebensjahr je erlebt, dass ich ihn bei der geringsten Kleinigkeit um seine Ansicht gebeten oder um seinen Rat gefragt habe?«

»Edward«, erwiderte sie, »du bist in deinem Selbstlob entschieden zu zurückhaltend. Erst seit deinem fünfzehnten Lebensjahr! Mein lieber Bruder, ich spreche dich von dem

Vorwurf frei, seit deinem fünften Lebensjahr je etwas freiwillig zur Zufriedenheit deines Vaters beigetragen zu haben. Aber ich werde trotzdem die Befürchtung nicht los, dass du sehr bald gezwungen sein wirst, dich vor dir selbst zu erniedrigen, indem du bei Sir Edward, auf seine Freigebigkeit bauend, um Unterstützung für deine Frau nachsuchst.«

»Niemals, niemals, Augusta, werde ich mich dazu herablassen«, sagte Edward. »Unterstützung! Was für Unterstützung könnte er meiner Laura bieten?«

»Nur etwas, was weiter nicht der Rede wert ist: Speis und Trank«, antwortete sie.

»Speis und Trank!« erwiderte mein Mann auf seine entschieden würdige, aber verächtliche Art, »und glaubst du denn wirklich, ein so erhabener Geist wie der meiner Laura sei darauf angewiesen, von so gewöhnlichem und banalem Unterhalt wie Essen und Trinken zu leben?«

»Ich kenne keinen anderen, der so wirksam ist«, setzte Augusta dagegen.

»Und hast du denn nie die Qual der Liebeswonnen gespürt, Augusta?« erwiderte mein Edward. »Ist dein Gaumen so vulgär und verdorben, dass er nicht von Liebe leben kann? Kannst du dir nicht vorstellen, dass man mit dem Gegenstand seiner zärtlichsten Zuneigung trotz verzweifelter Armut in Luxus lebt?«

»Deine Argumente sind wirklich zu lächerlich«, sagte Augusta, »aber vielleicht siehst du mit der Zeit ein, dass …«

Hier hinderte mich der Eintritt einer ausgesprochen schönen jungen Frau durch die Tür, an der ich lauschte, das Gespräch zu Ende zu hören. Sie wurde mir als Lady Dorothea vorgestellt, und daher verließ ich auf der Stelle meinen Posten und folgte ihr in den Salon, denn ich erinnerte mich sehr wohl, dass sie die Dame war, die der grausame und unbeugsame Baron meinem Edward als Frau vorgeschlagen hatte.

Obwohl Lady Dorotheas Besuch offiziell Philippa und Augusta galt, hatte ich doch einigen Grund zu der Annahme (immerhin wusste sie von Edwards Heirat und Ankunft), dass sein Zweck hauptsächlich darin bestand, mich zu sehen.

Ich merkte bald, dass sie in ihrer Erscheinung zwar reizend und elegant und in ihren Umgangsformen zwanglos und höflich war, aber im Hinblick auf Zartgefühl, Empfindsamkeit und Einfühlsamkeit doch zu der untergeordneten Klasse von Menschen zählte, der auch Augusta angehörte.

Sie blieb nur eine halbe Stunde, aber weder vertraute sie mir ihrerseits im Verlauf ihres Besuchs irgendwelche geheimen Gedanken an, noch bat sie mich darum, ihr meine anzuvertrauen. Du wirst deshalb leicht begreifen, meine liebe Marianne, dass ich für Lady Dorothea keine innige Zuneigung oder tiefe Anhänglichkeit empfinden konnte.

Adieu, Laura

## Achter Brief

Laura an Marianne (Fortsetzung)

Lady Dorothea hatte uns noch nicht lange verlassen, da wurde, ebenso unerwartet wie die Dame, ein weiterer Besuch angekündigt. Es war Sir Edward, der, durch Augusta von der Heirat ihres Bruders benachrichtigt, zweifellos kam, um ihm Vorwürfe zu machen, dass er sich ohne sein Wissen mir angetraut hatte. Da aber Edward diese Absicht vorausahnte, näherte er sich ihm schon beim Betreten des Zimmers mit heldenhaftem Mut und sprach ihn folgendermaßen an:

»Sir Edward, ich kenne den Grund Ihrer Reise hierher. Sie sind in der niederträchtigen Absicht gekommen, mir Vorwürfe zu machen, dass ich ohne Ihre Zustimmung eine unlösliche Bindung mit meiner Laura eingegangen bin. Diese Tat aber, Sir, gereicht mir zur Ehre. Niemals habe ich auf so triumphale Weise das Missfallen meines Vaters erregt!«

Damit nahm er meine Hand, führte mich, während Sir Edward, Philippa und Augusta zweifellos voller Bewunderung in Gedanken seiner unerschrockenen Tapferkeit nachhingen, aus dem Zimmer zur Kutsche seines Vaters, die noch vor dem Eingang stand und in der wir uns unverzüglich der Verfolgung Sir Edwards entzogen.

Die Postillons hatten zunächst nur den Befehl, die Straße nach London zu nehmen, aber sobald wir in Ruhe darüber nachgedacht hatten, befahlen wir ihnen, nach M… zu fahren, dem Besitz von Edwards engstem Freund, der nur ein paar Meilen entfernt lag.

Wir erreichten M… in wenigen Stunden und wurden nach der gehörigen Anmeldung auf der Stelle zu Sophia, der Frau von Edwards Freund, vorgelassen. Stell Dir meine Freude vor, als ich nun, nachdem ich ganze drei Wochen keine richtige Freundin gehabt hatte (denn so nenne ich Deine Mutter), eine vor mir sah, die den Namen wirklich verdiente. Sophia war etwas über mittelgroß und von eleganter Erscheinung. Ihre reizenden Züge strahlten eine gewisse sanfte Mattigkeit aus, die ihre Schönheit erhöhte. Dadurch zeichnete sie sich aus. Sie war ganz Zartgefühl und Empfindsamkeit. Wir flogen einander in die Arme, und nachdem wir Schwüre treuer Freundschaft bis ans Ende unserer Tage getauscht hatten, eröffneten wir einander auf der Stelle die tiefsten Geheimnisse unseres Herzens. Bei dieser höchst reizvollen Beschäftigung wurden wir durch den Eintritt von Augustus, Edwards Freund, unterbrochen, der gerade von einem einsamen Spaziergang zurückkam.

Niemals habe ich eine so rührende Szene wie die Begegnung von Edward und Augustus gesehen. »Mein Leben!

Meine Seele!« rief der erstere. »Mein anbetungswürdiger Engel!« setzte der letztere dagegen, als sie sich in die Arme fielen. Es war zu herzzerreißend für Sophia und mich: Wir fielen abwechselnd auf dem Sofa in Ohnmacht.

Adieu, Laura

## Neunter Brief
Von derselben an dieselbe

Gegen Ende des Tages erhielten wir folgenden Brief von Philippa:

> Sir Edward ist äußerst empört über eure unvermittelte Abreise. Er hat Augusta mit nach Bedfordshire zurückgenommen. So gerne ich wieder eure reizende Gesellschaft genießen würde, so wenig kann ich mich entschließen, euch derjenigen so lieber und werter Freunde zu entreißen. Wenn euer Besuch bei ihnen zu Ende ist, werdet ihr hoffentlich zurückkehren in die Arme
>
> eurer Philippa

Wir beantworteten diesen herzlichen Brief mit ein paar angemessenen Zeilen und versicherten der Schreiberin nach unserem Dank für ihre freundliche Einladung, dass wir dieser bestimmt nachkommen würden, wann immer wir nicht mehr wüssten, wohin wir uns sonst wenden sollten. Obwohl eine so dankbare Antwort auf ihre Einladung jedem vernünftigen Menschen die reinste Freude bereitet hätte, gebärdete sie sich – ich weiß nicht, warum – launenhaft und war über unser Betragen ungehalten; und ein paar Wochen später heiratete sie, entweder um sich für unser Verhalten zu rächen oder um ihrer Einsamkeit zu entfliehen, einen jungen und ungebildeten Mitgiftjäger. Obwohl wir uns durchaus bewusst waren, dass dieser unbedachte Schritt uns vermutlich die Erbschaft kosten würde, die zu erwarten Philippa uns wiederholt Anlass gegeben hatte, wussten wir, was wir unserer Würde schuldig waren, und es kam kein einziger Seufzer über unsere Lippen. Und doch hatte unser verzagtes Gemüt aus Furcht, dass dieser Schritt sich als Quelle grenzenlosen Elends für die betrogene Braut herausstellen würde, bei Empfang der Nachricht stark gelitten.

Die herzlichen Bitten von Augustus und Sophia, ihr Heim ein für allemal als unser Zuhause zu betrachten, bewegten uns leicht zu dem Entschluss, sie nie wieder zu verlassen. In der Gesellschaft meines Edwards und dieses liebenswürdigen Paares verbrachte ich die glücklichste Zeit meines Lebens. Wir füllten unsere Tage aufs angenehmste und mit wechselseitigen Versicherungen unserer Freundschaft und Schwüren unserer unwandelbaren Liebe, in der wir uns vor Unterbrechungen durch aufdringliche und unangenehme Besucher um so sicherer fühlten, als Augustus und Sophia beim Zuzug in die Gegend darauf bedacht gewesen waren, alle Nachbarn wissen zu lassen, dass ihnen an ihrer Gesellschaft nichts liege, weil ihr Glück ausschließlich in ihrer ungestörten Zweisamkeit bestehe.

Aber ach!, meine liebe Marianne, das Glück, das ich damals erlebte, war zu vollkommen, um zu dauern. Ein schwerer und unerwarteter Schlag zerstörte ein für allemal unser ganzes Glück. Da Du aufgrund meiner Beschreibung von Augustus und Sophia schon überzeugt bist, dass sie das glücklichste Paar der Welt waren, brauche ich sicher nicht mehr hinzuzufügen, dass ihre Verbindung gegen den ausdrücklichen Wunsch ihrer grausamen und gewinnsüchtigen Eltern zustande gekommen war, die mit hartnäckiger Ausdauer, aber vergebens, versucht hatten, sie zur Ehe mit einem Partner zu zwingen, den sie verabscheuten; aber mit heroischem Mut, der des Berichtens und der Bewunderung wert ist, hatten sich beide beharrlich geweigert, sich einer so despotischen Gewalt zu unterwerfen. Als sie sich durch eine heimliche Ehe aufs edelmütigste von den Fesseln der elterlichen Autorität befreit hatten, schworen sie sich, den guten Ruf, den sie sich in der Welt durch diese Tat erworben hatten, niemals dadurch aufs Spiel zu setzen, dass sie etwa auf mögliche Versöhnungsvorschläge ihrer Väter eingingen – einer solchen schweren Prüfung ihrer rühmlichen Unabhängigkeit waren sie allerdings nie ausgesetzt.

Sie waren erst ein paar Monate verheiratet, als unser Besuch bei ihnen begann, und während dieser Zeit konnten sie einen angemessenen Lebensunterhalt von der beträchtlichen Summe Geldes bestreiten, die Augustus ein paar Tage vor seiner Vereinigung mit Sophia geschickt aus dem Schreibtisch seines unwürdigen Vaters entwendet hatte.

Unser Aufenthalt vergrößerte ihre Ausgaben erheblich, obwohl die Mittel, mit denen sie sie bestritten, damals schon beinahe erschöpft waren. Aber sie, diese göttlichen Wesen, verachteten es, auch nur einen Gedanken an ihre finanziellen Sorgen zu verschwenden, und wären bei der Zumutung, ihre Schulden zu bezahlen, schlicht errötet. Aber ach, wie wurde solch uneigennütziges Verhalten belohnt! Der schöne Augustus wurde verhaftet, und damit war unser Untergang besiegelt. Ein so heimtückischer Verrat durch das gnadenlose Vorgehen der amtlichen Instanzen wird Deiner zartfühlenden Seele, meine liebste Marianne, ebenso nahegehen, wie es damals das empfindsame Gemüt von Edward, Sophia und Deiner Laura und sogar von Augustus selbst erschütterte. Um die unvergleichliche Barbarei vollzumachen, teilte man uns mit, dass im Haus bald eine Pfändung stattfinden würde. Ach! Was konnten wir anderes tun als das, was wir taten! Wir seufzten und fielen auf dem Sofa in Ohnmacht.

Adieu, Laura

## Zehnter Brief
### Laura (Fortsetzung)

Als wir uns von den herzzerreißenden Äußerungen unseres Kummers einigermaßen erholt hatten, bat uns Edward, darüber nachzudenken, welche Schritte wir in unserer unglücklichen Lage nun am besten unternehmen könnten, während er sich zu seinem eingekerkerten Freund begab, um dessen Schicksal zu beklagen. Wir versprachen es ihm, und er machte sich nach London auf den Weg. Wir kamen während seiner Abwesenheit seinem Wunsch getreulich nach; und nach tiefgründigen Überlegungen kamen wir zu dem Ergebnis, es sei am besten, das Haus zu verlassen, da wir jeden Augenblick erwarteten, dass die Gerichtsvollzieher Besitz von ihm ergreifen würden. Wir warteten deshalb mit der größten Ungeduld auf Edwards Rückkehr, um ihm das Resultat unserer Überlegungen mitzuteilen. Aber kein Edward erschien. Umsonst zählten wir die leeren Stunden seiner Abwesenheit – umsonst brachen wir in Tränen aus – umsonst seufzten wir – kein Edward kam. Es war ein zu grausamer, ein zu unerwarteter Schlag für unser zartes Gemüt. Wir waren ihm nicht gewachsen. Wir konnten nur in Ohnmacht fallen. Schließlich nahm ich alle Willenskraft zusammen, derer ich Herr war, und erhob mich. Ich packte ein paar notwendige Kleidungsstücke für Sophia und mich ein, schleppte sie zur Kutsche, die ich bestellt hatte, und so machten wir uns unverzüglich nach London auf den Weg. Da Augustus' Behausung nur knapp zwölf Meilen von London entfernt war, kamen wir nach recht kurzer Zeit dort an. Kaum hatten wir den Stadtteil Holbourn erreicht, da ließ ich eines der vorderen Wagenfenster herunter und fragte alle anständig aussehenden Passanten, an denen wir vorüberkamen, ob sie meinen Edward gesehen hatten. Aber da wir zu schnell fuhren, als dass sie Antwort auf meine ständig wiederholte Frage hätten geben können, erfuhr ich wenig, ja eigentlich gar nichts über seinen Verbleib.

»Wohin soll ich fahren?« fragte der Postillon.

»Nach Newgate[6], schmucker junger Mann«, erwiderte ich, »um Augustus zu besuchen.«

»O nein, nein«, rief Sophia, »ich kann nicht nach Newgate fahren, ich bin dem Anblick meines so grausam eingesperrten Augustus nicht gewachsen. Schon der *Bericht* seiner Qualen hat mich erheblich erschüttert – sein *Anblick* würde meiner zartfühlenden Seele vollends den Rest geben.«

Da mir die Berechtigung ihrer Ängste vollkommen einleuchtete, erhielt der Postillon sofort den Befehl, aufs Land zurückzufahren. Du wirst vielleicht einigermaßen erstaunt sein, meine liebste Marianne, dass ich bei meinen damaligen Sorgen, entblößt von allen finanziellen Mitteln und ohne jede Behausung, nicht ein einziges Mal an meinen Vater und meine Mutter oder an meine väterliche Hütte im Usketal zurückdachte. Um Dir diese scheinbare Vergesslichkeit verständlich zu machen, muss ich Dir nun eine unbedeutende Kleinigkeit über sie mitteilen, die ich bisher nie erwähnt habe. Der Tod meiner Eltern ein paar Wochen nach meiner Abreise ist der Umstand, auf den ich hier anspiele. Durch ihr Ableben wurde ich die rechtliche Erbin ihres Hauses und ihres Vermögens. Aber ach! Das Haus hatte ihnen nie gehört, und ihr Vermögen bestand nur aus einer wechselseitigen Lebensversicherung. Das ist die Verworfenheit der Welt! Zu Deiner Mutter wäre ich mit Vergnügen zurückgekehrt, hätte ihr mit Freuden meine reizende Sophia vorgestellt und den Rest meines Lebens in der lieben Gesellschaft beider im Usketal in heiterer Zurückgezogenheit verbracht, hätte der Ausführung dieses so anziehenden Plans nicht ein Hindernis im Weg gestanden, und das waren Heirat und Umzug Deiner Mutter in einen entfernten Teil Irlands.

Adieu, Laura

## Elfter Brief
## Laura (Fortsetzung)

»Ich habe einen Verwandten in Schottland«, sagte Sophia zu mir, als wir London verließen, »der bestimmt nicht zögern würde, mich bei sich aufzunehmen.«

»Soll ich dem Burschen befehlen, dorthin zu fahren?« fragte ich. Aber ich besann mich sofort und rief: »Ach, ich fürchte, die Reise ist für die Pferde zu lang.« Aus Scheu, mich ausschließlich auf meine beschränkte Kenntnis der Stärke und Ausdauer von Pferden zu verlassen, wandte ich mich jedoch an den Postillon, der in der Angelegenheit völlig mit mir übereinstimmte. Wir beschlossen deshalb, die Pferde in der nächsten Stadt zu wechseln und den Rest des Weges mit der Postkutsche zurückzulegen. Nach unserer Ankunft im letzten Gasthaus, in dem wir Station machen wollten und das nur ein paar Meilen von dem Haus von Sophias Verwandten entfernt war, schickten wir ihm aus Scheu, ihm unsere Gesellschaft unvorbereitet und unangekündigt aufzudrängen, ein paar höchst gewählte und gut formulierte Zeilen mit einem kurzen Bericht unserer verzweifelten und traurigen Lage und unserer Absicht, einige Monate bei ihm in Schottland zu verbringen. Unmittelbar nach dem Absenden dieses Briefes trafen wir Anstalten, diesem in eigener Person zu folgen, und waren im Begriff, die Kutsche zu besteigen, als unsere Aufmerksamkeit durch eine auf den Hof der Gaststätte fahrende Kutsche mit dem Wappen eines Barons und einem Vierergespann gelenkt wurde. Ein Herr in fortgeschrittenem Alter entstieg ihr. Bei seinem Anblick wurde mein zartes Gemüt gleich aufs Wunderbarste berührt, und ehe ich noch einen zweiten Blick auf ihn geworfen hatte, flüsterte mir eine innere, ihm wohlgesonnene Stimme zu, dass er mein Großvater sei.

In der festen Überzeugung, mich dabei einfach nicht irren zu können, sprang ich sogleich aus der Kutsche, die ich gerade bestiegen hatte, folgte dem ehrwürdigen Fremden in das Gastzimmer, in das man ihn geführt hatte, warf mich vor ihm auf die Knie und flehte ihn an, mich als seine Enkelin anzuerkennen. Er stutzte, musterte meine Züge aufmerksam, zog mich zu sich empor, warf seine großväterlichen Arme um mich und rief: »Dich anerkennen! Aber ja, du liebes Ebenbild meiner Laurina und der Tochter meiner Laurina, du süßes Abbild meiner Claudia und der Mutter meiner Claudia, ich erkenne dich als Tochter der einen und Enkelin der anderen an.«

Während unserer zärtlichen Umarmung betrat Sophia, erstaunt über mein überstürztes Aussteigen, auf der Suche nach mir das Zimmer. Kaum hatte der ehrwürdige Edelmann einen Blick auf sie geworfen, da rief er mit dem Ausdruck größten Erstaunens: »Noch eine Enkelin! Ja, ja, ich sehe es, du bist das Kind der ältesten Tochter meiner Laurina; deine Ähnlichkeit mit der schönen Mathilde beweist es zur Genüge.«

»Ach«, erwiderte Sophia, »sobald ich Sie erblickte, flüsterte mir ein natürlicher Instinkt zu, dass wir irgendwie verwandt sein müssten, aber ob durch Großväter oder Großmütter konnte ich so schnell nicht entscheiden.«

Er umarmte auch sie, und während sie sich in den Armen hielten, öffnete sich die Tür des Gastzimmers, und ein schöner junger Mann trat ein. Bei seinem Anblick stutzte Lord St. Clair, trat ein paar Schrite zurück und sagte mit erhobenen Händen: »Noch ein Enkel! Was für ein unerwartetes Glück! Innerhalb von drei Minuten drei Nachkommen ausfindig zu machen! Das ist doch Philander, der Sohn der liebenswerten Bertha, der dritten Tochter meiner Laurina. Jetzt fehlt nur noch Gustavus in unserer Runde, um meine Vereinigung mit Laurinas Enkeln vollständig zu machen.«

»Und hier ist er«, sagte ein anmutiger Jüngling, der in diesem Augenblick das Zimmer betrat, »hier ist der Gustavus, den Sie zu sehen wünschen. Ich bin der Sohn von Agatha, der vierten und jüngsten Tochter Ihrer Laurina.«

»Das sehe ich«, antwortete Lord St. Clair. »Aber sag mir«, fuhr er fort und blickte ängstlich zur Tür, »sag mir, habe ich noch andere Enkel im Haus?«

»Nein, gnädiger Herr.«

»Dann werde ich ohne allen weiteren Aufschub für euch sorgen. Hier sind vier Banknoten zu je 50 Pfund. Nehmt sie und vergesst nie, dass ich meine Pflicht als Großvater getan habe.«

Er verließ auf der Stelle das Zimmer und unmittelbar darauf auch das Haus.

Adieu, Laura

## Zwölfter Brief
### Laura (Fortsetzung)

Du kannst Dir vorstellen, wie außerordentlich überrascht wir von der plötzlichen Abreise Lord St. Clairs waren. »Ehrloser Ahnherr!« rief Sophia. »Unwürdiger Großvater!« sagte ich; und auf der Stelle fielen wir uns in die Arme und – in Ohnmacht. Wie lange wir in diesem Zustand verharrten, weiß ich nicht, aber als wir wieder zu uns kamen, fanden wir uns allein – ohne Gustavus, Philander oder die Banknoten. Während wir unser unglückseliges Geschick beklagten, öffnete sich die Tür des Gastzimmers, und »Macdonald« wurde angekündigt. Es war Sophias Onkel. Die Eile, mit der er uns unmittelbar nach Erhalt unserer Zeilen zu Hilfe kam, sprach so zu seinen Gunsten, dass ich nicht zögerte, ihn schon beim ersten Anblick einen zärtlichen und mitfühlenden Freund zu nennen. Aber ach, er verdiente die Bezeichnung durchaus nicht, denn obwohl er uns erzählte, wie nahe ihm unser Missgeschick gehe, hatte ihm die Lektüre des Briefes, seinen eigenen Worten nach zu urteilen, weder einen einzigen Seufzer entlockt noch ihn dazu veranlasst, die uns so widrigen Gestirne auch nur ein einziges Mal zu verfluchen. Er erklärte Sophia, seine Tochter erwarte, dass sie mit ihm nach *Macdonald Hall* zurückkehre; es sei ihr ein Vergnügen, mich als Freundin seiner Nichte ebenfalls dort zu begrüßen.

Nach *Macdonald Hall* also machten wir uns auf den Weg und wurden dort mit großer Freundlichkeit von Janetta, Macdonalds Tochter und Herrin des Hauses, empfangen. Janetta war damals erst fünfzehn und wäre bei ihrer natürlichen Gutmütigkeit und ihrem empfänglichen Herzen und liebevollen Naturell, wenn diese Anlagen nur vernünftig gefördert worden wären, eine Zierde der Menschheit gewesen. Aber unglücklicherweise mangelte es ihrem Vater an dem hochgesinnten Gemüt, das so vielversprechende Anlagen zu schätzen gewusst hätte. Er hatte daher auf jede denkbare Weise versucht zu verhindern, dass ihre Entwicklung mit ihren Jahren Schritt hielt. Ja, es war ihm gelungen, den natürlichen Adel ihres Herzens so weit zu zerstören, dass sie sich von ihm hatte überreden lassen, die Werbung eines jungen Mannes *seiner* Wahl anzunehmen. In ein paar Monaten sollte die Hochzeit sein, und Graham hielt sich bei unserer Ankunft im Haus auf. *Wir* durchschauten seinen Charakter auf Anhieb. Er war ein Mann ganz und gar nach Macdonalds Herzen. Er galt als vernünftig, gebildet und umgänglich. Über solche Banalitäten maßten wir uns kein Urteil an; aber da wir überzeugt waren, dass er kein empfindsames Gemüt hatte, *Werthers Leiden* nicht kannte und auch seine Haarfarbe von Kastanienbraun denkbar weit entfernt war, zweifelten wir nicht daran, dass Janetta nichts für ihn empfand, jedenfalls nichts für ihn empfinden dürfe. Vor allem die Tatsache, dass er die Wahl ihres Vaters war, sprach so entschieden gegen ihn, dass allein schon dieser Umstand, selbst wenn er Janetta in jeder anderen Hinsicht verdient hätte, in ihren Augen als Ablehnungsgrund hätte genügen müssen. Wir waren entschlossen, ihr diese Bedenken im richtigen Licht dazustellen, und hatten nicht die mindesten Zweifel, dass wir bei einem von Natur so gutmütigen Mädchen, dessen Irrtümer in diesem Fall nur auf einem Mangel an Zutrauen in ihr eigenes Urteil und auf ihrer geziemenden Verachtung für das Urteil ihres Vaters beruhten, auf Verständnis stoßen würden. Sie erfüllte unsere heißesten Wünsche und Hoffnungen tatsächlich aufs schönste; es kostete uns keinerlei Mühe, sie zu überzeugen, dass sie Graham unmöglich lieben könne und es ihre Pflicht sei, ihrem Vater den Gehorsam zu verweigern. Einzig unsere Versicherung, dass sie sich unbedingt mit einem anderen Mann verbinden müsse, stieß auf einen gewissen Widerstand ihrerseits. Eine Zeitlang bestand sie darauf, keinen anderen jungen Mann zu kennen, für den sie irgendetwas empfinde, aber auf unsere Versicherung, dass das unmöglich sei, sagte sie schließlich, am ehesten sei ihr noch Hauptmann M'Kenzie sympathisch. Dieses Geständnis entsprach völlig unseren Wünschen; wir zählten ihr M'Kenzies gute Eigenschaften auf, versicherten ihr, dass sie ihn leidenschaftlich liebe, und baten sie um Auskunft, ob er ihr seine Liebe schon erklärt habe.

»Er hat sie mir nicht nur nicht erklärt, ich habe auch keinerlei Grund zu der Annahme, dass er je etwas für mich empfunden hat«, sagte Janetta.

»Dass er dich anbetet«, erwiderte Sophia, »kann gar keinem Zweifel unterliegen. Es muss sich um wechselseitige Zuneigung handeln. Hat er dich nie bewundernd angestarrt, deine Hand zärtlich gedrückt, unfreiwillig eine Träne vergossen und unvermittelt das Zimmer verlassen?«

»Niemals, soweit ich mich erinnere«, erwiderte sie. »Er hat immer das Zimmer verlassen, wenn sein Besuch zu Ende war, ist aber niemals besonders unvermittelt und ohne Verbeugung aufgebrochen.«

»Nein, meine Liebe«, sagte ich, »du musst dich irren, denn es ist völlig unmöglich, dass er dich nicht verwirrt, niedergeschlagen und überstürzt verlassen hat. Denk doch nur einen Augenblick nach, Janetta, dann wirst du merken, wie absurd die Annahme ist, dass er je eine Verbeugung gemacht oder sich wie ein normaler Mensch benommen hat.«

Als wir diesen Punkt zu unserer Zufriedenheit entschieden hatten, wandten wir uns dem Problem zu, wie wir M'Kenzie über Janettas vorteilhaften Eindruck von ihm informieren sollten. Schließlich einigten wir uns darauf, ihn mit der Tatsache durch einen anonymen Brief bekanntzumachen, den Sophia folgendermaßen verfasste:

> O glücklicher Verehrer der schönen Janetta! O beneidenswerter Herr über das Herz derjenigen, deren Hand einem anderen versprochen ist! Warum zögerst Du das Geständnis Deiner Liebe zu der reizenden Angebeteten hinaus? O bedenke, dass all die süßen Träume, die Du jetzt hegst, in wenigen Wochen ein für allemal zu Ende geträumt sein werden, weil dann ihr Vater in seiner Grausamkeit das unglückliche Opfer dem abscheulichen und verachteten Graham antrauen wird. Ach, warum willst Du Janettas und Dein eigenes Elend grausam verlängern, indem Du es hinauszögerst, ihr den Plan zu eröffnen, den Du zweifellos schon lange im Herzen hegst? Eine heimliche Trauung wird euch unverzüglich euer Glück bescheren.

Beim Empfang dieser Zeilen eilte der liebenswerte M'Kenzie, dessen Bescheidenheit, wie er uns hinterher gestand, der einzige Grund für die lange Verheimlichung seiner leidenschaftlichen Neigung zu Janetta gewesen war, auf den Flügeln der Liebe nach *Macdonald Hall* und stellte derjenigen, die sie inspirierte, seine Zuneigung so überzeugend dar, dass Sophia und ich nach ein paar weiteren Begegnungen der beiden die Genugtuung hatten, sie nach Gretna Green[7] aufbrechen zu sehen – nach dem Ort, den sie zur Feier ihrer Trauung jedem anderen vorgezogen hatten, obwohl er von *Macdonald Hall* ziemlich weit entfernt war.

Adieu, Laura

## Dreizehnter Brief
## Laura (Fortsetzung)

Erst etwa zwei Stunden nach ihrer Abreise regte sich bei Macdonald oder Graham ein gewisser Verdacht. Und auch dann brachte nur der folgende kleine Unfall sie auf die Fährte. Eines Tages öffnete Sophia zufällig eine private Schatulle in Macdonalds Bibliothek mit einem ihrer eigenen Schlüssel und entdeckte, dass er hier seine wichtigen Papiere aufbewahrte, darunter auch einige Banknoten von erheblichem Wert. Diese Entdeckung teilte sie mir mit; und da wir uns einig waren, dass es einem so niederträchtigen Schuft wie Macdonald nur recht geschehe, wenn man ihn um sein womöglich auf unehrliche Weise erworbenes Geld erleichtere, beschlossen wir, eine oder mehrere Banknoten der Schatulle zu entnehmen, wenn eine von uns sich zufällig wieder einmal in dem Zimmer aufhielt. Diesen vorteilhaften Plan hatten wir schon mehrmals erfolgreich in die Tat umgesetzt, aber ach!, am Tag von Janettas Flucht, als Sophia heldenmütig die fünfte Banknote aus der Schatulle nahm und in ihre eigene Geldbörse steckte, wurde sie plötzlich und auf unverschämte Weise durch den Eintritt ausgerechnet Macdonalds in ihrer Beschäftigung gestört. Sophia (obwohl von Natur ganz gewinnende Sanftheit, konnte, wenn die Gelegenheit es erforderte, durchaus auf der Würde ihres Geschlechts bestehen) setzte unverzüglich eine höchst strenge Miene auf und verlangte, wobei sie dem unerschrockenen Eindringling einen wütenden Blick zuwarf, in gebieterischem Ton zu wissen, weshalb er ihre Ruhe auf so unerhörte Weise gestört habe. Ohne auch nur einen Versuch zu unternehmen, das ihm vorgeworfene Verbrechen zu rechtfertigen, nahm sich der schamlose Macdonald nun seinerseits heraus, Sophia den skandalösen Vorwurf zu machen, ihn auf unerlaubte Weise um sein Geld zu betrügen. Sophias Würde war verletzt.

»Schurke«, rief sie, indem sie schnell die Banknote in die Schatulle zurücklegte, »wie können Sie es wagen, mich einer Handlung zu beschuldigen, deren bloßer Gedanke mich schon erröten lässt?«

Der niedrige Schurke war immer noch nicht überzeugt und fuhr fort, die vollkommen zu Recht empörte Sophia in solch bodenloser Sprache zu beschimpfen, dass er zu guter Letzt ihre von Natur zur Nachgiebigkeit neigende Sanftheit so unerhört reizte, dass sie sich zur Rache herausgefordert fühlte und ihm Janettas Flucht und unsere Mitwirkung daran verriet.

In dieser Phase ihrer Auseinandersetzung betrat ich das Zimmer und war, wie Du Dir denken kannst, ganz wie Sophia von den unbegründeten Anschuldigungen des böswilligen und verachtenswerten Macdonald betroffen.

»Gemeiner Schuft«, rief ich, »wie können Sie es wagen, so rücksichtslos den makellosen Ruf einer so lichten Reinheit zu beflecken? Warum verdächtigen Sie mich dann nicht auch gleich mit?«

»Seien Sie unbesorgt, Madam«, erwiderte er, »das tue ich und muss Sie deshalb beide bitten, spätestens in einer halben Stunde mein Haus zu verlassen.«

»Wir gehen mit Vergnügen«, antwortete Sophia, »wir verabscheuen Sie schon lange von Herzen, und nur unsere Freundschaft mit Ihrer Tochter konnte uns dazu bewegen, uns so lange unter Ihrem Dach aufzuhalten.«

»Sie haben Ihre Freundschaft zu meiner Tochter in der Tat auf höchst eindrucksvolle Weise dadurch bewiesen, dass Sie sie in die Arme eines charakterlosen Mitgiftjägers getrieben haben«, erwiderte er.

»Ja«, rief ich, »inmitten all unseres Unglücks wird uns die Gewissheit ein Trost sein, dass wir das uns von ihrem Vater erwiesene Entgegenkommen durch diesen einen Akt der Freundschaft Janetta gegenüber mehr als wettgemacht haben.«

»Das muss Ihnen bei Ihrer erhabenen Gesinnung eine wahre Genugtuung sein«, sagte er.

Sobald wir unsere Garderobe und unsere Wertsachen eingepackt hatten, verließen wir *Macdonald Hall* und setzten uns nach einer Wanderung von anderthalb Meilen am Ufer eines klaren, durchsichtigen Baches nieder, um unsere erschöpften Glieder auszuruhen. Der Ort war zum Nachdenken wie geschaffen. Ein Hain aus hochgewachsenen Ulmen schützte uns nach Osten; ein Beet aus hochgewachsenen Nesseln schirmte uns nach Westen. Vor uns rauschte der Bach und hinter uns rauschte der Verkehr auf der Landstraße. Wir waren in nachdenklicher Stimmung und durchaus dazu aufgelegt, ein so schönes Fleckchen Erde zu genießen. Das Schweigen, das eine Zeitlang zwischen uns geherrscht hatte, wurde schließlich durch meinen Ausruf unterbrochen: »Was für eine liebliche Szenerie! Ach, warum sind nicht Edward und Augustus hier, um ihre Schönheit mit uns zu genießen?«

»Ach, meine geliebte Laura«, rief Sophia, »um der Barmherzigkeit willen, ruf mir nicht die unglückliche Lage meines eingekerkerten Mannes ins Gedächtnis zurück! Ach, was gäbe ich nicht, das Schicksal meines Augustus zu erfahren! Zu wissen, ob er noch in Newgate sitzt oder schon gehängt ist! Aber leider wird mir meine große Empfindsamkeit niemals erlauben, mich nach ihm zu erkundigen. Ach nein, ich beschwöre dich, sprich nie wieder seinen geliebten Namen vor mir aus. Es greift mich zu sehr an. Ich kann ihn nicht nennen hören, es schmerzt mich zu sehr.«

»Verzeih mir, meine Sophia, dass ich dich ungewollt so verletzt habe«, erwiderte ich und bat sie, das Thema wechselnd, die edle Majestät der Ulmen zu bewundern, die uns vor dem östlichen Zephir schützten.

»Ach, meine Laura«, antwortete sie, »vermeide doch um Himmels willen ein so trübseliges Thema. Verletze nicht wieder mein Zartgefühl durch Bemerkungen über diese Ulmen. Sie erinnern mich an Augustus. Er war wie sie: groß und würdevoll. Er besaß die edle Majestät, die du an ihnen bewunderst.«

Ich schwieg aus Furcht, ihr ungewollt durch Gesprächsthemen, die sie an Augustus erinnern konnten, noch mehr Kummer zuzufügen.

»Warum sagst du nichts, meine Laura?« bemerkte sie nach kurzer Pause. »Ich kann dieses Schweigen nicht ertragen; du darfst mich nicht meinen eigenen Gedanken überlassen; sie kehren immer wieder zu Augustus zurück.«

»Was für ein wundervoller Himmel«, sagte ich. »Wie reizvoll wechselt dort das azurne Blau mit zarten Streifen von Weiß!«

»Ach, meine Laura«, erwiderte Sophia, warf einen flüchtigen Blick zum Himmel und wandte ihn dann wieder ab. »Quäl mich doch nicht so! Wie kannst du meine Aufmerksamkeit auf einen Gegenstand lenken, der mich so grausam an Augustus' blauweiß gestreifte Satinweste erinnert? Berühre doch aus Mitleid mit deiner armen Freundin nicht ein so schmerzliches Thema.«

Was konnte ich tun? Übersensibel, wie sie war, war Sophias seelische Verfassung damals so angegriffen und ihr Schmerz um Augustus so akut, dass ich aus Furcht, auf irgendeine unvorhergesehene Weise ihrer hochempfindlichen Natur zu nahe zu treten, wenn ich ihre Gedanken auf ihren Mann lenkte, nicht wagen durfte, überhaupt ein Gespräch zu beginnen. Aber Schweigen wäre grausam gewesen; sie hatte mich gebeten zu sprechen.

Aus diesem Dilemma befreite mich glücklicherweise ein höchst willkommener Unfall. Auf der Straße, die hinter uns rauschte, stürzte glücklicherweise der Phaeton eines Gentlemans um. Es war ein hochwillkommener Unfall, da er Sophias Aufmerksamkeit von den melancholischen Betrachtungen ablenkte, denen sie sich vorher hingegeben hatte. Wir erhoben uns sofort und liefen denen zu Hilfe, die nur ein paar Augenblicke vorher noch sozusagen ›auf stolzen Rossen‹ in einem hohen, modisch eleganten Phaeton gesessen hatten, aber nun erniedrigt im Staub lagen.

»Wie regen doch dieser umgestürzte Phaeton und das Leben Kardinal Wolseys[8] ein tiefsinniges Gemüt zum Nachdenken über die ungewissen Freuden dieser Welt an!« sagte ich zu Sophia, als wir dem Schauplatz entgegeneilten.

Sie hatte nicht Zeit, mir zu antworten, denn unsere Aufmerksamkeit wurde nun ganz von dem grässlichen Spektakel vor uns in Anspruch genommen. Zwei höchst elegant gekleidete Gentlemen, die sich in ihrem Blut wälzten, zogen zuerst unsere Blicke auf sich. Wir näherten uns – es waren Edward und Augustus! Ja, liebste Marianne, es waren unsere Ehemänner. Sophia kreischte und fiel ohnmächtig zu Boden. Ich schrie und wurde wahnsinnig. So blieben wir beide minutenlang unserer Sinne beraubt, und als wir wieder zu uns kamen, verließen sie uns gleich wieder. Ein und eine Viertelstunde lang dauerte dieser unglückselige Zustand: Sophia fiel immer wieder in Ohnmacht, und ich wurde immer wieder wahnsinnig. Schließlich brachte uns ein Stöhnen des hilflosen Edward (der als einziger noch Lebenszeichen von sich gab) wieder zu uns. Hätten wir geahnt, dass einer von ihnen noch am Leben war, dann wären wir mit unserem Schmerz sicher etwas sparsamer umgegangen; aber da wir beim ersten Anblick geglaubt hatten, dass sie dahin waren, blieb uns nichts anderes übrig, als uns so aufzuführen. Kaum hatten wir deshalb das Stöhnen meines Edward vernommen, da verschoben wir fürs erste unser Lamentieren, eilten zu dem geliebten jungen Mann, knieten jede an einer Seite von ihm nieder und flehten ihn an, nicht zu sterben.

»Laura«, sagte er, indem er seine nun brechenden Augen auf mich richtete, »ich fürchte, ich bin umgestürzt.«

Ich war überglücklich, ihn noch bei Bewusstsein zu finden.

»Ach, sag mir, Edward«, rief ich, »sag mir, bevor du stirbst, ich flehe dich an, was euch zugestoßen ist seit dem unglückseligen Tag, an dem Augustus verhaftet und wir getrennt wurden.«

»Das will ich«, sagte er, seufzte tief und verschied. Sophia fiel auf der Stelle wieder in Ohnmacht. *Mein* Schmerz war vernehmlicher, meine Stimme stockte, meine Augen starrten ins Leere, mein Gesicht wurde blass wie der Tod, und meine Sinneswahrnehmungen waren entschieden beeinträchtigt.

»Sprich mir nicht von Phaetons«, sagte ich und faselte Wirres und Unzusammenhängendes. »Reich mir eine Geige. Ich will ihm etwas vorspielen und ihm seine trübseligen Stunden versüßen. Bewahrt euch, ihr sanften Nymphen, vor Amors scharfen Pfeilen, bergt euch vor Jovis verletzendem Geschoss. Sieh dort den Fichtenhain, ich sehe eine Hammelkeule, man sagt mir, Edward sei nicht tot, aber man will mich täuschen, man hat ihn verwechselt … mit einer Gurke.«

So bejammerte ich in lautem Wehklagen Edwards Tod. Ich phantansierte zwei Stunden lang auf irre Weise und hätte auch dann nicht abgelassen, wenn nicht Sophia aus ihrer Ohnmacht erwacht wäre und mich inständig gebeten hätte, doch zu bedenken, dass die Nacht nun hereinbrach und feuchte Nebel sich über das Land senkten.

»Und wohin sollen wir gehen«, fragte ich, »um uns zu schützen?«

»Zu der weißen Hütte dort«, erwiderte sie und deutete auf ein adrettes Häuschen, das mitten in einem Ulmenhain stand und das ich bisher gar nicht bemerkt hatte. Ich stimmte zu, und wir gingen auf der Stelle hin. Wir klopften an die Tür, sie wurde von einer alten Frau geöffnet. Auf unsere Bitte, uns ein Nachtquartier zu gewähren, antwortete sie, ihr Haus sei nur klein, habe nur zwei Schlafzimmer, aber wir könnten gerne in einem davon übernachten. Wir waren damit einverstanden und folgten der guten Frau ins Haus, wo uns der Anblick eines gemütlichen Feuers sogleich in behagliche Stimmung versetzte. Sie war Witwe und hatte nur eine Tochter, die gerade siebzehn war – ein schönes Alter, aber ach! sie war ziemlich gewöhnlich und hieß obendrein Bridget. Von ihr war daher nichts zu erwarten. Man konnte ihr erhabene Gedanken, zartfühlende Empfindungen oder edle Gefühle einfach nicht zutrauen. Sie war nichts als ein gutmütiges, höfliches und entgegenkommendes junges Mädchen. Dagegen ließ sich nichts einwenden, aber uns konnte sie nichts als Abscheu einflößen.

Adieu, Laura

## Vierzehnter Brief
### Laura (Fortsetzung)

Wappne Dich, meine liebenswerte junge Freundin, mit all dem Gleichmut, den Du aufbringen kannst. Nimm all den Mut zusammen, den Du besitzt, denn ach!, bei der Lektüre der folgenden Blätter wird Dein Zartgefühl aufs äußerste auf die Probe gestellt. Ach, was war das bisher erfahrene und Dir schon berichtete Missgeschick gegen das, das ich Dir nun erzählen muss. Obwohl der Tod meines Vaters, meiner Mutter und meines Mannes meine zarte Konstitution fast schon überfordert hatten, war das im Vergleich zu dem Missgeschick, das ich nun berichten muss, ein Kinderspiel. Am Morgen nach unserer Ankunft in dem Häuschen klagte Sophia über einen heftigen Schmerz in ihren zarten Gliedern, der von unangenehmem Kopfweh begleitet war. Sie führte ihn auf eine Erkältung zurück, die sie sich am Abend vorher während ihrer ständigen Ohnmachtsanfälle an der frischen Luft zugezogen hatte, als der Abendtau sich senkte. Das, fürchtete ich, war nur zu wahrscheinlich, denn wie wäre ich sonst von einer solchen Unpässlichkeit verschont geblieben, wenn man nicht annahm, dass die körperlichen Anstrengungen, die ich bei meinen wiederholten Wahnsinnsanfällen durchgemacht hatte, mein Blut so wirkungsvoll in Wallung gebracht hatten, dass ich gegen die kühlen Abenddünste gefeit war, während die regungslos am Boden liegende Sophia ihnen völlig wehrlos ausgesetzt war? Ihre Krankheit machte mir große Sorge, denn so unbedeutend sie Dir vorkommen mag – mir flüsterte mein instinktives Zartgefühl zu, dass sie zuletzt ihren Tod bedeuten würde.

Ach, meine Befürchtungen waren nur zu berechtigt; sie wurde nach und nach immer schwächer, und meine Sorge um sie nahm täglich zu. Schließlich war sie ganz und gar ans Bett gefesselt, das uns unsere verständnisvolle Wirtin zur

Verfügung gestellt hatte. Ihre Schwäche verwandelte sich in galoppierende Schwindsucht und raffte sie innerhalb weniger Tage dahin. Bei all meinem Lamentieren um sie (und Du kannst es Dir gar nicht heftig genug vorstellen) gewährte mir doch die Überlegung Trost, dass ich ihr während ihrer Krankheit alle erdenkliche Aufmerksamkeit geschenkt hatte. Ich hatte jeden Tag an ihrem Bett geweint, hatte ihr liebliches Gesicht mit meinen Tränen genetzt und ihre schönen Hände ständig in meinen gehalten.

»Meine liebste Laura«, sagte sie paar Stunden vor ihrem Tod zu mir, »lass dir mein unglückliches Ende eine Warnung sein und vermeide das unkluge Verhalten, das schuld daran ist. Hüte dich vor Ohnmachtsanfällen, liebe Laura. Obwohl sie bei passender Gelegenheit durchaus erfrischend und wohltuend sind, zerrütten sie doch die Gesundheit, wenn man sie übertreibt und sich ihnen zur falschen Jahreszeit hingibt … Mein Schicksal soll dir eine Lehre sein … Ich sterbe als Märtyrerin des Schmerzes über den Verlust von Augustus … Eine einzige unheilvolle Ohnmacht kostete mich das Leben … Hüte dich vor Ohnmachtsanfällen, liebe Laura … Ein Wahnsinnsanfall ist bei weitem nicht so schädlich … Er ist ein Labsal für den Körper und in Maßen auf lange Sicht ausgesprochen gesundheitsfördernd … Werde wahnsinnig, so oft zu willst, aber falle nicht in Ohnmacht.«

Das waren die letzten Worte, die sie je an mich richtete. Das war der Rat, den sie in ihrer Todesstunde der von Schmerz zerrissenen Laura gab, die sich treulich daran gehalten hat.

Als ich meiner tief betrauerten Freundin das Geleit an ihr frühes Grab gegeben hatte, verließ ich (obwohl es später Abend war) das verabscheute Dorf, in dem sie gestorben war und in dessen Nähe mein Mann und Augustus umgekommen waren. Ich war noch nicht weit gegangen, als ich von einer Postkutsche eingeholt wurde, in der ich, entschlossen, nach Edinburgh zu fahren, wo ich eine mitleidige Freundin zu finden hoffte, die mich aufnehmen und in meinem Kummer trösten würde, auf der Stelle Platz nahm.

Es war beim Einsteigen so dunkel, dass ich die Zahl meiner Mitreisenden nicht identifizieren konnte, aber es waren eine ganze Menge. Ohne allerdings weiter auf sie zu achten, überließ ich mich ganz meinen trübseligen Gedanken. Allgemeines Schweigen herrschte – ein Schweigen, das durch nichts unterbrochen wurde als durch das laute und wiederholte Schnarchen eines der Reisenden.

»Was für ein ungebildeter Flegel der Mann sein muss!« dachte ich bei mir. »Was für einen völligen Mangel an feiner Lebensart er haben muss, dass er unser Zartgefühl durch so tierische Geräusche verletzt! Er schreckt bestimmt vor keiner Missetat zurück. Es gibt sicher kein Verbrechen, das einem solchen Mann zu finster wäre.« Das waren meine Selbstgespräche, und zweifellos auch die meiner Mitreisenden.

Schließlich erlaubte mir die Morgendämmerung den gewissenlosen Schurken deutlicher zu erkennen, der auf so geräuschvolle Art meine Gefühle verletzt hatte. Es war Sir Edward, der Vater meines verstorbenen Mannes. Neben ihm saß Augusta, und bei den Passagieren in meiner Reihe handelte es sich um Deine Mutter und Lady Dorothea. Stell Dir meine Überraschung vor, als ich mich mitten unter alten Freunden wiederfand. Aber so groß mein Erstaunen war, es wurde noch größer, als ich aus dem Fenster sah und Philippas Mann mit Philippa an seiner Seite auf dem Kutschbock erblickte; und als ich mich umsah, erkannte ich auf dem rückwärtigen Außensitz Philander und Gustavus.

»O Himmel!« rief ich, »kann es sein, dass ich so unerwartet von meinen nächsten Verwandten und Freunden umgeben bin?« Diese Worte weckten die Mitreisenden aus dem Schlaf, und alle Augen waren plötzlich auf die Ecke gerichtet, in der ich saß. »Oh, meine Isabel«, fuhr ich fort und warf mich ihr über Lady Dorothea hinweg in die Arme, »drücke deine unglückliche Laura wieder an den Busen. Ach, als wir uns im Usketal trennten, war ich glücklich vereint mit dem besten aller Edwards. Damals hatte ich Vater und Mutter und noch keinerlei Missgeschick erfahren. Aber nun habe ich alle Freunde verloren – außer dir.«

»Was!« unterbrach mich Augusta, »ist mein Bruder etwa tot? Sag uns um Himmels willen, was aus ihm geworden ist.«

»Ja, kalte und gefühllose Nymphe«, erwiderte ich, »der vom Glück verlassene Jüngling, dein Bruder, ist nicht mehr, und du kannst dich nun in dem Glanz sonnen, die Erbin von Sir Edwards Vermögen zu sein.«

Obwohl ich sie seit dem Tag, an dem ich ihr Gespräch mit meinem Edward belauscht hatte, verabscheute, kam ich aus Höflichkeit ihrem und Sir Edwards Wunsch nach, ihnen die ganze traurige Affäre zu berichten. Sie waren regelrecht schockiert. Sogar das steinharte Herz Sir Edwards und das gefühllose Augustas waren von der unglücklichen Geschichte heftig gerührt. Auf Wunsch Deiner Mutter erzählte ich ihnen dann auch alles andere Ungemach, das mir seit unserer Trennung zugestoßen war: Augustus' Einkerkerung und Edwards Verschwinden, unsere Ankunft in Schottland, unser unerwartetes Zusammentreffen mit unserem Großvater und unseren Vettern, unseren Aufenthalt in *Macdonald Hall*, den einzigartigen Dienst, den wir Janetta erwiesen hatten, den Undank ihres Vaters dafür, sein unmenschliches Benehmen, seinen unerklärlichen Verdacht und sein barbarisches Verhalten, als er uns zwang, sein Haus zu verlassen, unser Lamentieren über den Verlust Edwards und Augustus' und schließlich den traurigen Tod meiner geliebten Gefährtin.

Mitleid und Staunen malten sich während meiner ganzen Erzählung auf dem Gesicht Deiner Mutter, aber mit unendlichem Bedauern über ihr mangelndes Zartgefühl muss ich leider sagen, dass das zweite bei weitem überwog. Ja, mehr noch, denn obwohl ich mich doch während der ganzen Reihe meiner Missgeschicke und Abenteuer völlig einwandfrei verhalten hatte, nahm sie sich heraus, mein Benehmen in vielen Situationen, in die ich geraten war, tadelnswert zu finden. Da ich mir aber völlig bewusst war, immer so gehandelt zu haben, dass mein Zartgefühl und meine Bildung meiner weiblichen Würde Ehre machten, achtete ich kaum auf ihre Worte und bat sie, lieber meine Neugier zu befriedigen und mir zu sagen, wie sie hierhergekommen sei, statt meinen makellosen Ruf durch ungerechtfertigte Vorwürfe zu gefährden. Sobald sie meinem diesbezüglichen Wunsch nachgekommen war und mir einen detaillierten Bericht von allem gegeben hatte, was ihr seit unserer Trennung zugestoßen war (soweit Du die Einzelheiten noch nicht kennst, wird Deine Mutter sie Dir mitteilen), richtete ich an Augusta dieselbe Bitte bezüglich ihres, Sir Edwards und Lady Dorotheas Schicksal.

Sie erzählte mir, in ihrer Begeisterung für die Schönheiten der Natur habe Gilpins *Tour ins schottische Hochland*[9] ihre Neugier so gereizt, die liebliche Landschaft dieser Gegend zu erforschen, dass sie ihren Vater zu einer Reise nach Schottland und ihre Mutter zum Mitkommen bewegt habe. Sie waren erst ein paar Tage vorher in Edinburgh angekommen, hatten von dort aus täglich in der Postkutsche Ausflüge in die Umgebung gemacht und befanden sich gerade auf dem Rückweg von einem dieser Ausflüge. Dann fragte ich nach Philippa und ihrem Mann und erfuhr, dass dieser ihr ganzes Vermögen verschwendet hatte und nun seinen Lebensunterhalt durch ein Talent verdiente, das er immer in besonders ausgeprägtem Maß besessen hatte, nämlich durch Kutschieren; und so hatte er außer ihrem Wagen, den er in eine Postkutsche umgewandelt hatte, ihren gesamten Besitz verkauft und war mit ihr, um allen früheren Bekannschaften aus dem Weg zu gehen, nach Edinburgh gefahren, von wo aus er nun jeden zweiten Tag nach Sterling fuhr. Philippa war ihrem undankbaren Mann noch immer herzlich zugetan, ihm nach Schottland gefolgt und begleitete ihn meist auf seinen kleinen Ausflügen nach Sterling.

»Nur um ihnen ein bisschen Geld zukommen zu lassen«, fuhr Augusta fort, »fährt mein Vater seit unserer Ankunft in Schottland unentwegt in ihrer Kutsche mit, um die landschaftlichen Schönheiten zu bewundern – denn es wäre zweifellos viel interessanter für uns gewesen, das Hochland in einer Eilkutsche zu besichtigen, statt jeden zweiten Tag in einer engen, unbequemen Postkutsche von Edinburgh nach Sterling und von Sterling nach Edinburgh zu fahren.«

Ich konnte ihre Gefühle durchaus nachempfinden und beschuldigte insgeheim Sir Edward, auf diese Weise das Vergnügen seiner Tochter einer albernen alten Frau zu opfern, deren Dummheit, einen so jungen Mann zu heiraten, bestraft zu werden verdiente. Sein Benehmen allerdings entsprach völlig seiner Persönlichkeit, denn was konnte man schon von einem Mann erwarten, der auch nicht ein Fünkchen Zartgefühl besaß, Mitgefühl kaum kannte und obendrein schnarchte?

Adieu, Laura

## Fünfzehnter Brief
### Laura (Fortsetzung)

Nach unserer Ankunft in der Stadt, in der wir frühstücken sollten, entschloss ich mich, mit Philander und Gustavus zu sprechen. Ich ging deshalb, sobald ich ausgestiegen war, zur Rückseite der Kutsche, erkundigte mich teilnahmsvoll nach ihrer Gesundheit und teilte ihnen meine Befürchtungen über ihre unangenehme Lage mit. Sie schienen zunächst ziemlich verwirrt über mein Auftauchen, denn ohne Zweifel fürchteten sie, von mir für das Geld, das unser Großvater mir gegeben hatte und das sie mir ungerechtfertigterweise entwendet hatten, zur Rechenschaft gezogen zu werden. Aber als sie merkten, dass ich auf die Sache gar nicht zurückkam, baten sie mich, auch auf dem Rücksitz Platz zu nehmen, damit wir uns dort in aller Ruhe unterhalten konnten. Ich setzte mich deshalb zu ihnen, und während die anderen grünen Tee und Butterbrote hinunterschlangen, genossen wir auf unsere kultiviertere und gefühlsbetontere Weise eine vertrauliche Unterhaltung. Ich erzählte ihnen alles, was ich im Laufe meines Lebens durchgemacht hatte, und sie ihrerseits berichteten mir auf meine Bitte alle Abenteuer des ihren.

»Wir sind, wie du weißt, die Söhne der beiden jüngsten Töchter, die Lord St. Clair mit Laurina, einer italienischen Opernballetteuse, hatte. Unsere Mütter konnten nicht eindeutig feststellen, wer unsere Väter waren, obwohl man allgemein annimmt, dass Philander der Sohn eines Maurers namens Philip Jones und mein Vater ein Korsettmacher aus Edinburgh namens Gregory Staves ist. Aber das hat nicht viel zu bedeuten, denn da unsere Mütter natürlich nie mit ihnen verheiratet waren, ist unser einer uralten und blaublütigen Familie entstammendes Blut dadurch nicht entehrt. Bertha (Philanders Mutter) und Agatha (meine eigene Mutter) lebten immer zusammen. Sie waren beide nicht sehr reich, ihr gemeinsames Vermögen hatte ursprünglich 9000 Pfund betragen, aber da sie ihren Lebensunterhalt davon bestritten, war es, als wir fünfzehn waren, auf 900 zusammengeschmolzen. Diese 900 Pfund bewahrten sie in dem Bedürfnis, sie immer zur Hand zu haben, in der Schublade eines der Tische auf, die in unserem Wohnzimmer standen.

Ob nun wegen des Umstands, dass sie so leicht zu entwenden waren, oder aus dem Wunsch, unabhängig zu sein, oder aus einem Übermaß an Zartgefühl (durch das wir uns immer ausgezeichnet haben), weiß ich nicht zu sagen – jedenfalls nahmen wir bei Erreichen des fünfzehnten Lebensjahres die 900 Pfund und liefen davon. Einmal im Besitz dieses Schatzes, beschlossen wir, ihn auf vernünftige Weise zu verwalten und ihn weder sinnlos noch verschwenderisch auszugeben. Zu diesem Zweck teilten wir ihn in neun gleiche Teile, von denen wir den ersten für Lebensmittel, den zweiten für Getränke, den dritten für den Haushalt, den vierten für Wagen, den fünften für Pferde, den sechsten für Personal, den siebten für Vergnügen, den achten für Kleidung und den neunten für Silberschnallen verwenden wollten. Als wir so unsere Ausgaben für die nächsten zwei Monate geplant hatten (denn so lange sollten die 900 Pfund reichen), eilten wir nach London und hatten das Glück, sie in sieben Wochen und einem Tag, also in sechs Tagen weniger auszugeben, als wir beabsichtigt hatten. Sobald wir uns nun von der Bürde des vielen Geldes befreit hatten, begannen wir zu überlegen, ob wir nicht zu unseren Müttern zurückkehren sollten, aber da wir zufällig hörten, dass sie inzwischen verhungert waren, gaben wir den Plan auf und beschlossen, uns einer Wanderbühne anzuschließen, da wir immer eine Schwäche fürs Theater hatten. Wir boten daher unsere Dienste einer Truppe an und wurden angenommen; unsere Truppe war allerdings recht klein, denn sie bestand nur aus dem Manager, seiner Frau und uns. Auf diese Weise waren jedoch nicht so viele Honorare zu zahlen. Der einzige Nachteil bestand darin, dass es so wenig Stücke gab, die wir bei unserem Mangel an Schauspielern aufführen konnten. Aber durch solche Kleinigkeiten ließen wir uns nicht beirren. Eine unserer weit und breit bewunderten Aufführungen war *Macbeth*, worin wir regelrecht glänzten. Der Manager behielt sich den *Banquo* immer selbst vor, seine Frau spielte *Lady Macbeth*, ich *die drei Hexen*, und Philander übernahm *alle anderen Rollen*. Die Wahrheit zu gestehen, dieses Trauerspiel war nicht nur das beste, sondern auch das einzige, das wir je aufführten; und als wir es überall in England und Wales dargeboten hatten, kamen wir hierher nach Schottland, um es auch im übrigen Großbritannien zu zeigen. Wir hielten uns zufällig in genau der Stadt auf, wohin ihr kamt und wo ihr euren Großvater traft. Wir waren im Hof der Raststätte, als seine Kutsche vorfuhr; und da wir am Wappen erkannten, wem sie gehörte, und wussten, dass Lord St. Clair unser Großvater war, einigten wir uns, den Versuch zu wagen, ihn durch die Enthüllung unseres Verwandtschaftverhältnisses um einiges Geld zu erleichtern. Ihr wisst, wie gut der Versuch glückte. Sobald wir die 200 Pfund in der Tasche hatten, verließen wir die Stadt, überließen es unserem Manager und seiner Frau, *Macbeth* allein aufzuführen, und machten uns nach Sterling auf den Weg, wo wir unser kleines Vermögen mit großem Eklat ausgaben. Nun kehren wir nach Edinburgh zurück, um in der Schauspielkunst höhere Aufgaben anzustreben. Und das, meine liebe Cousine, ist unsere Geschichte.«

Ich dankte dem liebenswerten jungen Mann für seine unterhaltsame Erzählung, ließ sie nach guten Wünschen für ihr künftiges Wohlergehen und Glück auf ihren Rücksitzen allein und kehrte zu meinen anderen Freunden zurück, die mich ungeduldig erwarteten.

Meine Abenteuer gehen nun ihrem Ende entgegen, meine liebste Marianne, oder jedenfalls vorläufig.

Als wir in Edinburgh ankamen, teilte mir Sir Edward seinen Wunsch mit, dass ich als Witwe seines Sohnes aus seiner Hand pro Jahr 400 Pfund annehmen möge. Ich dankte verbindlich, konnte aber nicht umhin hinzuzufügen, dass der unsympathische Baron die Summe wohl mehr der Witwe Edwards als der kultivierten und liebenswerten Laura anbot.

Ich ließ mich schließlich in einem romantischen Dorf im schottischen Hochland nieder, wo ich noch heute lebe und mich, von nichtssagenden Besuchen ungestört, in melancholischer Einsamkeit ununterbrochen den Lamentationen über den Tod meines Vaters, meiner Mutter, meines Mannes und meiner Freundin hingeben kann. Augusta ist schon seit mehreren Jahren mit Graham verbunden, einem Mann, der ausgezeichnet zu ihr passt; sie hat ihn während ihres Aufenthalts in Schottland kennengelernt.

Sir Edward hat in der Hoffnung, einen Erben für seinen Titel und seinen Besitz zu erhalten, etwa gleichzeitig Lady Dorothea geheiratet. Seine Wünsche sind in Erfüllung gegangen.

Philander und Gustavus haben sich durch Aufführungen in Edinburgh solchen Ruhm erworben, dass sie ins Londoner Theater *Covent Garden* übergesiedelt sind, wo sie noch immer unter den angenommenen Namen Lewis und Quick[10] auftreten.

Philippa deckt schon lange der kühle Rasen, aber ihr Mann fährt immer noch seine Postkutsche zwischen Edinburgh und Sterling hin und her.

Adieu, meine liebste Marianne, Laura

*1790*

# Burg Lesley

## Ein unvollendeter Briefroman

Für Henry Thomas Austen[11], wohlgeboren

Sir,

Ich nehme mir nun die Freiheit, Ihnen einen meiner Romane zu widmen, wie Sie es mir wiederholt angeboten haben. Dass er unvollendet ist, bedaure ich, fürchte aber, dass er es immer bleiben wird. Dass er sich in seiner bisherigen Fassung als so nichtssagend und Ihrer unwürdig erweist, ist eine weitere Sorge

Ihrer dankbaren untertänigen Dienerin
der Autorin

Die Herren Demand & Co. mögen bitte auf meine Kosten der unverheirateten Jane Austen die Summe von einhundert Guineen auszahlen.

H. T. Austen

Der erste Brief
Miss Margaret Lesley an Miss Charlotte Lutterell

Burg Lesley, 3. Januar 1792

Mein Bruder hat uns gerade verlassen. »Mathilda (sagte er beim Abschied), du und Margaret werden meiner lieben Kleinen sicher all die Liebe zuwenden, die sie von ihrer nachsichtigen, zärtlichen und liebenswerten Mutter erfahren hätte.« Tränen rollten ihm die Wangen hinunter, als er diese Worte sprach – die Erinnerung an diejenige, die die Rolle einer Mutter so leichtfertig entehrt und so offen ihre ehelichen Pflichten vernachlässigt hat, hinderte ihn daran, noch etwas hinzuzufügen; er umarmte sein reizendes Kind, und nach dem Abschied von Mathilda und mir wandte er sich abrupt ab, setzte sich in seine Kutsche und folgte der Straße nach Aberdeen.

Nie hat es einen besseren jungen Mann gegeben! Ach, wie wenig verdiente er das Missgeschick, das ihm in seiner Ehe widerfahren ist! Ein so guter Ehemann für eine so schlechte Frau! Denn Du weißt, meine liebe Charlotte, die unwürdige Louisa hat vor ein paar Wochen ihn, das Kind und ihren guten Ruf gegen Danvers und Ehrlosigkeit eingetauscht. Dabei hat es nie reizendere Züge, eine schönere Gestalt und ein weniger liebenswertes Herz als Louisas gegeben! Ihr Kind besitzt schon den persönlichen Charme seiner unglücklichen Mutter! Möge es von seinem Vater die geistigen Gaben erben! Lesley ist erst fünfundzwanzig, hat sich aber schon ganz der Melancholie und Verzweiflung überlassen; was für ein Unterschied zwischen ihm und seinem Vater! Sir George ist 57 und immer noch der Dandy, das leichtsinnige Bürschchen, der sorglose Jüngling und lebenslustige Stutzer, der sein Sohn vor fünf Jahren war und der *er* sich zu sein einbildet, solange ich mich erinnere. Während unser Vater sich im Alter von 57 auf den Straßen Londons herumtreibt, leichtsinnig, ausschweifend und gedankenlos, müssen Mathilda und ich weiterhin abgeschlossen von der Menschheit in unserer alten vermodernden Burg leben, die zwei Meilen von Perth entfernt auf einem kühn vorspringenden Felsen liegt und einen weiten Blick über die Stadt und ihre reizvolle Umgebung gestattet. Aber obwohl fast ganz von der Welt abgeschieden (denn wir besuchen niemanden außer den M'Leods, M'Kenzies, M'Phersons, M'Cartneys, M'Donalds, M'Kinnons, M'lellans, M'Kays, Macbeths und Macduffs), sind wir weder gelangweilt noch unglücklich; im Gegenteil, zwei lebhaftere, umgänglichere oder geistreichere Mädchen als uns hat es nie gegeben; keine einzige Stunde des Tages wird uns zu lang. Wir lesen, wir handarbeiten, gehen spazieren, und wenn wir von diesen Beschäftigungen ermüdet sind, entspannen wir uns mit einem heiteren Lied, einem graziösen Tanz oder einem scharfsinnigen *Bonmot* und einem schlagfertigen Wortspiel. Wir sind hübsch, meine liebe Charlotte, sehr hübsch, und die größte unserer Tugenden ist, dass wir uns dessen gar nicht bewusst sind.

Aber warum rede ich nur von mir? Ich willl stattdessen lieber das Lob unserer lieben kleinen Nichte wiederholen, die augenblicklich in friedlichem Schlummer selig lächelnd auf dem Sofa liegt. Das liebe Geschöpfchen ist gerade zwei geworden, ist aber so schön, als wäre es zweiundzwanzig, so einsichtig, als wäre es zweiunddreißig, und so klug, als wäre es zweiundvierzig. Um Dich davon zu überzeugen, muss ich Dir sagen, dass die Kleine einen sehr zarten Teint und sehr hübsche Züge hat, dass sie schon die beiden ersten Buchstaben des Alphabets kennt und dass sie ihre Kleidchen nie zerreißt. – Wenn ich Dich dadurch nicht von ihrer Schönheit, Einsicht und Klugheit überzeugt habe, habe ich dem weiter nichts hinzuzufügen, und Du kannst Dir nur dadurch ein Urteil bilden, dass Du nach Burg Lesley kommst und Dich durch die persönliche Bekanntschaft mit der kleinen Louisa selber davon überzeugst. Ach, meine liebe Freundin, wie glücklich wäre ich, Dich hier in diesen ehrwürdigen Mauern zu sehen. Es ist schon vier Jahre her, dass mein Abgang von der Schule uns getrennt hat; dass zwei so zartfühlende Herzen, die durch Sympathie und Freundschaft so eng verbunden waren, nun so weit voneinander entfernt sind, ist unendlich rührend. Ich lebe in Perthshire, Du in Sussex. Wir könnten uns in London treffen, wenn mein Vater bereit wäre, mich dorthin mitzunehmen, und Deine Mutter zur selben Zeit dort wäre. Wir könnten uns in Bath, in Tunbridge oder irgendwo anders treffen, solange wir nur am selben Ort sind. Wir können nur hoffen, dass das eines Tages geschieht. Mein Vater kehrt erst im Herbst zu uns zurück;

mein Bruder verlässt Schottland in einigen Tagen; es drängt ihn zu reisen, den verblendeten Jüngling! Er bildet sich vergeblich ein, dass ein Luftwechsel die Wunden seines gebrochenen Herzens heilt! Ich weiß, meine liebe Charlotte, Du wirst mit mir für die Wiederherstellung der Seelenruhe des unglücklichen Lesley beten, die so unentbehrlich ist für Deine aufrichtige Freundin

M. Lesley

## Der zweite Brief
### Miss C. Lutterells Antwort auf Miss M. Lesley

Glenford, 12. Februar

Ich muss mich tausendmal entschuldigen, meine liebe Peggy, dass ich mich noch nicht für Deinen freundlichen Brief bedankt habe, aber ich hätte die Antwort nicht so lange hinausgeschoben, wenn nicht jede Minute meiner Zeit während der letzten fünf Wochen durch die nötigen Vorbereitungen für die Hochzeit meiner Schwester zu ausgefüllt gewesen wären, als dass ich Zeit gehabt hätte, mich Dir oder mir selbst zu widmen. Und was mich nun ganz besonders erbost, ist, dass die Verbindung gar nicht zustande kommt und meine ganze Mühe umsonst war. Du kannst Dir vorstellen, wie groß meine Enttäuschung war, wenn Du bedenkst, dass ich Tag und Nacht geschuftet habe, um das Hochzeitsdinner rechtzeitig servieren zu können, dass ich so viel Rind gebraten, Lamm geschmort und Huhn gekocht habe, dass das Brautpaar noch für die gesamte Hochzeitsreise genug zu essen gehabt hätte. Stattdessen musste ich zu meinem Ärger feststellen, dass ich sowohl das Fleisch wie mich selbst völlig umsonst gebraten, geschmort und gekocht habe.

Ja, meine liebe Freundin, nichts hat mir in meinem Leben größeren Verdruss bereitet, als dass meine Schwester am letzten Montag mit einem Gesicht so weiß wie Schlagsahne zu mir in die Vorratskammer gelaufen kam und mir erzählte, dass Hervey vom Pferd gefallen sei, einen Schädelbruch erlitten habe und sich nach Aussage des Arztes in höchster Lebensgefahr befinde.

»Großer Gott! (sagte ich), was du nicht sagst! Was um alles in der Welt machen wir nun bloß mit den vielen Speisen? Sie aufzuessen, bevor sie schlecht werden, schaffen wir nie. Aber wir werden den Arzt zum Essen bitten. Ich schaffe den Rinderbraten, meine Mutter kann die Suppe essen, und du und der Arzt müssen alles übrige übernehmen.«

Hier wurde ich unterbrochen, denn meine arme Schwester sank, anscheinend ohnmächtig, auf die Truhe nieder, in der wir unsere Tischdecken aufbewahren. Ich rief umgehend meine Mutter und die Hausmädchen, und schließlich brachten wir sie wieder zu sich. Sobald sie wieder bei Bewusstsein war, wollte sie auf ihrer Absicht bestehen, augenblicklich zu Henry zu gehen, und sie war so wild entschlossen, diesen Vorsatz auszuführen, dass wir die allergrößte Mühe hatten, sie daran zu hindern. Schließlich aber überzeugten wir sie mehr mit Gewalt als durch Bitten, lieber in ihr Zimmer zu gehen. Wir legten sie auf ihr Bett, wo sie sich einige Stunden lang in schrecklichen Zuckungen wälzte.

Meine Mutter und ich blieben bei ihr, und immer wenn ein Nachlassen von Eloisas Krämpfen es zuließ, brachen wir gemeinsam in herzzerreißende Klagen über die sinnlose Vergeudung von Lebensmitteln aus, die das Ereignis zwangsläufig mit sich brachte, und schmiedeten Pläne, was wir damit anfangen sollten. Wir kamen überein, dass es am besten sei, sofort mit dem Essen zu beginnen, und dementsprechend ließen wir uns den kalten Braten und das Geflügel bringen und machten uns mit gewaltigem Appetit darüber her. Wir hätten Eloisa gerne dazu überredet, auch ein Hühnerbein zu sich zu nehmen, aber sie weigerte sich beharrlich. Sie hatte sich unterdessen einigermaßen beruhigt; die Zuckungen, unter denen sie bisher gelitten hatte, waren einer fast vollständigen Lethargie gewichen. Wir versuchten, sie auf jede erdenkliche Weise aufzumuntern, aber umsonst. Ich fing an, von Henry zu reden.

»Liebe Eloisa (sagte ich), es gibt doch wirklich keinen Grund, über so eine Bagatelle zu weinen (denn mir lag daran, die Sache herunterzuspielen, um sie zu trösten). Nimm es dir nicht zu sehr zu Herzen. Du siehst doch, mir macht es gar nichts aus, obwohl *ich* letzten Endes am meisten darunter zu leiden habe, denn ich bin nun nicht nur verpflichtet, alles schon Gekochte selbst aufzuessen, sondern ich muss, sollte Hervey genesen (was aber nicht wahrscheinlich ist), dasselbe noch einmal zubereiten; sollte er allerdings sterben (was wahrscheinlich ist), dann muss ich wieder ein Dinner vorbereiten, wenn du jemand anderen heiratest. Du siehst also, obwohl dir vielleicht im Moment Herveys Leiden Kummer bereitet, wird er vermutlich doch bald sterben, und dann hat er ausgelitten, und du kannst aufatmen, während ich mich erheblich länger quälen muss, weil ich bei aller Anstrengung die Vorratskammer frühestens in vierzehn Tagen leeren kann.«

Auf diese Weise tat ich alles in meiner Macht Stehende, um sie zu trösten, aber vergeblich; und als ich schließlich merkte, dass sie mir gar nicht zuhörte, sagte ich nichts mehr, sondern ließ meine Mutter bei ihr, nahm Braten und Geflügel und schickte William, um sich nach Herveys Befinden zu erkundigen. Er hatte nur noch Stunden zu leben und starb am selben Tag. Wir gaben uns große Mühe, Eloisa dieses traurige Ereignis auf möglichst schonende Weise beizubringen, aber trotz aller Vorsicht war sie dem nicht gewachsen und verbrachte noch viele Stunden im Delirium. Sie ist immer noch schwerkrank, und die Ärzte fürchten ernsthaft, dass es mit ihr weiter abwärts geht. Wir bereiten deshalb eine Reise nach Bristol vor, wo wir im Laufe der nächsten Woche eintreffen wollen.

Und nun, meine liebe Margaret, möchte ich ein bisschen über Deine Angelegenheiten sprechen, und da muss ich Dir zunächst mitteilen, dass man vertraulich berichtet, Dein Vater werde heiraten. Ich bin eigentlich nicht geneigt, eine so unerfreuliche Neuigkeit zu glauben, aber andererseits kann ich sie auch nicht für völlig unglaubwürdig halten. Ich habe meine Freundin Susan Fitzgerald um diesbezügliche Informationen gebeten, die sie mir, da sie augenblicklich in London ist, sicher geben kann. Ich weiss nicht, wer die Dame ist. Ich finde, Dein Bruder hat völlig recht daran getan, auf Reisen zu gehen, da ihm das vielleicht hilft, die unerfreulichen Ereignisse zu vergessen, die er in letzter Zeit durchgemacht hat. Ich freue mich, dass Mathilda und Du trotz aller Abgeschiedenheit von der Welt euch nicht langweilt oder unglücklich seid; dass ihr beides nie kennenlernt, ist der Wunsch eurer euch verbundenen Freundin

C. L.

PS. Ich habe diesen Augenblick eine Antwort von meiner Freundin Susan erhalten, die ich beifüge und worüber Du Dir Deine eigenen Gedanken machen wirst.

## *Der beigefügte Brief*

Meine liebe Charlotte,
Du hättest niemanden besser um Informationen über Sir George Lesleys Heirat bitten können als mich. Sir George ist tatsächlich schon verheiratet; ich war selber bei der Trauung, worüber Du nicht erstaunt sein wirst, wenn ich Dich herzlich grüße als Deine

Susan Lesley

## Der dritte Brief
### Miss Margaret Lesley an Miss C. Lutterell

Burg Lesley, 16. Februar

Ich *habe* mir meine eigenen Gedanken über den beiliegenden Brief gemacht, meine liebe Charlotte, und ich werde Dir nun sagen, worin diese Gedanken bestehen. Ich habe mir gedacht, dass unser Vermögen, wenn Sir George durch diese zweite Heirat eine zweite Familie gründet, erheblich vermindert wird; dass seine Frau, wenn sie zu Extravaganz neigt, ihn dazu ermutigen wird, sein leichtsinniges und ausschweifendes Leben weiterzuführen, was, fürchte ich, nachteilig für seine Gesundheit und sein Vermögen sein wird; dass *sie* nun die Besitzerin der Juwelen wird, die früher unsere Mutter geziert haben und die Sir George immer *uns* versprochen hat; dass ich, wenn sie nicht nach Perthshire kommen, meine Neugier, meine neue Stiefmutter kennenzulernen, nicht befriedigen kann; und dass Mathilda, wenn sie kommen, nun nicht mehr am Kopf der Tafel ihres Vaters sitzen wird.

Dies, meine liebe Charlotte, waren die melancholischen Gedanken, die meine Einbildungskraft bei der Lektüre von Susans Brief beschäftigten und die auch Mathilda sofort angestellt hat, als sie den Brief las. Dieselben Gedanken, dieselben Befürchtungen kamen auch ihr sofort in den Sinn, und ich weiß nicht, welche Überlegung sie dabei am meisten betrübte, die wahrscheinliche Verminderung unseres Vermögens oder ihrer eigenen Stellung. Wir möchten beide sehr gerne wissen, ob Lady Lesley hübsch ist und was Du von ihr hältst; da Du sie mit dem Wort ›Freundin‹ ehrst, stellen wir uns vor, dass sie liebenswert ist.

Mein Bruder ist schon in Paris. Er beabsichtigt, die Stadt in einigen Tagen zu verlassen und seine Reise nach Italien zu beginnen. Er schreibt höchst vergnügt und sagt, dass die

Luft Frankreichs seine Gesundheit und seine gute Laune völlig wiederhergestellt hat; dass er ganz aufgehört hat, mit Mitleid oder Zuneigung an Louisa zu denken; dass er ihr für ihr Entlaufen sogar dankbar ist, da es ihm Spaß macht, wieder alleinstehend zu sein. Daraus kannst Du ersehen, dass er ganz und gar die gutgelaunte Fröhlichkeit und den sprühenden Witz wiedergewonnen hat, die ihn früher so auszeichneten. Als er Louisa vor etwas mehr als drei Jahren kennenlernte, war er einer der anregendsten und sympathischsten jungen Männer seiner Generation.

Ich glaube, Du hast nie die Einzelheiten gehört, wie er sie kennengelernt hat. Es begann bei unserem Vetter Hauptmann Drummond, in dessen Haus in Cumberland er das Weihnachtsfest verbrachte, bei dem er zweiundzwanzig wurde. Louisa Burton war die Tochter eines entfernten Verwandten von Mrs. Drummond, der einige Monate vorher in äußerster Armut gestorben war und sein einziges Kind, eine damals ungefähr achtzehnjährige Tochter, der Verwandtschaft hinterließ, die sich ihrer annehmen sollte. Mrs. Drummond war die einzige, die dazu bereit war. Louisa wurde deshalb aus einer elenden Hütte in Yorkshire in eine elegante Villa in Cumberland und aus der verzweifelten finanziellen Lage, die Armut mit sich bringt, in all den eleganten Wohlstand versetzt, den man mit Geld kaufen kann. Louisa war von Natur missgelaunt und verschlagen; aber ihr war beigebracht worden, ihre wahre Veranlagung hinter dem Anschein einschmeichelnder Liebenswürdigkeit zu verbergen – und zwar von ihrem Vater, der nur zu gut wusste, dass eine Heirat ihre einzige Chance sein würde, nicht zu verhungern, und der sich einbildete, bei ihrer Verbindung von außerordentlicher Schönheit, gepflegten Umgangsformen und liebenswürdigem Entgegenkommen habe sie eine gute Chance, einem jungen Mann zu gefallen, der es sich leisten könnte, ein Mädchen ohne einen Shilling zu heiraten. Louisa spielte die Ränke ihres Vaters geschickt mit und war entschlossen, sie mit aller Sorgfalt und Umsicht zu fördern. Durch Ausdauer und Ehrgeiz hatte sie schließlich ihre wahre Veranlagung unter der Maske von Unschuld und Sanftmut so vollständig verborgen, dass sie jeden täuschen konnte, der nicht lange und intim genug mit ihr vertraut war, um sie zu durchschauen. Das war Louisa, als der unglückliche Lesley sie im Haus der Drummonds zum ersten Mal sah. Sein Herz, das (um Deinen Lieblingsvergleich zu verwenden) so zart wie Konfekt und so weich wie Schaumcreme war, konnte ihren Reizen nicht widerstehen. Binnen weniger Tage war er im Begriff, sich zu verlieben, kurz danach war er verliebt; und bevor er sie einen Monat kannte, hatte er sie geheiratet. Mein Vater war zunächst äußerst ungehalten über die so voreilige und unkluge Verbindung; aber als er herausfand, dass es ihnen gleichgültig war, versöhnte er sich sehr bald mit der Heirat.

Der Besitz in der Nähe von Aberdeen, der meinem Bruder unabhängig von Sir George aus dem Erbe seines Großonkels gehört, genügte völlig, um ihm und meiner Schwägerin ein elegantes, bequemes Leben zu bieten. Während der ersten zwölf Monate war niemand glücklicher als Lesley und niemand scheinbar liebenswerter als Louisa, und sie handelte so geschickt und benahm sich so diskret, dass weder Mathilda noch ich, obwohl wir oft mehrere Wochen bei ihnen verbrachten, irgendeinen Verdacht über ihren wahren Charakter hatten. Nach der Geburt der kleinen Louisa allerdings, von der man doch annehmen sollte, dass sie ihre Zuneigung zu Lesley stärken würde, warf sie nach und nach die Maske ab, die sie so lange getragen hatte; und da sie sich daraufhin der Liebe ihres Mannes (die durch die Geburt seines Kindes tatsächlich noch gestärkt wurde) wahrscheinlich sicher glaubte, gab sie sich wohl keine Mühe zu verhindern, dass diese Liebe je abnahm.

Unsere Besuche in Dunbeath waren deshalb seltener und weit weniger erfreulich als früher. Unsere Abwesenheit wurde allerdings von Louisa nie erwähnt oder beklagt, die sich in der Gesellschaft des jungen Danvers, mit dem sie in Aberdeen bekannt geworden war (er besuchte dort eine der Universitäten), unendlich viel glücklicher fühlte als in Mathildas oder der Deiner Freundin, obwohl es zweifellos niemals liebenswertere Mädchen gab als uns. Du kennst das traurige Ende von Lesleys Eheglück; ich brauche es nicht zu wiederholen.

Adieu, meine liebe Charlotte. Obgleich ich die Sache noch nicht erwähnt habe, wirst Du mir hoffentlich die Gerechtigkeit widerfahren lassen zu glauben, dass mir das Leid Deiner Schwester in Gedanken und Empfindungen nahegeht. Ich zweifle nicht, dass die gesunde Luft der Hügel um Bristol dazu beiträgt, ihre Erinnerung an Henry auszulöschen.

Ich bin, meine liebe Charlotte, immer Deine

M. L.

Der vierte Brief

Miss C. Lutterell an Miss M. Lesley

Bristol, 27. Februar

Meine liebe Peggy,
Ich habe Deinen Brief gerade erst erhalten, weil er nach Sussex adressiert war und mir nach Bristol nachgeschickt werden musste und weil sich seine Ankunft obendrein auf unerklärliche Weise verzögert hatte. Vielen Dank für den darin enthaltenen Bericht von Lesleys Bekanntschaft, Liebe und Heirat mit Louisa, der mich dadurch nicht weniger amüsiert hat, dass mir das Ganze schon oft erzählt worden ist.

Ich kann Dir mit Befriedigung berichten, dass wir allen Grund zu der Annahme haben, dass unsere Vorratskammer unterdessen fast leer ist, denn wir haben der Dienerschaft die ausdrückliche Anweisung hinterlassen, sich so voll zu stopfen wie möglich und ein paar Putzfrauen ins Haus zu holen, um ihnen zu helfen. Wir haben eine kalte Taubenpastete, einen kalten Puter, eine kalte Zunge und eine halbes Dutzend Beilagen mit hierhergebracht und hatten das Glück, alles mit der Hilfe unserer Wirtin, ihres Mannes und ihrer drei Kinder in weniger als zwei Tagen nach unserer Ankunft zu bewältigen. Die Gesundheit und Stimmung der armen Eloisa sind immer noch so angegriffen, dass ich ernsthaft befürchte, auch die Luft der Hügel um Bristol, so gesund sie ist, war nicht imstande, ihr die Erinnerung an den armen Henry auszutreiben.

Du fragst, ob Deine neue Stiefmutter hübsch und liebenswürdig ist. Ich werde Dir eine genaue Beschreibung ihrer körperlichen und geistigen Vorzüge geben. Sie ist klein und sehr gut gebaut, von Natur blass, legt aber viel Rouge auf; sie hat schöne Augen und schöne Zähne, was sie Dich unweigerlich wissen lässt, sobald sie Dich sieht, und sie ist alles in allem sehr hübsch. Sie ist bemerkenswert gut gelaunt, wenn sie ihren Willen bekommt, und sehr lebhaft, wenn sie nicht schlecht gelaunt ist. Sie ist von Natur temperamentvoll und nicht sehr affektiert; sie liest außer den Briefen, die sie von mir bekommt, nichts und schreibt nichts außer deren Antworten. Sie spielt Klavier, singt und tanzt, aber alles ohne Geschmack und nicht gekonnt, obwohl sie sagt, dass sie alles drei leidenschaftlich liebe. Vielleicht wunderst Du Dich, dass jemand, von dem ich mit so wenig Sympathie spreche, meine enge Freundin ist; aber die Wahrheit zu gestehen, unsere Freundschaft entsprang eher einer Laune ihrerseits als Wertschätzung meinerseits. Wir haben zwei oder drei Tage gemeinsam bei einer Dame in Berkshire verbracht, die wir zufällig beide kannten. Da während unseres Besuchs das Wetter ausgesprochen schlecht und unsere Gesellschaft außerordentlich stumpfsinnig war, fasste sie spontan eine leidenschaftliche Zuneigung zu mir, die sich sehr bald zu einer regelrechten Freundschaft entwickelte und zu einem regelmäßigen Briefwechsel führte. Sie ist unterdessen meiner wahrscheinlich ebenso überdrüssig wie ich ihrer, aber da sie zu höflich ist und ich zu wohlerzogen bin, es zuzugeben, gehen immer noch liebevolle Briefe so regelmäßig hin und her wie eh und je, und unsere Beziehung ist so fest und aufrichtig wie damals, als sie begann.

Da sie eine besondere Vorliebe für die Attraktionen von London und Brighthelmstone hat, wird sie sich wohl nur schweren Herzens dazu durchringen können, ihre Neugier, euch kennenzulernen, den bevorzugten Stätten ihrer Zerstreuung vorzuziehen und sie für die trübselige, wenn auch ehrfürchtige Düsterkeit der Burg einzutauschen, in der ihr lebt. Wenn sie allerdings merken sollte, dass zu viel Amüsement ihre Gesundheit untergräbt, bringt sie vielleicht genug Mut auf, in der Hoffnung auf eine Besserung ihrer Gesundheit, wenn auch nicht unbedingt ihres Glücks, eine Reise nach Schottland zu unternehmen.

Deine Befürchtungen bezüglich der Ausschweifungen Deines Vaters, eures Vermögens, der Juwelen Deiner Mutter und der Stellung Deiner Schwester sind wohl – ich sage es mit Bedauern – nur zu berechtigt. Meine Freundin selbst besitzt 4000 Pfund und wird vermutlich fast noch einmal so viel pro Jahr allein für Kleidung und Unterhaltung ausgeben, sofern sie das Geld dazu bekommen kann; sie wird Sir George zweifellos nicht von dem Leben abhalten, an das er schon seit langem gewöhnt ist, und deshalb gibt es sicher Grund zu der Befürchtung, dass ihr von Glück sagen könnt, wenn von eurem Vermögen überhaupt etwas übrig bleibt. Auch die Juwelen werden zweifellos ihr gehören, und es ist kaum anzunehmen, dass sie den Platz der Hausherrin an der Tafel ihres Mannes seiner Tochter überlässt. Aber da ein so trostloses Thema schmerzlich für Dich sein muss, will ich mich nicht länger dabei aufhalten.

Eloisas Unpässlichkeit hat uns so sehr außerhalb der Saison nach Bristol geführt, dass wir tatsächlich nur *eine* vornehme Familie getroffen haben, seit wir hier sind. Mr. und Mrs. Marlowe sind sehr umgängliche Leute. Der schlechte Gesundheitszustand ihres kleinen Jungen ist für ihren Aufenthalt hier verantwortlich. Du kannst Dir vorstellen, dass wir mit ihnen, da sie die einzige Familie sind, mit der wir umgehen können, auf vertrautem Fuß stehen, ja, wir sehen sie fast täglich und haben gestern bei ihnen gespeist. Wir haben einen sehr angenehmen Tag mit einem sehr guten Dinner bei ihnen verbracht, obwohl das Kalbfleisch nur halb gar und das Curry nicht genug gewürzt war. Ich konnte mich während des ganzen Dinners des Wunsches nicht erwehren, es *selbst* abgeschmeckt zu haben.

Ein Bruder von Mrs. Marlowe, Mr. Cleveland, ist augenblicklich bei ihnen; er ist ein gutaussehender junger Mann und hat anscheinend allerlei Gutes über sich zu sagen. Ich habe Eloisa geraten, ihn aufs Korn zu nehmen, aber der Vorschlag gefällt ihr nicht recht. Ich möchte das gute Kind gerne verheiratet sehen, und Cleveland hat einen umfangreichen Besitz. Vielleicht wunderst Du Dich, warum ich in meine Heiratspläne nicht *mich* ebenso wie meine Schwester einbeziehe; aber um die Wahrheit zu gestehen, ich möchte bei einer Hochzeit keine wichtigere Rolle spielen als das Dinner zu planen und zu überwachen, und deshalb werde ich, während ich alle meine Bekannten statt meiner verheirate, es selbst nicht in Erwägung ziehen, da ich befürchte, vermutlich weniger Zeit zu haben, mein eigenes Hochzeitsmahl abzuschmecken als das meiner Freunde.

Herzlich Deine

C. L.

## Der fünfte Brief

### Miss Margaret Lesley an Miss Charlotte Lutterell

Burg Lesley, 18. März

Am selben Tag, an dem ich Deinen letzten freundlichen Brief erhielt, erhielt Mathilda einen von Sir George, der aus Edinburgh kam und uns informierte, dass er sich die Freude machen wolle, uns Lady Lesley am folgenden Abend vorzustellen. Das überraschte uns außerordentlich, wie Du Dir denken kannst, da Deine Beschreibung der Dame uns Grund zu der Annahme gegeben hatte, es bestehe kaum eine Chance, dass sie Schottland zu einer Zeit besuchen würde, in der London so abwechslungsreich sein muss. Da es sich aber gehört, dass wir uns über den Besuch von Sir George und Lady Lesley als Zeichen der Artigkeit freuen, setzten wir uns gleich hin, um ihnen sofort zu antworten, wie sehr wir diesem freudigen Ereignis entgegensähen. Aber dann fiel uns glücklicherweise ein, dass mein Vater die Antwort, weil sie die Burg schon am nächsten Abend erreichen wollten, nicht mehr erhalten würde, bevor er Edinburgh verließ, und so beschränkten wir uns darauf, sie annehmen zu lassen, dass wir so glücklich waren, wie es sich gehört.

Am nächsten Abend um neun trafen sie in Begleitung von einem von Lady Lesleys Brüdern ein. Die Dame entspricht völlig der Beschreibung, die Du mir von ihr geschickt hast, nur halte ich sie nicht für so hübsch, wie Du sie anscheinend findest. Sie sieht nicht schlecht aus, aber ihre winzige, kleine Gestalt ist so wenig imposant, dass sie im Vergleich zu der eleganten Größe von Mathilda und mir wie eine unscheinbare Zwergin wirkt. Da ihre Neugier, uns zu sehen (die groß gewesen sein muss, wenn sie mehr als vierhundert Meilen zurücklegt), nun vollkommen befriedigt ist, beginnt sie schon von ihrer Rückkehr nach London zu reden und hat uns gebeten, sie zu begleiten. Wir können ihre Bitte nicht abschlagen, da sie von dem Befehl meines Vaters begleitet und von Mr. Fitzgerald unterstützt wird, der zweifellos einer der umgänglichsten jungen Männer ist, die ich je gesehen habe. Es steht noch nicht fest, wann wir aufbrechen, aber wann immer es ist, wir werden unsere kleine Louisa mitnehmen.

Adieu, meine liebe Charlotte; Mathilda vereinigt ihre besten Wünsche für Dich und Eloisa mit denen Deiner

M. L.

## Der sechste Brief
### Lady Lesley an Miss Charlotte Lutterell

Burg Lesley, 20. März

Wir sind, meine reizende Freundin, vor etwa vierzehn Tagen hier angekommen, und ich bereue schon von Herzen, dass ich unser charmantes Haus am Portman Square je für eine so düstere, verwitterte, alte Burg verlassen habe. Du kannst Dir ihr kerkerähnliches Aussehen gar nicht hässlich genug vorstellen. Sie steht hoch oben auf einem Felsen und sieht so völlig unzugänglich aus, dass ich erwartete, mit einem Seil hinaufgezogen zu werden, und ernsthaft bereute, die Neugier, meine Töchter zu sehen, dadurch zu befriedigen, dass ich gezwungen war, mich ihrem Gefängnis auf eine so gefährliche und lächerliche Art zu nähern. Aber sobald ich mich unbeschadet im Innern dieses gewaltigen Gebäudes wiederfand, tröstete ich mich mit der Hoffnung, meine gute Laune durch den Anblick der beiden hübschen Mädchen wiederzugewinnen, denn als solche waren die Miss Lesley mir in Edinburgh geschildert worden.

Aber auch hier erlebte ich nichts als Enttäuschung und Überraschung. Mathilda und Margaret Lesley sind zwei große, gigantische, übermäßig aufgeschossene Mädchen – genau die richtige Größe, um eine Burg zu bewohnen, die so riesig ist wie sie. Ich wünschte, meine liebe Charlotte, Du könntest diese schottischen Riesinnen sehen; ich bin sicher, sie würden Dich zu Tode erschrecken. Sie sind als Rahmen für mich bestens geeignet, und deshalb habe ich sie eingeladen, mich nach London zu begleiten, wo ich innerhalb von vierzehn Tagen zu sein hoffe. Neben diesen beiden hübschen jungen Damen fand ich hier ein verwöhntes kleines Balg vor, das anscheinend irgendwie mit ihnen verwandt ist. Sie haben mir erzählt, wer es ist und daraus eine langatmige Geschichte von seinem Vater und einer Miss *Soundso* gemacht, die ich völlig vergessen habe. Ich hasse Skandale und verabscheue Kinder.

Ich bin, seit meiner Ankunft durch ermüdende Besuche von einer Horde von armseligen Schotten mit schrecklich unaussprechlichen Namen belästigt worden; sie waren so entgegenkommend, sprachen mir gegenüber so viele Einladungen aus und redeten davon, so bald wiederzukommen, dass ich nicht umhin konnte, grob zu werden. Ich werde sie vermutlich nie wiedersehen, aber der Familienkreis ist so stumpfsinnig, dass ich nicht weiß, was ich hier mit mir anfangen soll. Die Mädchen machen keine andere Musik als schottische Lieder, keine anderen Zeichnungen als schottische Berge und lesen keine anderen Bücher als schottische Gedichte – und ich hasse alles Schottische. Ich kann gut und gerne den halben Tag mit großem Vergnügen mit meiner Toilette verbringen, aber wozu sollte ich mich elegant kleiden, wenn es im ganzen Haus kein einziges Lebewesen gibt, dem zu gefallen ich das geringste Bedürfnis habe.

Ich habe gerade eine Unterhaltung mit meinem Bruder gehabt, bei der er mich schwer beleidigt hat und wovon ich Dir die Einzelheiten berichten will, da ich Dir nichts Amüsanteres zu erzählen habe.

Du musst wissen, dass ich während der letzten vier oder fünf Tage den starken Verdacht habe, dass William eine Vorliebe zu meiner älteren Stieftochter gefasst hat. Ich muss allerdings zugeben, dass *ich,* wenn ich die Absicht hätte, mich in eine Frau zu verlieben, nicht auf Mathilda Lesley als Objekt meiner Leidenschaft verfallen wäre, denn ich hasse nichts so sehr wie große Frauen; aber der Geschmack mancher Männer ist ein Rätsel; und da William selbst fast 180 cm groß ist, ist es nicht verwunderlich, dass er eine Vorliebe für diese Größe hat. Da ich nun allerdings meinen Bruder sehr gern habe und es mir sehr leid täte, ihn unglücklich zu sehen, was er vermutlich wird, wenn er Mathilda nicht heiraten kann; und da ich zudem weiß, dass seine Umstände ihm nicht gestatten, eine Frau ohne Vermögen zu heiraten, und Mathildas Vermögen völlig abhängig ist von ihrem Vater, der weder selbst die Absicht noch meine Erlaubnis hat, ihr jetzt schon irgendetwas zu geben, dachte ich, ich täte meinem Bruder einen Gefallen, wenn ich ihm das klarmachte, damit er selbst entscheiden kann, ob er seine Leidenschaft bezwingen oder Liebe und Verzweiflung wählen will. Als ich mich deshalb diesen Vormittag allein mit ihm in einem der abscheulichen alten Räume dieser Burg befand, erklärte ich ihm die Sache folgendermaßen:

»Also, mein lieber William, was hältst du von diesen Mädchen? Ich meinerseits finde sie nicht so gewöhnlich, wie ich erwartet hatte; aber womöglich hältst du mich den Töchtern meines Mannes gegenüber für voreingenommen, und vielleicht hast du recht. Sie sind tatsächlich Sir George so ähnlich, dass es nur natürlich ist, wenn du …«

»Meine liebe Susan«, rief er im Ton größten Erstaunens. »Du findest doch nicht im Ernst, dass sie ihrem Vater im geringsten ähneln! Er ist so außerordentlich gewöhnlich! Aber ich bitte um Entschuldigung, ich habe ganz vergessen, mit wem ich spreche …«

»Oh, du brauchst auf mich keine Rücksicht zu nehmen«, erwiderte ich, »alle Welt weiß, wie grauenhaft hässlich Sir

George ist, und du kannst überzeugt sein, ich fand ihn immer ein Schreckgespenst.«

»Ich bin höchst erstaunt«, antwortete er, »über das, was du über Sir George und seine Töchter sagst. Du kannst doch deinen Mann nicht so wenig anziehend finden, wie du behauptest, und auch zwischen ihm und den Miss Lesley, die ihm meiner Meinung nach ganz unähnlich und ausgesprochen hübsch sind, Ähnlichkeiten feststellen.«

»Wenn das deine Meinung über die Mädchen ist, ist das noch kein Beweis für die Schönheit ihres Vaters, denn wenn sie ihm so gänzlich unähnlich und gleichzeitig so hübsch sind, dann ist es nur natürlich anzunehmen, dass er sehr gewöhnlich ist.«

»Keineswegs«, sagte er, »denn was bei einer Frau hübsch ist, kann bei einem Mann sehr unansprechend sein.«

»Aber du hast ihn doch selbst«, erwiderte ich, »vor ein paar Minuten für sehr gewöhnlich erklärt.«

»Männer können die Schönheit ihres eigenen Geschlechts nicht beurteilen«, sagte er.

»Weder Männer noch Frauen können Sir George für passabel halten.«

»Also gut«, sagte er, »über *seine* Schönheit wollen wir nicht streiten, aber deine Meinung über seine *Töchter* ist höchst sonderbar, denn wenn ich dich richtig verstanden habe, hast du gesagt, du findest sie nicht so gewöhnlich, wie du erwartet hattest.«

»Wieso, findest *du* sie denn noch gewöhnlicher?« sagte ich.

»Ich kann kaum glauben, dass du es ernst meinst«, entgegnete er, »wenn du von ihrem Äußeren auf so unerhörte Weise sprichst. Findest du denn nicht, dass die Miss Lesley zwei sehr hübsche junge Frauen sind?«

»Du liebe Güte!« rief ich, »ich finde sie schrecklich gewöhnlich.«

»Gewöhnlich!« erwiderte er. »Meine liebe Susan, das glaubst du doch nicht im Ernst! Was kannst du denn nur am Gesicht der einen oder der anderen auszusetzen haben?«

»Oh, nichts leichter als das«, antwortete ich. »Also, ich werde mit der älteren beginnen, mit Mathilda. Soll ich, William?« Ich sah ihn dabei, so herausfordernd wie möglich an, als ich das sagte, um ihn zu beschämen.

»Sie sind sich so ähnlich«, sagte er, »dass ich annehme, die Fehler der einen sind auch die Fehler der anderen.«

»Also, zunächst sind sie beide so schrecklich groß!«

»Jedenfalls sind sie größer als *du*«, sagte er mit einem dreisten Lächeln.

»Ach wo«, sagte ich, »das finde ich nicht.«

»Na gut«, fuhr er fort, »aber obwohl sie überdurchschnittlich groß sind, ist ihre Figur ausgesprochen elegant; und was ihr Gesicht angeht – ihre Augen sind schön.«

»Ich kann solche gewaltigen, schrankartigen Figuren nicht im mindesten elegant finden, und was ihre Augen angeht – beide sind so groß, dass ich mir den Hals verrenken müsste, um ihnen in die Augen zu sehen.«

»Na ja«, erwiderte er, »ich weiß nicht, ob du nicht recht daran getan hast, es gar nicht erst zu versuchen, denn sie hätten dich vielleicht mit ihrem Strahlen geblendet.«

»Oh, natürlich«, sagte ich mit der größten Seelenruhe, denn ich kann Dir versichern, meine liebe Charlotte, ich war nicht im mindesten beleidigt, obwohl man aus dem, was folgte, hätte schließen können, dass William es genau darauf angelegt hatte, denn er kam auf mich zu, nahm meine Hand und sagte: »Mach kein so ernstes Gesicht, Susan, sonst muss ich fürchten, dass ich dich beleidigt habe.«

»Beleidigt! Lieber Bruder, wie kommst du nur auf den Gedanken!« entgegnete ich. »Keineswegs! Du kannst überzeugt sein, dass ich über dein leidenschaftliches Eintreten für die Schönheit dieser Mädchen nicht im mindesten überrascht ...«

»Na schön«, unterbrach William, »aber vergiss nicht, dass wir unsere Auseinandersetzung über sie noch nicht beendet haben. Was hast du an ihrem Teint auszusetzen?«

»Sie sind so schrecklich blass.«

»Sie haben immer ein bisschen Farbe, und nach körperlicher Anstrengung wirkt diese noch rosiger.«

»Ja, aber wenn es in diesem Teil der Welt nicht aufhört zu regnen, dann müssen sie schon ihre normale Blässe behalten – es sei denn, sie amüsieren sich damit, in den scheußlichen Galerien und Hallen auf und ab zu rennen.«

»Na ja«, erwiderte mein Bruder im Ton leichter Verärgerung und warf mir einen unverschämten Blick zu, »wenn sie wirklich nur wenig Farbe haben, dann ist es wenigstens ihre eigene.«

Das war zu viel, meine liebe Charlotte, denn ich bin sicher, die Unverschämtheit seines Blicks sollte ausdrücken, dass er an der Echtheit meiner Farbe zweifelte. Aber Du wirst sicher meinen Charakter verteidigen, wenn Du hörst, dass er so grausam verleumdet wird, denn Du kannst bezeugen, wie oft ich dagegen protestiert habe, Rouge aufzulegen, und wie ich Dir immer gesagt habe, dass ich dagegen bin. Und ich versichere Dir, ich habe meine Meinung nicht geändert. Also, da ich es nicht hinnehmen wollte, von meinem Bruder so verdächtigt zu werden, verließ ich augenblicklich das Zimmer und schreibe seitdem in meinem Ankleidezimmer an Dich. Was für ein langer Brief es geworden ist! Aber so einen Brief darfst Du nicht erwarten, wenn ich in London bin, denn nur auf Burg Lesley hat man Zeit, sogar an Charlotte Lutterell zu schreiben.

Williams Blick hat mich so geärgert, dass ich nicht genug Geduld aufbringen konnte zu bleiben und ihm die Ratschläge bezüglich seiner Zuneigung zu Mathilda zu geben, die mich aus reiner Liebe zu ihm bewogen hatten, das Gespräch überhaupt zu beginnen, und ich bin nun so völlig überzeugt von seiner stürmischen Leidenschaft für sie, dass er zweifellos vernünftigen Einsichten dabei nicht zugänglich ist, und deshalb werde ich mir über ihn oder seine Angebetete keine Gedanken mehr machen.

Adieu, mein liebes Kind,

herzlich Deine
Susan L.

Der siebte Brief
Miss C. Lutterell an Miss M. Lesley

Bristol, 27. März

Innerhalb dieser Woche habe ich Briefe von Dir und Deiner Stiefmutter erhalten, die mich höchlich amüsiert haben, denn ich erfahre auf diese Weise, dass ihr regelrecht eifersüchtig auf eure jeweilige Schönheit seid. Es ist sehr merkwürdig, dass zwei hübsche Frauen, obwohl tatsächlich Mutter und Tochter, nicht im selben Haus sein können, ohne ihr Aussehen schlechtzumachen. Sei überzeugt, dass ihr beide vollkommen hübsch seid, und sag nichts mehr davon. Ich vermute, dieser Brief muss nach Portman Square adressiert werden, wo Du wahrscheinlich (trotz Deiner großen Liebe zu Burg Lesley) unterdessen bist – und keineswegs zu Deinem Bedauern. Trotz allem, was die Leute über grüne Wiesen und Felder sagen mögen, war ich immer überzeugt, dass London und seine Amüsements eine Zeitlang sehr unterhaltsam sein müssen, und wäre glücklich, wenn das Einkommen meiner Mutter es erlauben würde, uns im Winter die Sehenswürdigkeiten genießen zu lassen. Ich wollte immer besonders gerne nach Vauxhall[12], um zu sehen, ob der kalte Rindsbraten dort tatsächlich so fein geschnitten wird, wie man berichtet, denn ich habe den leisen Verdacht, dass nur wenige Leute die Kunst beherrschen, eine Scheibe kalten Rindsbraten so fein zu schneiden wie ich; ja, es wäre unvorstellbar, wenn ich von der Sache nichts verstünde, denn es war *der* Teil meiner Erziehung, auf den ich immer die größte Mühe verwendet habe. Mama fand *mich* immer *ihre* gelehrigste Schülerin, obwohl Eloisa zu Papas Lebzeiten immer *seine* war.

Noch nie hat es auf der Welt zwei so unterschiedliche Naturen gegeben. Wir haben beide gerne gelesen, sie zog Sachbücher vor und ich Rezepte. Sie malte Menschen, und ich malte Hühner. Niemand konnte besser singen als sie, und niemand eine bessere Pastete machen als ich. Und so ist es immer geblieben, seit wir keine Kinder mehr sind. Der einzige Unterschied ist, dass wir unsere damals so häufigen Auseinandersetzungen, wessen Beschäftigung größeren Wert hat, aufgegeben haben. Schon seit Jahren haben wir uns darauf geeinigt, unsere Tätigkeiten gegenseitig zu bewundern. Ich versäume nie, ihrer Musik zuzuhören, und sie isst ständig meine Pasteten.

So war es jedenfalls, bis Henry Hervey in Sussex erschien. Vor der Ankunft seiner Tante in unserer Gegend, wo sie sich, wie Du weißt, vor zwölf Monaten niederließ, fanden seine regelmäßigen Besuche bei ihr immer zu bestimmten Zeiten statt, aber seit ihrem Umzug in die *Hall*, die sich in Fußgängernähe von unserem Haus befindet, sind sie häufiger und länger geworden. Das konnte, wie Du Dir denken wirst, Mrs. Diana, die eine erklärte Feindin all dessen ist, was nicht nach Anstand und Förmlichkeit abläuft oder nicht wenigstens Angemessenheit und gute Kinderstube zeigt, keineswegs gefallen. Ja, so groß war ihre Abneigung gegen das Benehmen ihres Neffen, dass ich oft gehört habe, wie sie in Henrys Gegenwart Anspielungen machte, die seine Aufmerksamkeit, wenn er nicht bei diesen Gelegenheiten immer mit Eloisa in ein Gespräch vertieft gewesen wäre, sicher errregt und ihm Kummer bereitet hätten. Die Änderung im Benehmen meiner Schwester, die ich schon erwähnt habe, fand nun statt.

Unsere Übereinkunft, gegenseitig unsere Erzeugnisse zu bewundern, wurde von ihr anscheinend nicht mehr für gültig gehalten; und obwohl ich sogar ständig jeden Kontretanz beklatschte, den sie spielte, gönnte sie nicht einmal meiner selbstgemachten Taubenpastete ein einziges Wort des Lobes. Das hätte sicher genügt, um jeden in Rage zu bringen, aber ich blieb so kühl wie eine Götterspeise; da ich mir einen Plan zurechtgelegt hatte, wie ich Rache nehmen könnte, war ich entschlossen, sie gewähren zu lassen und ihr keinerlei Vorwürfe zu machen. Mein Plan war, sie so zu behandeln, wie sie mich behandelte, und auch wenn sie mein Porträt malen oder *Malbrook*[13] spielen würde (das einzige Lied, das mir wirklich gefällt), nicht einmal »Vielen Dank, Eloisa« zu sagen, obwohl ich seit Jahren ständig gejubelt hatte, wenn immer sie spielte: *Bravo, Bravissimo, Encora, Da Capo, allegretto, con expressione und Poco presto* und viele andere exotische Wörter, die, wie Eloisa mir versicherte, Ausdruck meiner Bewunderung seien; und das waren sie wohl auch, denn ich sehe einige von ihnen auf jeder Seite jeder Partitur und stelle mir vor, dass sie die Empfindungen des Komponisten ausdrücken.

Ich führte meinen Plan mit großer Präzision, aber leider geringem Erfolg durch, denn, ach!, mein Schweigen während ihres Spiels missfiel ihr anscheinend nicht im geringsten; im Gegenteil, sie sagte eines Tages sage und schreibe zu mir: »Also, Charlotte, ich bin wirklich froh, dass du endlich die lächerliche Sitte aufgegeben hast, mein Cembalospiel zu beklatschen, bis mein Kopf schmerzt und du heiser bist. Ich bin dir dankbar, dass du deine Bewunderung für dich behältst.«

Ich werde die äußerst geistreiche Antwort, die ich darauf gegeben habe, nie vergessen.

»Eloisa«, sagte ich, »ich bitte dich, dir solche Befürchtungen in Zukunft zu sparen, denn ich werde meine Bewunderung immer mir und meinen Beschäftigungen vorbehalten und deine dabei unberücksichtigt lassen.«

Das war der einzige ernsthafte Vorwurf, den ich je in meinem Leben gemacht habe; nicht dass ich mich nicht oft zu Spott gereizt fühlte, aber es war das einzige Mal, dass ich meine Gefühle laut geäußert habe.

Ich vermute, es hat nie ein junges Paar gegeben, das sich inniger geliebt hat als Eloisa und Henry; ja, sogar die Liebe Deines Bruders zu Miss Burton kann nicht so stark sein, obwohl sie vielleicht stürmischer ist. Du kannst Dir daher sicher vorstellen, wie wütend meine Schwester war, als er ihr diesen Streich gespielt hat. Die Ärmste! Sie beklagt seinen Tod noch immer mit unverminderter Hartnäckigkeit, unbeschadet der Tatsache, dass er schon mehr als sechs Wochen tot ist. Aber manche Leute nehmen diese Dinge eben ernster als andere. Ihr schlechter Gesundheitszustand, der durch den Verlust von Henry herbeigeführt worden ist, hat sie so geschwächt und sie so unfähig für die geringste Anstrengung gemacht, dass sie heute den ganzen Vormittag beim Abschied von Mrs. Marlowe in Tränen war, die mit Mann, Bruder und Kind Bristol heute verlässt.

Es tut mir leid, sie nicht mehr hier zu haben, denn sie waren die einzige Familie, mit der wir bekannt waren, aber es wäre mir nie eingefallen, deshalb zu weinen. Eloisa und Mrs. Marlowe haben allerdings mehr Zeit miteinander verbracht als mit mir und haben deshalb eine Art vertrauliches Verhältnis entwickelt, was Tränen bei ihnen nicht so unentschuldbar macht, wie sie bei mir gewesen wären.

Die Marlowes fahren nach London; Cleveland begleitet sie; da weder Eloisa noch ich ihn einfangen konnten, haben

Du oder Mathilda hoffentlich mehr Glück. Ich weiß nicht, wann wir Bristol verlassen, Eloisas Stimmung ist so schlecht, dass sie sich dagegen wehrt aufzubrechen, obwohl ihr Aufenthalt hier ihr gesundheitlich keineswegs gutgetan hat. In ein oder zwei Wochen sind wir hoffentlich zu einem Entschluss gekommen.

Bis dahin bin ich usw. usw. Deine

Charlotte Lutterell

## Der achte Brief
### Miss Lutterell an Mrs. Marlowe

Bristol, 4. April

Ich bin Dir sehr verbunden, meine liebe Emma, für das für mich so schmeichelhafte und Deine Zuneigung zu mir bestätigende Angebot, mit mir zu korrespondieren; sei versichert, dass es eine große Erleichterung für mich sein wird, Dir zu schreiben, und solange meine Gesundheit und meine Stimmung es mir erlauben, wirst Du in mir eine verlässliche Briefpartnerin finden – nicht unbedingt eine unterhaltsame, denn Du kennst meine Lage gut genug, um zu wissen, dass Fröhlichkeit unangebracht wäre; und ich kenne mein eigenes Herz zu gut, um nicht zu wissen, wie unnatürlich sie wäre. Du darfst keine Neuigkeiten von mir erwarten, denn wir treffen niemanden, mit dem wir im mindesten bekannt sind und an dessen Leben wir Interesse haben.

Du darfst keine Skandalgeschichten erwarten, denn aus demselben Grund mangelt es uns an Gelegenheit, welche zu hören oder zu erfinden. Du kannst von mir nichts als melancholische Ergüsse eines gebrochenen Herzens erwarten, das immer wieder dem Glück nachhängt, das es einst erfüllte, und sein gegenwärtiges Elend nur schwer erträgt. Die Möglichkeit, Dir von meinem verstorbenen Henry schreiben und sprechen zu können, ist eine Wohltat für mich, und ich weiß, Du wirst Dich in Deiner Güte nicht weigern zu lesen, was zu schreiben mein Herz so sehr erleichtert.

Ich dachte früher, außer meiner Schwester jemanden zu besitzen, den man ›Freundin‹ nennt (ich meine, jemanden meines eigenen Geschlechts, mit dem ich mit größerer Offenheit sprechen kann als mit anderen), würde nie einer meiner Wünsche sein, aber wie sehr habe ich mich geirrt! Charlotte ist zu sehr mit zwei vertraulichen Briefwechseln beschäftigt, als dass dabei noch Raum für mich wäre, und Du hältst es hoffentlich nicht für mädchenhafte Schwärmerei, wenn ich sage, eine liebe und mitfühlende Freundin zu haben, die sich meine Sorgen anhören würde, ohne zu versuchen, mich zu trösten, war das, was ich mir seit langem gewünscht hatte, als unsere Bekanntschaft mit Dir, die Vertrautheit, die sich daraus ergab, und die liebevolle Aufmerksamkeit, die Du mir von Anfang an geschenkt hast, mir den schmeichelhaften Gedanken eingab, diese Aufmerksamkeiten würden sich bei näherem Kennenlernen zu einer Freundschaft entwickeln, die das größte mir vergönnte Glück wäre, wenn Du meinen Wünschen entsprächest. Zu erfahren, dass diese Hoffnung sich erfüllt hat, ist eine Genugtuung für mich – eine Genugtuung, die fast die einzige ist, die mir noch vergönnt ist.

Ich fühle mich so matt, dass Du mir, wenn Du hier wärst, sicher nahelegen würdest, mit dem Schreiben aufzuhören, und ich kann Dir keinen besseren Beweis meiner Zuneigung geben, als Deinem Wunsch zu entsprechen – ob Du hier bist oder nicht.

Ich bin, meine liebe Emma, Deine treue Freundin

E. L.

## Der neunte Brief
## Mrs. Marlowe an Miss Lutterell

Grosvenor Street, 10. April

Muss ich sagen, meine liebe Eloisa, wie willkommen mir Dein Brief war? Ich kann Dir keinen besseren Beweis für die Freude darüber oder für den Wunsch liefern, unser Briefwechsel möge regelmäßig und lebhaft sein, als dass ich Dir dadurch ein gutes Beispiel gebe, dass ich noch vor dem Wochenende antworte. Aber glaube nicht, dass ich für meine Pünktlichkeit besonderes Lob erwarte; im Gegenteil, ich versichere Dir, dass es mir größeres Vergnügen macht, Dir zu schreiben, als den Abend entweder in einem Konzert oder bei einem Ball zu verbringen. Mr. Marlowe möchte liebend gern, dass ich jeden Abend bei irgendeiner öffentlichen Veranstaltung erscheine, und ich enttäusche ihn ungern, obwohl ich viel lieber zu Hause bliebe. Du kennst mich gut genug, um mit mir zu empfinden, ich möchte unabhängig von dem Vergnügen, das es mir macht, einen Teil meiner Zeit meiner lieben Eloisa zu widmen, die Freiheit haben, einen Abend mit meinem kleinen Jungen zu Hause zu verbringen, was es mir erlaubt, die Korrespondenz mit Dir weiter aufrechtzuerhalten (wenn dazu ein Anreiz denn nötig ist). Was die Themen Deiner Briefe – ob traurig oder vergnügt – angeht, so sind sie, wenn sie Dich betreffen, für mich von gleichem Interesse; nicht dass ich nicht finde, dass Du Deine Trauer durch die melancholische Hingabe an sie und das ständige Wiederholen und von ihr Sprechen nur ermutigst und verschlimmerst und dass es sinnvoller wäre, ein so trauriges Thema zu vermeiden. Aber da ich weiß, was für ein tröstlicher und melancholischer Genuss es für Dich sein muss, kann ich mich nicht dazu durchringen, Dir eine so große Wohltat vorzuenthalten, und bestehe nur darauf, von meinen Briefen nicht zu erwarten, dass ich Dich darin ermutige. Im Gegenteil, ich beabsichtige, sie mit so viel sprühendem Geist und anregendem Humor zu füllen, dass sie selbst auf das reizende, aber bekümmerte Gesicht meiner Eloisa ein Lächeln zaubern.

Zunächst einmal musst Du erfahren, dass ich schon zweimal, seit ich hier bin, in der Öffentlichkeit die drei Freundinnen Deiner Schwester, Lady Lesley und ihre Töchter, getroffen habe. Ich weiß, Du bist ungeduldig, mein Urteil über die Schönheit von drei Damen zu erfahren, von denen Du schon so viel gehört hast. Also, da Du zu krank und zu unglücklich bist, um eitel zu sein, kann ich es wagen, Dir ehrlich zu sagen, dass mir keins der Gesichter so gut gefällt wie Deins. Sie sind aber alle hübsch. Lady Lesley hatte ich ja schon vorher gesehen; von ihren Töchtern würde man wohl allgemein sagen, dass sie feinere Züge als die gnädige Frau haben, und doch wird sie mit dem Reiz eines rosigen Teints, ein wenig Affektation und viel harmlosem Geplauder (in all dem ist sie den jungen Damen überlegen) mehr Bewunderer finden als die gleichmäßigeren Züge Mathildas und Margarets. Du wirst sicher mit mir übereinstimmen, dass keine von ihnen die richtige Größe für wahre Schönheit hat, wenn Du erfährst, dass zwei von ihnen größer sind und eine von ihnen kleiner ist als wir. Trotz dieses Fehlers (oder vielmehr wegen dieses Fehlers) hat die Erscheinung der Miss Lesley etwas Nobles und Majestätisches und die ihrer hübschen kleinen Stiefmutter etwas angenehm Lebhaftes. Aber obwohl die einen majestätisch sind und die andere lebhaft ist, fehlt ihren Zügen die bezaubernde Liebenswürdigkeit meiner Eloisa, die auch ihre gegenwärtige Mattigkeit nicht beeinträchtigt hat. Was würden mein Mann und mein Bruder von uns sagen, wenn sie all die Komplimente hörten, die ich Dir in diesem Brief gemacht habe? Es ist ungerecht, dass eine Vertreterin ihres eigenen Geschlechts eine hübsche Frau niemals so nennen darf, ohne dass sie gleich verdächtigt wird, entweder ihre entschiedene Feindin oder ihre erklärte Schmeichlerin zu sein. Wie viel liebenswerter sind Frauen in dieser Hinsicht! Ein Mann kann vierzig anerkennende Dinge über einen anderen sagen, ohne dass wir vermuten, er werde dafür bezahlt; und sofern er seine Pflicht unserem Geschlecht gegenüber erfüllt, ist es uns gleich, wie höflich er seinem eigenen gegenüber ist.

Mrs. Lutterell wird so gut sein, meine Empfehlungen, Charlotte meine Liebe und Eloisa die besten Wünsche für die Wiederherstellung ihrer Gesundheit und Stimmung entgegenzunehmen von ihrer zärtlichen Freundin

E. Marlowe

Ich fürchte, dieser Brief ist nur ein kümmerliches Beispiel meines Talents, geistreich zu sein; und Du wirst kaum besser davon denken, wenn ich Dir versichere, ich bin so unterhaltsam gewesen, wie ich konnte.

## Der zehnte Brief

### Miss Margaret Lesley an Miss Charlotte Lutterell

Portman Square, 13. April

Meine liebe Charlotte,
Wir haben Burg Lesley am 28. des letzten Monats verlassen und sind nach einer siebentägigen Reise sicher in London angekommen. Ich hatte das Vergnügen, hier bei meiner Ankunft Deinen Brief vorzufinden, für den ich herzlich danke. Ach, meine liebe Freundin, ich bedaure jeden Tag mehr, dass wir die heiteren und stillen Vergnügen der Burg gegen die ungewissen und weniger erfreulichen Zerstreuungen dieser eitlen Stadt eingetauscht haben. Nicht dass ich behaupten will, dass diese ungewissen und weniger erfreulichen Zer-

streuungen mir im mindesten missfallen; im Gegenteil, ich genieße sie außerordentlich und würde ihnen noch mehr abgewinnen, wenn ich nicht sicher wäre, dass mein Erscheinen in der Öffentlichkeit die unglücklichen Wesen nur enger an mich fesselt, deren Leidenschaft ich nur bedauern kann, obwohl es nicht in meiner Macht steht, sie zu erwidern. Kurz und gut, meine liebe Charlotte, mein Mitgefühl mit dem Leiden so vieler liebenswerter junger Männer, meine Abneigung gegen die außerordentliche Bewunderung, die ich errege, und mein Widerwille, in der Öffentlichkeit, im Privaten, in den Zeitungen und Zeitschriften so gefeiert zu werden, sind die Gründe, warum ich die so vielfältigen und angenehmen Zerstreuungen Londons nicht ungetrübter genießen kann. Wie oft habe ich gewünscht, so wenig individuelle Schönheit, eine so unelegante Figur, so wenig ansprechende Züge zu haben und eine so unerfreuliche Erscheinung abzugeben wie du! Aber ach, welch geringe Hoffnung besteht für diese so wünschenswerte Veränderung! Ich habe die Pocken gehabt und muss mich daher mit meinem unglücklichen Los abfinden.

Ich will Dir nun, meine liebe Charlotte, ein Geheimnis anvertrauen, das schon lange die Ruhe meiner Tage stört und wegen seiner Eigenart die größte Verschwiegenheit von Dir verlangt. Am Montag vor einer Woche begleiteten Mathilda und ich Lady Lesley zu einer Abendgesellschaft bei Mrs. Kickabout; wir wurden von Mr. Fitzgerald begleitet, der alles in allem ein sehr liebenswerter junger Mann ist, obwohl er einen etwas merkwürdigen Geschmack hat – er ist in Mathilda verliebt. Wir hatten der Hausherrin kaum für die Einladung gedankt und ungefähr ein Dutzend Leute durch einen Knicks begrüßt, als meine Aufmerksamkeit durch das Erscheinen eines jungen Mannes, einer Zierde seines Geschlechts, in Anspruch genommen wurde, der in diesem Augenblick mit einem Herrn und einer Dame den Saal betrat. Schon in dem Augenblick, als ich ihn erblickte, wusste ich, dass mein zukünftiges Glück von ihm abhing. Stell Dir meine Überraschung vor, als er mir unter dem Namen Cleveland vorgestellt wurde und ich ihn sofort als Mrs. Marlowes Bruder und Bekannten meiner Charlotte in Bristol erkannte. Mr. und Mrs. M. waren der Herr und die Dame, die ihn begleiteten. (Du hältst Mrs. Marlowe doch nicht etwa für hübsch?) Mr. Clevelands gewandte Begrüßung, seine untadeligen Manieren und seine hinreißende Verbeugung festigten sofort meine Zuneigung zu ihm. Er sprach nicht, aber ich kann mir jedes Wort vorstellen, das er gesagt hätte, wenn er den Mund geöffnet hätte. Ich kann mir die klugen Ansichten, die edlen Empfindungen und die elegante Sprache ausmalen, die die Konversation mit Mr. Cleveland so entschieden ausgezeichnet hätten.

Dass Mr. James Gower (einer meiner zu zahlreichen Verehrer) sich uns näherte, hinderte mich an der Entdeckung solcher Gaben, denn damit endete eine Unterhaltung, die wir gar nicht begonnen hatten, und lenkte meine Aufmerksamkeit auf diesen. Aber ach, wie unterlegen sind Sir James' Talente denen seines so überaus beneideten Rivalen! Sir James ist einer unserer regelmäßigsten Besucher und fast immer Gast bei unseren Gesellschaften. Wir haben seitdem Mr. und Mrs. Marlowe oft getroffen, aber nicht Cleveland. Er ist immer irgendwo anders engagiert. Mrs. Marlowe langweilt mich jedesmal zu Tode, wenn ich sie treffe, mit ihren ständigen Geschichten über Dich und Eloisa. Sie ist so stumpfsinnig! Ich lebe in der Hoffnung, ihren unwiderstehlichen Bruder heute abend zu treffen, da wir zu Lady Flambeau gehen, die, wie ich weiß, mit den Marlowes befreundet ist. Unsere Gesellschaft besteht aus Lady Lesley, Mathilda, Fitzgerald, Sir James Gower und mir. Von Sir George sehen wir wenig, denn er sitzt immer am Spieltisch. Ach, mein armes Vermögen, wohin bist Du entschwunden? Wir sehen mehr von Lady Lesley, die zur Dinnerzeit immer (stark geschminkt) ihren Auftritt hat. Aber ach, mit welch kostbaren Juwelen wird sie heute abend bei Lady Flambeau geschmückt sein! Und doch wundere ich mich, wie sie Freude daran haben kann, sie zu tragen. Sie muss sich doch darüber im klaren sein, wie lächerlich unangebracht es ist, wenn sie ihren winzigen Körper so mit überflüssigen Geschmeiden belädt. Ist sie sich womöglich gar nicht bewusst, wie unendlich überlegen elegante Schlichtheit einer so gesuchten Aufmachung ist? Wenn sie sie nur Mathilda und mir überließe, wie wären wir ihr dankbar. Wie schmeichelhaft würden sich Diamanten auf unseren stattlichen Figuren ausnehmen! Und wie überraschend, dass *sie* nie auf diesen Gedanken gekommen ist. Dabei habe *ich* schon hundertmal daran gedacht. Jedesmal, wenn ich Lady Lesley die Juwelen tragen sehe, geht es mir wieder durch den Kopf. Und noch dazu die Juwelen meiner eigenen Mutter!

Aber nichts mehr über ein so trostloses Thema; ich möchte Dich lieber mit etwas Erfreulicherem unterhalten. Mathilda erhielt heute Vormittag einen Brief von Lesley, aus dem zu unserer Freude hervorgeht, dass er in Neapel und römisch-katholisch geworden ist, durch eine päpstliche Bulle die Annullierung seiner ersten Ehe erhalten und seitdem eine neapolitanische Dame von großem Rang und Vermögen geheiratet hat. Er teilt uns außerdem mit, dass es seiner ersten Frau, der verworfenen Louisa, ebenso ergangen ist. Auch sie ist in Neapel römisch-katholisch geworden und wird bald einen neapolitanischen Adligen von großen und hervorragenden Verdiensten heiraten.

Er schreibt, sie seien unterdessen die besten Freunde, hätten einander ihre früheren Fehler vergeben und wollten in Zukunft gute Nachbarn sein. Er hat Mathilda und mich eingeladen, ihm in Italien einen Besuch abzustatten und ihm seine kleine Louisa zu bringen, die ihre Mutter, ihre

Stiefmutter und auch er unbedingt sehen möchten. Ob wir aber seine Einladung annehmen, ist augenblicklich noch ganz ungewiss; Lady Lesley rät uns, unverzüglich abzureisen; Fitzgerald bietet sich als Begleitung an; Mathilda hat ihre Zweifel über die Schicklichkeit eines solchen Unternehmens, gibt aber zu, dass es sehr vergnüglich wäre. Ich bin sicher, der Mann gefällt ihr. Mein Vater möchte, dass wir nichts übereilen, da er und Lady Lesley sich, wenn wir ein paar Monate warten, vielleicht das Vergnügen machen, uns zu begleiten. Lady Lesley sagt, nein, nichts werde sie dazu veranlassen, die Zerstreuungen von Brighthelmstone zugunsten einer Reise nach Italien aufzugeben, nur um unseren Bruder zu sehen. »Nein«, sagt die unausstehliche Frau, »ich war einmal in meinem Leben dumm genug, eine Reise von soundsoviel hundert Meilen zu unternehmen, um zwei Mitglieder der Familie zu sehen, und ich fand, es war die Sache nicht wert; hol mich der Teufel, wenn ich noch einmal so dumm bin.« Das sagt Lady Lesley, aber Sir George besteht weiter darauf, dass sie uns vielleicht in ein oder zwei Monaten begleiten.

Adieu, meine liebe Charlotte, Deine treue Freundin

Margaret Lesley

*1792*

# Die Geschichte Englands von der Herrschaft Henrys IV. bis zum Tode Charles I.[14]

## Von einer parteilichen, voreingenommenen und unwissenden Historikerin

Miss Austen,
der älteren Tochter von Pastor George Austen, ist dieses Werk mit der gebührenden Achtung gewidmet von

der Autorin

N. B. Es gibt nur sehr wenige historische Daten in dieser Geschichte.

### Henry IV.

Henry IV. bestieg den Thron Englands sehr zu seiner Zufriedenheit im Jahre 1399, nachdem er seinen Vetter und Vorgänger Richard II. überredet hatte, abzudanken und sich für den Rest seines Lebens nach Burg Pomfret [Pontefract in Yorkshire] zurückzuziehen, wo er denn auch prompt ermordet wurde. Vermutlich war Henry verheiratet, jedenfalls hatte er vier Söhne, aber ich bin außerstande, dem Leser mitzuteilen, wer seine Frau war. Wie auch immer, er war nicht unsterblich, wurde krank, und sein Sohn, der Prinz von Wales, kam und entriss ihm die Krone, woraufhin der König eine lange Rede hielt, für die ich den Leser auf Shakespeares Stück verwei-

sen muss; und der Prinz hielt eine noch längere Rede. Als die Dinge auf diese Weise zwischen ihnen geregelt waren, starb der König,[15] und Henry, der vorher Sir William Gascoigne geschlagen hatte, wurde sein Nachfolger.

## Henry V.

Als dieser Fürst den Thron bestiegen hatte, kam er allmählich zur Besinnung und wurde immer liebenswerter; er trennte sich von seinen ausschweifenden Gefährten und verprügelte Sir William nie wieder.[16] Während seiner Herrschaft wurde Lord Cobham bei lebendigem Leibe verbrannt, aber ich habe vergessen, weshalb.[17] Seine Majestät wandte seine Gedanken dann Frankreich zu, wohin er reiste und wo er die berühmte Schlacht von Agincourt[18] schlug. Danach heiratete er Catherine, die Tochter des französischen Königs – Shakespeare zufolge eine sehr umgängliche Frau.[19] Trotz alledem starb er allerdings, und ihm folgte sein Sohn Henry.

## Henry VI.

Über den gesunden Menschenverstand dieses Monarchen kann ich nicht viel Gutes sagen – und täte es auch nicht, selbst wenn ich es könnte, denn er war ein Lancaster. Ich vermute, du weißt über die Kriege zwischen ihm und dem Herzog von York Bescheid, der auf der richtigen Seite stand; wenn nicht, dann lies lieber eine andere historische Darstellung, denn ich werde mich nicht weiter darüber auslassen, weil ich nicht beabsichtige, Kenntnisse zu verbreiten, sondern lediglich meinen Ärger und Hass *auf alle die* loszuwerden, deren Partei oder Prinzipien nicht mit meinen eigenen übereinstimmen. Dieser König heiratete Marguarete von Anjou, eine Frau, deren Leid und Unglück so groß war, dass sogar ich, die ich sie hasse, beinahe Mitleid mit ihr habe. Genau zu dieser Zeit lebte Jeanne d'Arc und sorgte für sehr viel *Krawall* unter den Engländern. Sie hätten sie nicht verbrennen sollen – taten es aber doch.[20] Es fanden mehrere Schlachten zwischen den Anhängern von York und denen von Lancaster statt, in denen die ersteren (wie es sich gehört) meist siegten. Schließlich wurden sie aber doch geschlagen. Der König wurde ermordet, die Königin nach Hause geschickt, und Edward IV. bestieg den Thron.

## Edward IV.

Dieser König war nur für seine Schöheit und seinen Mut berühmt,[21] wofür das beigefügte Bild und sein unerschrockenes Verhalten, *eine* Frau zu heiraten, während er mit einer anderen verlobt war, Beweis genug sind. Seine Frau war Elizabeth Woodville, eine Witwe, die später, die Ärmste!, von Henry VII., einem Ausbund von Schändlichkeit und Habgier, in ein Kloster gesperrt wurde. Eine von Henrys Mätressen war Jane

Shore, über die es ein Theaterstück gibt, aber es ist eine Tragödie und daher nicht lesenswert.[22] Als seine Majestät all diese noblen Taten vollbracht hatte, starb er, und sein Sohn folgte ihm auf den Thron.

## Edward V.

Dieser unglückliche Fürst lebte nur so kurz, dass keiner Zeit fand, sein Bildnis zu malen. Er wurde durch die Machenschaften seines Onkels ermordet, dessen Name Richard III. war.

## Richard III.

Der Charakter dieses Fürsten ist von den Historikern im allgemeinen sehr scharf verurteilt worden, aber da er ein York war, bin ich eher geneigt, ihn für einen ehrenwerten Mann zu halten. Es ist zwar zuverlässig überliefert, dass er seine beiden Neffen und seine Frau umgebracht hat, aber man hat auch behauptet, dass er seine beiden Neffen *nicht* umgebracht hat, was ich eher für wahr halte; und wenn dies der Fall ist, dann kann man mit gleichem Recht vertreten, dass er seine Frau auch nicht umgebracht hat, denn wenn Perkin Warbeck tatsächlich der Herzog von York war, warum soll dann Lambert Simnel nicht Richards Witwe gewesen sein? Aber ob unschuldig oder schuldig, er regierte nicht lange in Frieden, denn Henry Tudor, Graf von Richmond – ein Schurke, wie er im Buche steht – war scharf dar-

auf, die Krone zu erhalten, und als er den König in der Schlacht von Bosworth getötet hatte, bestieg er tatsächlich den Thron.

## Henry VII.

Dieser Monarch heiratete kurz nach seiner Thronbesteigung die Prinzessin Elizabeth von York, und durch die Verbindung bewies er eindeutig, dass er weniger Anspruch auf den Thron hatte als sie, obwohl er das Gegenteil behauptete. Aus dieser Ehe hatte er zwei Söhne und zwei Töchter; die ältere dieser Töchter heiratete den König von Schottland und hatte das Glück, die Großmutter einer der bedeutendsten Persönlichkeiten der Welt zu sein.[23] Doch über *sie* ausführlicher zu sprechen, werde ich noch Gelegenheit haben.

Die jüngere Tochter Mary heiratete zuerst den König von Frankreich und dann den Herzog von Suffolk, mit dem sie eine Tochter hatte, der späteren Mutter von Lady Jane Grey, die, obwohl weniger schön als ihre reizvolle Cousine, die Königin von Schottland, doch eine liebenswerte junge Frau und dafür berühmt war, dass sie Griechisch las, während andere Leute auf Jagd gingen.[24] Während der Herrschaft Henrys VII. tauchten die obengenannten Perkin Warbeck und Lambert Simnel auf; der erstere wurde in Stockeisen gesetzt, versteckte sich dann in Kloster Beaulieu und wurde zusammen mit dem Grafen von Warwick geköpft; und der letztere wurde in die Küche des Königs gesteckt.[25] Seine Majestät starb, und

ihm folgte sein Sohn Henry, dessen einziges Verdienst darin besteht, dass er nicht *ganz* so schlecht war wie seine Tochter Elizabeth.

## Henry VIII.

Es wäre eine Beleidigung meiner Leser, wenn ich ihnen unterstellte, mit den Einzelheiten der Herrschaft dieses Königs nicht ebenso vertraut zu sein wie ich. Ich will *ihnen* deshalb die Mühe ersparen, noch einmal zu lesen, was sie bereits gelesen haben, und *mir* die Arbeit, aufzuschreiben, woran ich mich nicht mehr genau erinnere; und so gebe ich nur einen kurzen Abriss der wesentlichen Ereignisse seiner Herrschaft. Unter diesen muss man erwähnen, wie Kardinal Wolsey dem Abt von Kloster Leicester erzählte, »dass er gekommen sei, bei ihnen seine Gebeine zur Ruhe zu legen«; wie die religiöse Reformation stattfand; und wie der König mit Anna Bullen durch London ritt.[26] Es ist allerdings nur recht und billig, wenn ich erkläre, dass diese liebenswerte Frau an den ihr vorgeworfenen Verbrechen völlig unschuldig war, wofür ihre Schönheit, ihre Eleganz und ihre Lebhaftigkeit genügend Beweis waren – ganz zu schweigen von den feierlichen Beteuerungen ihrer Unschuld, der Schwäche der Anklagepunkte gegen sie und dem Charakter des Königs – was allerdings im Vergleich mit den obengenannten Vorzügen nicht sonderlich ins Gewicht fällt.

Obwohl ich nicht viele historische Daten geben will, halte ich es doch für angebracht, einige zu erwähnen und dabei die für den Leser nötigsten auszuwählen; daher will ich ihn wenigstens darüber informieren, dass der Brief an den König mit »6. Mai« datiert ist.[27] Die Schand- und Untaten dieses Fürsten sind zu zahlreich, um erwähnt zu werden (wie diese historische Darstellung hinlänglich zeigt), und nichts lässt sich zu seiner Verteidigung sagen, außer dass er die Klöster abgeschafft hat; und indem er sie dem Verfall der Zeit überließ, hat er der englischen Landschaft einen großen Dienst erwiesen, was vermutlich der Hauptgrund für diese Maßnahme war, denn warum sollte ein Mann, der selbst gar nicht religiös war, so viele Mühe darauf verwenden, eine Religion abzuschaffen, die jahrhundertelang im Königreich geherrscht hatte? Die fünfte Frau seiner Majestät war die Nichte des Herzogs von Norfolk, die angeblich vor ihrer Heirat ein lasterhaftes Leben geführt hatte, obwohl sie nach dem Urteil aller die Verbrechen nicht begangen hatte, für die sie enthauptet wurde[28] – aber ich habe in dieser Hinsicht ohnehin meine Zweifel, denn sie war eine Verwandte des Herzogs von Norfolk, der sich so leidenschaftlich für die Belange der Königin von Schottland eingesetzt hatte und schließlich dafür büßen musste. Der letzten Frau des Königs gelang es, ihn zu überleben – wenn auch nur mit knapper Not, denn sie war wegen reformatorischer Häresie angeklagt.[29] Ihm folgte sein einziger Sohn Edward.

## Edward VI.

Da dieser Fürst beim Tod seines Vaters erst neun Jahre alt war, hielten viele ihn für zu jung, um allein zu herrschen; und da der verstorbene König zufällig derselben Meinung war, wurde der Bruder seiner Mutter, der Herzog von Somerset,[30] während seiner Minderjährigkeit als Reichsverweser eingesetzt. Dieser Mann war alles in allem eine sehr liebenswerte Persönlichkeit, und ich habe eine gewisse Schwäche für ihn, obwohl ich nicht den Eindruck erwecken will, dass er es mit den hervorragendsten Männern wie Robert, Graf von Essex, Delamere oder Gilpin[31] aufnehmen kann. Er wurde geköpft, worauf er zu Recht hätte stolz sein können, wenn er gewusst hätte, dass er das Schicksal von Mary Stuart teilte; aber da er unmöglich in die Zukunft sehen konnte, scheint er von der Art und Weise seines Todes nicht besonders begeistert gewesen zu sein.

Nach seinem Ableben hatte der Herzog von Northumberland die Vormundschaft über König und Königreich und löste seine Aufgabe so gut, dass der König starb und das Königreich seiner Schwiegertochter Lady Jane Grey zufiel, deren Griechischkenntnisse bereits erwähnt wurden. Ob sie die Sprache wirklich verstand oder dieses Studium lediglich auf dem Übermaß an Eitelkeit beruhte, für das sie bekannt war, ist ungewiss. Wie auch immer, sie gab sich ihr Leben lang den Anschein von Bildung und von Verachtung für das, was anderen als Vergnügen galt, denn sie äußerte ihr Missfallen darüber, dass man sie zur Königin gemacht hatte; und während sie zum Richtblock schritt, schrieb sie einen Satz auf Lateinisch und einen zweiten auf Griechisch, als sie auf ihrem Weg zufällig der Leiche ihres Mannes begegnete.[32]

## Mary

Diese Frau hatte das große Glück trotz der überzeugenderen Ansprüche, Verdienste und der Schönheit ihrer Cousinen Mary Stuart und Jane Grey, den englischen Thron zu besteigen Und ich kann die königlichen Untertanen für das Unglück, das sie unter ihrer Herrschaft erlitten, auch nicht bedauern, weil sie es voll und ganz verdienten, denn schließlich hatte man ihr erlaubt, ihrem Bruder auf den Thron zu folgen – eine doppelte Dummheit, da man hätte voraussehen können, dass ihre Nachfolgerin, da sie kinderlos starb, Elizabeth sein würde – der Schandfleck der Menschheit, die Pestbeule der Gesellschaft. Groß war die Zahl derer, die während Marys Herrschaft als Märtyrer des Protestantismus starben – ich vermute, mindestens ein Dutzend. Sie heiratete Philipp, den König von Spanien, der während der Herrschaft ihrer Schwester für den Bau von Armadas berühmt war.[33] Sie starb ohne Nachkommen, und so kam der fürchterliche Augenblick, an dem die Zerstörerin aller Lebensfreude, die Verräterin alles in sie gesetzten Vertrauens, die Mörderin ihrer Cousine den Thron bestieg.

## Elizabeth

Das besondere Unglück dieser Frau bestand darin, dass sie schlechte Minister hatte. Bösartig wie sie war, hätte sie so viel Unheil gar nicht anrichten können, wenn diese niederträchtigen und verdorbenen Männer sie nicht zu ihren Verbrechen ermutigt und selbst daran teilgenommen hätten.

Wie ich weiß, glauben und behaupten viele Leute, dass Lord Burleigh, Sir Francis Walsingham[34] und die übrigen, die die entscheidenden Staatsämter innehatten, verdienstvolle, erfahrene und fähige Minister waren. Aber ach!, wie blind müssen solche Historiker und Leser für wahre Verdienste – verachtete, vernachlässigte und verleumdete Verdienste! – sein, wenn sie an derlei Meinungen hängen, statt zu bedenken, dass diese Männer – diese aufgeblasenen Männer! – ein wahrer Skandal für ihr Land und ihr Geschlecht sind, weil sie ihrer Königin gestatteten und zuredeten, neunzehn Jahre lang eine *Frau* gefangen zu halten, die doch als Königin und als Mensch, der sich dazu herabließ, sich vertrauensvoll an Elizabeth zu wenden, allen Grund hatte, Beistand und Schutz zu erwarten, selbst wenn ihre Ansprüche auf beider verwandtschaftliche Beziehung und ihre Verdienste erfolglos blieben … dass also diese Männer schließlich Elizabeth dazu bewegten, diese liebenswerte Frau zu einem vorzeitigen, unverdienten und skandalösen Tod zu verurteilen. Wie kann jemand, der auch nur einen Augenblick über diesen Makel auf Lord Burleighs oder Sir Francis Walsinghams Urteil und Charakter nachdenkt – diesen unauslöschlichen Makel! –, beiden Bewunderung zollen?

Oh, was muss diese bezaubernde Fürstin, deren einziger Freund damals der Herzog von Norfolk war und deren einzige Freunde heute Mr. Whitaker, Mrs. Lefroy, Mrs. Knight und ich sind, … diese Fürstin, die von ihrem Sohn im Stich gelassen, von ihrer Verwandten gefangen gehalten, von allen getadelt, geschmäht und verleumdet wurde … was also muss diese so edle Seele gelitten haben, als man ihr mitteilte, dass Elizabeth ihr Todesurteil unterschrieben hatte! Dennoch ertrug sie es mit unerschütterlicher Tapferkeit, mit Gleichmut und religöser Beständigkeit und bereitete sich so auf das grausame, ihr auferzwungene Schicksal mit einer Großmut vor, die nur auf dem Bewusstsein ihrer völligen Unschuld beruhen konnte. Und doch, lieber Leser, hättest du es für möglich gehalten, dass einige abgehärtete und fanatische Protestanten ihr gerade ihre Festigkeit im katholischen Glauben zum Vorwurf machten, die ihr doch so zur Ehre gereichte? Aber das ist nur ein Beweis für die Engstirnigkeit und die Vorurteile *derer*, die sie anklagten. Sie wurde zur immerwährenden Schande für Elizabeth, ihre Minister und auch England insgesamt am Mittwoch, dem 8. Februar 1586, in der Großen Halle von Burg Fotheringay – einem heiligen Ort! – hingerichtet. Vielleicht ist es nicht überflüssig anzumerken, bevor ich meinen Bericht über die unglückselige Königin abschließe, dass sie während der Zeit ihrer Herrschaft in Schottland einiger Verbrechen angeklagt wurde, an denen sie, wie ich meiner Leserin in aller Ernsthaftigkeit versichern kann, völlig unschuldig war, denn sie beging nichts als Unklugheiten, zu denen sie durch ihre Arglosigkeit, Jugend und Erziehung verführt wurde.[35]

Da ich durch diese Versicherung hoffentlich in meiner Leserin allen Verdacht und all die Zweifel restlos beseitigt habe, die durch das entstanden sind, was andere Historiker über sie geschrieben haben, werde ich nun damit fortfahren, die weiteren Ereignisse zu skizzieren, die Elizabeths Herrschaft auszeichneten. Ungefähr um diese Zeit lebte Sir Francis Drake, der erste Seefahrer, der zur Ehre seines Landes und seines Berufs die Erde umsegelte.[36] Doch so bedeutend er war und so zu Recht er als Seefahrer gefeiert wird, ich bin davon überzeugt, dass er darin in diesem oder im nächsten Jahrhundert von einem übertroffen wird, der, obwohl noch jung, all die glühenden und inbrünstigen Erwartungen seiner Verwandten und Freunde zu erfüllen verspricht, zu denen auch die liebenswerte Dame, der dieses Werk gewidmet ist, und die nicht weniger liebenswerte Autorin zählen.

Robert Devereux, Lord Essex hatte zwar einen anderen Beruf und zeichnete sich in einer anderen Lebenssphäre aus, aber er war als Graf eine so herausragende Persönlichkeit wie Drake als Seefahrer. Dieser unglückselige junge Mann ähnelte charakterlich ein wenig dem nicht weniger unglückseligen *Frederic Delamere*. Die Ähnlichkeit kann sogar noch weiter geführt werden und Elizabeth, Essex' Peinigerin, kann mit Delameres Emmeline verglichen werden. Es würde ewig dauern, das Missgeschick dieses edlen und galanten Grafen zu berichten. Es muss genügen, dass er am 25. Februar [1601] hingerichtet wurde, nachdem er Statthalter von Irland gewesen war, sein Schwert ergriffen[37] und seinem Land viele andere Dienste erwiesen hatte. Elizabeth überlebte seinen Verlust nicht lange und starb *so* elend, dass ich sie bedauern würde, wenn das nicht dem Andenken an Mary Stuart Abbruch täte.

## James I.

Obwohl dieser König viele Fehler hatte – darunter als wesentlichster, dass er den Tod seiner Mutter zuließ –, kann ich doch alles in allem nicht umhin, ihn zu schätzen. Er heiratete Anna von Dänemark und hatte mehrere Kinder; zum Glück starb sein ältester Sohn Henry vor ihm, sonst wäre diesem womöglich das Unglück seines Bruders zugestoßen.[38]

Da ich selbst eine gewisse Vorliebe für die katholische Religion habe und es mit unendlichem Bedauern sehe, wenn ich gezwungen bin, das Benehmen eines ihrer Mitglieder zu tadeln, muss ich – zumal die Wahrheit zu sagen für einen Historiker entschuldbar ist – doch gestehen, dass sich die Katholiken Englands während James' Herrschaft den Protestanten gegenüber nicht wie Gentlemen benahmen.[39] Ja, ihr Verhalten der königlichen Familie und dem Parlament gegenüber könnte man mit einigem Recht als taktlos bezeichnen, und sogar Sir Henry Percy, immerhin der Gebildetste dieses Glaubens, zeichnete sich keineswegs durch die Höflichkeit aus, die allgemein so geschätzt wird, da er nur Lord Mounteagle Aufmerksamkeit schenkte.

Sir Walter Raleigh war während dieser und der vorhergehenden Herrschaft erfolgreich und wird von vielen Leuten verehrt und geachtet – aber da er ein Feind des edlen Essex war, kann ich zu seinem Lob nichts sagen und muss alle die, die mit den Einzelheiten seines Lebens bekannt werden wollen, auf Mr. Sheridans Theaterstück über den Kritiker verweisen, wo sie viele interessante Anekdoten über ihn wie auch über seinen Freund Sir Christopher Hatton[40] finden können. Seine Majestät hatte das liebenswerte Naturell, das Freundschaften zugeneigt ist, und war scharfsichtiger im Anerkennen von Verdienst als viele andere Leute. Ich habe einmal ein ausgezeichnetes Worträtsel gehört, an das mich das Thema, mit dem ich mich beschäftige, erinnert, und da ich glaube, dass es meinen Lesern Freude machen wird, die Lösung zu finden, werde ich mir die Freiheit nehmen, es hier zu zitieren.

Das erste Wort bezeichnet gleiches Blut,
im zweiten tobt sich aus der Völker Wut.
Im ganzen Wort bricht aus unsel'ger Streit:
das zweite bringt dem ersten großes Leid.[41]

## Charles I.

Dieser liebenswerte Monarch wurde anscheinend nur geboren, um so viel Unglück zu erleiden wie seine reizende Großmutter – Unglück, das er schon deshalb nicht verdiente, weil er von ihr abstammte. Jedenfalls lebten in England niemals gleichzeitig so viele verabscheuenswürdige Persönlichkeiten wie zu dieser Zeit; niemals waren liebenswerte Männer so rar. Ihre Zahl im ganzen Königreich beschränkte sich auf *fünf* – außer den Einwohnern von Oxford, die ihrem König und seinen Interessen immer treu ergeben waren. Die Namen dieser edlen Fünf, die ihre Pflicht als Untertanen nie vergaßen oder von ihrer Anhänglichkeit an den König abwichen, waren folgende: Der König selbst, der immer seine eigene Unterstützung hatte, Erzbischof Laud, der Graf von Strafford, der Vicomte Faulkland und der Herzog von Ormond, die seine Sache mit nicht weniger Eifer oder Leidenschaft vertraten. Dagegen wäre die Liste der Schurken dieser Zeit viel zu lang, um geschrieben oder gelesen zu werden. Deshalb werde ich mich darauf beschränken, nur die Führer der Bande zu erwähnen. Cromwell, Fairfax, Hampden und Pym[42] können als die Urheber all der Unruhen, des Elends und der Bürgerkriege angesehen werden, die so viele Jahre lang in England wüteten. Wie schon während Elizabeths Herrschaft bin ich auch während dieser Regierung trotz meiner Sympathie für die Schotten verpflichtet, sie für ebenso schuldig wie die Engländer zu halten, weil sie es wagten, anders als ihr Souverän zu denken; weil sie ihm die Gefolgschaft versagten, zu der sie als *Stuarts* verpflichtet waren; weil sie gegen die un-

glückliche Mary Stuart rebellierten, sie entthronten und gefangen hielten; und weil sie den nicht weniger unglücklichen Charles bekämpften, betrogen und verrieten.

Die Ereignisse während der Herrschaft dieses Monarchen sind zu zahlreich für meine Feder, und die Aufzählung irgendwelcher Ereignisse (außer denen, die ich erfinde) ist für mich uninteressant, da der Hauptgrund, diese Geschichte Englands zu schreiben, darin besteht, die Unschuld der Königin von Schottland zu beweisen, was ich mir einbilde, erreicht zu haben, und Elizabeth zu schmähen, obwohl ich eher fürchte, in dieser Hinsicht mein Ziel verfehlt zu haben. Da es also nicht meine Absicht ist, einen detaillierten Bericht von den Schicksalsschlägen zu geben, die diesem König durch die Illoyalität und Grausamkeit seines Parlaments zugefügt wurden, will ich mich damit zufriedengeben, ihn vom Vorwurf willkürlicher und tyrannischer Herrschaft freizusprechen, dessen man ihn oft angeklagt hat. Das ist meiner Meinung nach nicht schwierig, denn mit einem einzigen Argument kann man zweifellos jeden einsichtigen und unvoreingenommenen Menschen überzeugen, dessen Urteile auf einer gediegenen Erziehung beruhen, und dieses Argument ist: dass er ein Stuart war.

*1790*

# Eine Sammlung von Briefen

## Für Miss Cooper

Cousine,
Als Kennerin Deines charmanten Charakters, dessen Courage in jedem Kreis und Klima der Christenheit erklingt, kredenze ich Deiner kenntnisreichen Kritik diese kluge Kollektion von Kuriositäten, die gekürt, kombiniert und klassifiziert wurden von Deiner komischen Cousine

der Autorin

### Erster Brief
### Von einer Mutter an ihre Freundin

Meine Kinder nehmen neuerdings meine Aufmerksamkeit auf andere Weise in Anspruch als bisher, da sie nun ein Alter erreicht haben, wo es nötig ist, sie jedenfalls einigermaßen mit der Gesellschaft vertraut zu machen. Meine Augusta ist siebzehn und ihre Schwester kaum zwölf Monate jünger. Ich schmeichle mir, dass sie eine Erziehung genossen haben, die ihrem Erscheinen in der Gesellschaft keine Schande macht; und dass sie umgekehrt ihrer Erziehung keine Schande machen werden, habe ich allen Grund zu glauben. Ja, sie sind reizende Mädchen, vernünftig, doch unaffektiert, kultiviert, doch ungezwungen, lebhaft, doch zartfühlend. Da sie immer die gleichen Fortschritte gemacht haben, bin ich gewillt, über den Altersunterschied hinwegzusehen und sie gleichzeitig in die Gesellschaft einzuführen. Der heutige Abend ist für ihr erstes Auftreten in der großen Welt vorgesehen, da wir mit Mrs. Cope und ihrer Tochter Tee trinken wollen. Um meiner Töchter willen bin ich froh, dass wir sonst niemanden treffen, da es unangenehm für sie sein könnte, sich gleich am ersten Tag in einem zu großen Kreis zu finden. Wir wollen lieber Schritt für Schritt vorgehen. Morgen wird Mr. Stanlys Familie bei uns Tee trinken, und vielleicht treffen sie die Miss Phillips. Am Dienstag machen wir Vormittagsbesuche. Am Mittwoch dinieren wir in Westbrook. Am Donnerstag haben wir Gesellschaft bei uns. Am Freitag besuchen wir ein Hauskonzert bei Sir John Wynne, und am Sonnabend erwarten wir vormittags Miss Dawsons Besuch – und das wird die Einführung meiner Töchter in die große Gesellschaft abschließen. Wie sie all diese Zerstreuungen überstehen werden, kann ich mir nicht vorstellen; um ihre Ausdauer mache ich mir keine Sorgen, ich fürchte nur für ihre Gesundheit.

*

Dieses grandiose Unternehmen liegt nun glücklicherweise hinter uns, und meine Mädchen sind eingeführt. Du kannst Dir nicht vorstellen, wie die reizenden Geschöpfe vor Furcht und Erwartung zitterten, als der Augenblick unseres Aufbruchs nahte. Bevor die Kutsche vorfuhr, rief ich sie in mein Ankleidezimmer und redete sie, sobald sie sich gesetzt hatten, folgendermaßen an:

»Meine lieben Mädchen, der Augenblick ist nun gekommen, wo ich die Früchte all meiner Ängste und Mühen bei eurer Erziehung ernten soll. Ihr werdet heute abend in eine Welt eintreten, wo euch viele Wunder begegnen; aber ich muss euch davor warnen, euch leichtfertig von den Dummheiten und Lastern anderer beeinflussen zu lassen, denn glaubt mir, meine geliebten Kinder, ich werde, wenn ihr es trotzdem tut, sehr traurig sein.«

Beide versicherten mir, dass sie sich immer dankbar an meinen Rat erinnern und ihm willig folgen würden; dass sie darauf vorbereitet seien, einer Welt voll wunderbarer und schockierender Dinge zu begegnen; dass sie aber zuversichtlich seien, ihr Benehmen werde mir niemals Anlass geben, die Sorgfalt und Mühe zu bereuen, mit der ich ihre Kindheit betreut und ihr Gemüt geformt hätte.

»Bei solchen Aussichten und solchen Absichten«, rief ich, »habe ich nichts von euch zu befürchten und kann euch unbesorgt zu Mrs. Cope mitnehmen, ohne fürchten zu müssen, dass ihr von ihrem schlechten Beispiel oder ihren Dummheiten angesteckt werdet. Kommt also, meine Kinder«, fügte ich hinzu, »die Kutsche fährt vor, und ich will das Vergnügen, auf das ihr euch schon voller Ungeduld freut, nicht einen Augenblick länger hinauszögern.«

Als wir in Warleigh ankamen, konnte die arme Augusta kaum Luft bekommen, während Margaret ganz Lebhaftigkeit und Begeisterung war.

»Der langerwartete Augenblick ist nun gekommen«, sagte sie, »gleich werden wir in die Gesellschaft eingeführt sein.«

Einen Augenblick später waren wir in Mrs. Copes Wohnzimmer, wo sie mit ihrer Tochter saß – bereit, uns zu empfangen. Ich beobachtete mit Vergnügen, welchen Eindruck meine Kinder auf sie machten. Sie waren aber auch wirklich zwei reizende, elegant gekleidete Mädchen; und obwohl sie wegen der Besonderheit ihrer Lage ein bisschen verlegen waren, waren ihre Haltung und ihr Takt doch so ungezwungen, dass sie nur Wohlgefallen erregen konnten. Stellen Sie sich vor, meine liebe Madam, wie entzückt ich war, als ich sah, wie aufmerksam sie alles beobachteten, was sie sahen, wie abscheulich sie manches, wie zauberhaft sie anderes und wie überraschend sie alles fanden! Alles in allem kehrten sie voller Begeisterung über die Gesellschaft, ihre Bewohner und ihre Sitten nach Hause zurück.

Immer Ihre

A. F.

## Zweiter Brief

### Von einer jungen Dame, die von ihrem Liebhaber enttäuscht wurde

Warum macht mir nur diese letzte Enttäuschung das Herz so schwer? Warum trifft sie mich härter, verletzt mich tiefer als alle, die ich bisher erlebt habe? Kann es sein, dass ich eine stärkere Neigung zu Willoughby empfinde als zu seinen liebenswürdigen Vorgängern? Oder liegt es daran, dass unsere Gefühle um so heftiger sind, je öfter sie verletzt werden? Ich glaube fast, meine liebe Belle, *das* ist der Grund, da ich mir nicht bewusst bin, mehr an Willoughby zu hängen als an Neville, an Fitzowen oder an den beiden Crawfords, für die ich alle einmal die dauerhafteste Zuneigung empfunden habe, die je das Herz einer Frau höher schlagen ließ.

Sag mir also, liebe Belle, warum ich immer noch unter Seufzern an den treulosen Edward denke oder warum ich in Tränen ausbreche, wenn ich seine Braut sehe, denn auch *das* ist unweigerlich der Fall. Meine Freunde sind alle besorgt um mich. Sie sind beunruhigt über meine geschwächte Gesundheit, sie beklagen meine Niedergeschlagenheit, sie befürchten die Wirkung von beiden. In der Hoffnung, meinen Trübsinn zu vertreiben und mich auf andere Gedanken zu bringen, haben sie einige ihrer Freunde über Weihnachten zu uns eingeladen. Lady Bridget Dashwood und ihre Schwägerin Miss Jane werden am Freitag erwartet, und Oberst Seatons Familie trifft nächste Woche hier ein. Das alles ist zwar gut gemeint von meinem Onkel und meinen Cousinen, aber was soll ich von der Gegenwart eines Dutzends mir gleichgültiger Leute anderes erwarten als Erschöpfung und Langeweile? Ich werde den Brief liegenlassen, bis einige unserer Besucher eingetroffen sind.

Freitagabend

Lady Bridget traf heute vormittag ein und mit ihr ihre reizende Schwester Miss Jane. Obwohl ich diese charmante Frau seit über fünfzehn Jahren kenne, war ich mir nie bewusst, wie liebenswert sie ist. Sie ist inzwischen ungefähr 35 und trotz Krankheit, Kummer und Jahren wirkt sie blühender als ein Mädchen von siebzehn. Von dem Augenblick an, wo sie mein Haus betrat, war ich entzückt von ihr, und auch sie war anscheinend sehr eingenommen von mir und wich mir für den Rest des Tages nicht von der Seite. Es liegt etwas so Liebevolles, so Mildes in ihren Zügen, dass sie wie eine überirdische Erscheinung wirkt.

Ihre Unterhaltung ist so bezaubernd wie ihre Gegenwart; ich konnte mich nicht enthalten, ihr meine Bewunderung auszudrücken. »Ach, Miss Jane«, sagte ich, und einen Augenblick lang versagte mir vor Erregung die Stimme … »Ach, Miss Jane …«, wiederholte ich – mir fehlten die Worte, meine Empfindungen auszudrücken.

Sie erwartete anscheinend, dass ich fortfuhr. Ich war verwirrt, verstört. Meine Gedanken überstürzten sich, und ich konnte nur hinzufügen: »Wie geht es Ihnen?«

Sie sah und spürte meine Verlegenheit sofort und half mir mit bewundernswerter Geistesgegenwart darüber hinweg, indem sie sagte: »Meine liebe Sophia, Sie brauchen sich nicht zu schämen, dass Sie sich eine Blöße gegeben haben, ich wechsle einfach das Thema und tue, als hätte ich nichts bemerkt.«

Ach, wie ihre Güte mich rührte! »Reiten Sie noch so häufig wie früher?« fragte sie.

»Mein Arzt hat mir geraten, regelmäßig zu reiten. Es gibt herrliche Ausritte hier in der Umgebung, ich habe ein wunderschönes Pferd und liebe die Zerstreuung sehr«, erwiderte ich, als ich mich von meiner Verlegenheit erholt hatte, »kurz und gut, ich reite sehr viel.«

»Daran tun Sie gut, meine Liebe«, sagte sie. Dann fand sie aus dem Stegreif die folgende Formulierung, die gleichermaßen das Reiten wie die Aufrichtigkeit empfiehlt.

»Reiten Sie, wo Sie wollen; seien Sie aufrichtig, wo Sie können.« Dann fügte sie hinzu: »*Ich* bin nur einmal geritten, aber das ist viele Jahre her.«

Sie sprach diese Worte mit so leiser und zitternder Stimme, dass ich schwieg. Betroffen von der Art, wie sie sprach, war ich zu einer Antwort unfähig. »Ich bin nicht geritten«, fuhr sie fort und sah mich eindringlich an, »seit meiner Heirat.«

Es verschlug mir die Sprache. »Ihrer Heirat, Madam!« wiederholte ich.

»Ihr Erstaunen überrascht mich nicht«, sagte sie, »denn meine Worte müssen Ihnen unglaubwürdig vorkommen. Doch nichts ist wahrer, als dass ich einmal verheiratet war.«

»Warum nennt man Sie dann *Miss* Jane?«

»Ich habe, meine liebe Sophia, ohne Zustimmung oder Wissen meines Vaters geheiratet, des verstorbenen Admiral Annesley. Ich musste es deshalb vor ihm und aller Welt so lange geheimhalten, bis sich eine günstige Gelegenheit bot, das Geheimnis preiszugeben. Aber ach, die Gelegenheit bot sich durch den Tod meines geliebten Hauptmanns Dashwood nur zu bald. Verzeihen Sie diese Tränen«, fuhr Miss Jane fort, indem sie sich über die Augen fuhr, »ich schulde sie dem Andenken meines Mannes. Er fiel im Kampf für sein Vaterland in Amerika, meine liebe Sophia, nach einer höchst glücklichen Ehe von sieben Jahren. Meine Kinder, zwei reizende Jungen und ein Mädchen, die ständig bei meinem Vater und mir gewohnt hatten und für ihn und alle Welt die Kinder eines Bruders von mir waren (obwohl ich immer ein Einzelkind war), waren der Trost meines Lebens. Aber kaum hatte ich meinen Henry verloren, da erkrankten diese unschuldigen Wesen und starben. Stellen Sie sich vor, liebe Sophia, wie ich gelitten habe, als Tante am frühen Grab meiner eigenen Kinder stehen zu müssen. Mein Vater überlebte sie nur um wenige Wochen. Er starb, der gute alte Mann, zu seinem Glück, ohne von meiner Heirat gewusst zu haben.«

»Aber haben Sie sich nicht dazu bekannt und beim Tod Ihres Mannes seinen Namen angenommen?«

»Nein, ich konnte mich nicht dazu durchringen – zumal mir der Tod meiner Kinder jede Veranlassung dazu nahm. Lady Bridget und Sie sind die einzigen, die wissen, dass ich je Ehefrau und Mutter war. Da ich mich nicht dazu bringen konnte, den Namen Dashwood anzunehmen (einen Namen, den ich nach Henrys Tod nie ohne Gemütsbewegung hören konnte), und fand, kein Recht auf den Namen Annesley zu haben, verzichtete ich auf beide und bestand darauf, nach dem Tod meines Vater nur meinen Vornamen zu tragen.«

Sie hielt inne.

»Ach, meine liebe Miss Jane«, sagte ich, »wie unendlich dankbar bin ich Ihnen für diese unterhaltsame Geschichte. Sie können sich gar nicht vorstellen, wie sie mich amüsiert hat. Aber ist sie denn schon zu Ende?«

»Ich habe nur noch hinzuzufügen, meine liebe Sophia, dass Henrys älterer Bruder etwa zur gleichen Zeit starb, so dass Lady Bridget ebenfalls Witwe wurde, und da wir uns aufgrund des Ansehens, das wir überall genossen, aus der Ferne immer geschätzt hatten, obwohl wir uns nie begegnet waren, beschlossen wir zusammenzuziehen. Und unsere Empfindungen und Handlungen entsprachen einander so vollständig, dass wir uns gegenseitig mit der gleichen Post zum gleichen Thema schrieben. Beide waren wir von dem gegenseitigen Vorschlag, eine gemeinsame Familie zu gründen, so begeistert, dass wir seitdem in friedlicher Eintracht zusammenleben.«

»Und ist das alles?« rief ich. »Ich hoffe, das ist nicht das Ende.«

»Doch. Und haben Sie je eine bewegendere Geschichte gehört?«

»Niemals. Und gerade deshalb gefällt sie mir so gut, denn wenn man selbst unglücklich ist, gibt es nichts Köstlicheres für das eigene Gemüt, als von ähnlichem Unglück zu hören.«

»Aber meine liebe Sophia, warum sind *Sie* denn unglücklich?«

»Haben Sie nicht von Willoughbys Heirat gehört, Madam?«

»Aber meine Liebe, warum beklagen Sie ausgerechnet *seine* Treulosigkeit, wenn Sie die so vieler anderer junger Männer bisher so klaglos ertragen haben?«

»Ach, Madam, damals war ich daran gewöhnt, aber als Willoughby sein Versprechen brach, war ich schon ein halbes Jahr lang nicht mehr enttäuscht worden.«

»Sie Ärmste!« sagte Miss Jane.

## Dritter Brief
### Von einer jungen Dame in verzweifelter Lage an ihre Freundin

Vor ein paar Tagen war ich auf Mr. Ashburnhams Hausball. Da meine Mutter niemals ausgeht, hatte sie mich Lady Greville anvertraut, die mir den Gefallen tat, mich auf ihrem Weg abzuholen und mich in Fahrtrichtung sitzen zu lassen – ein Gefallen, der mir völlig gleichgültig ist, zumal ich weiß, dass er mir eine erhebliche Verpflichtung auferlegt.

»Also, Miss Maria«, sagte die gnädige Frau, als sie mich auf die Kutsche zukommen sah, »Sie sehen heute abend ausgesprochen schick aus. *Meine* armen Mädchen werden mit Ihnen nicht konkurrieren können. Ich hoffe nur, Ihre Mutter hat sich nicht in Unkosten gestürzt, um Sie so herauszuputzen. Haben Sie ein neues Kleid an?«

»Ja, Madam«, erwiderte ich mit so viel Gleichmut, wie ich aufbringen konnte.

»Aha, und obendrein ein sehr vornehmes, finde ich« (sie befühlte es, während ich mich mit ihrer Erlaubnis neben sie setzte). »Gute Qualität, glaube ich. Alles sehr schick, das muss ich schon sagen. Aber ich muss gestehen – denn Sie wissen, ich halte mit meiner Meinung nicht zurück – es war eine völlig überflüssige Ausgabe. Warum konnten Sie nicht einfach Ihr altes gestreiftes anziehen? Es ist nicht meine Art, Leuten vorzuwerfen, dass sie arm sind, denn ich finde immer, man muss sie mehr verachten und bedauern, als ihnen Schuld daran geben, vor allem wenn sie nichts dagegen tun können; aber trotzdem muss ich sagen, dass Ihr altes gestreiftes Kleid gut genug für seine Trägerin gewesen wäre; denn um die Wahrheit zu sagen (ich halte nie mit meiner Meinung zurück), fürchte ich entschieden, die Hälfte der Gäste im Saal wird gar nicht wissen, ob Sie ein Kleid anhaben oder nicht. Aber ich vermute, Sie wollen heute abend Ihr Glück machen. Na ja, je früher, desto besser, und ich wünsche Ihnen Erfolg.«

»Aber, Madam, ich habe durchaus nicht die Absicht …«

»Wann hätte eine junge Dame je zugegeben, dass Sie eine reiche Partie machen will?« Miss Greville lachte, aber Ellen tat ich sicher leid.

»War Ihre Mutter schon zu Bett gegangen, als Sie sich von ihr verabschiedeten?«

»Aber Mutter«, sagte Ellen, »es ist doch erst neun Uhr.«

»Das stimmt, Ellen, aber Kerzen kosten Geld, und Mrs. Williams ist zu klug, um verschwenderisch zu sein.«

»Sie hatte sich gerade erst zum Abendessen gesetzt, Madam.«

»Und was gab es zum Abendessen?«

»Ich habe nicht darauf geachtet.«

»Brot und Käse, nehme ich an.«

»Etwas Besseres kann ich mir gar nicht vorstellen«, sagte Ellen.

»Dazu hast du auch keinen Grund«, erwiderte ihre Mutter, »da du immer etwas Besseres vorgesetzt bekommst.«

Miss Greville lachte übertrieben laut, wie sie es bei den witzigen Bemerkungen ihrer Mutter immer tut.

Das ist die demütigende Lage, die mir aufgezwungen wurde, während ich in der Kutsche der gnädigen Frau fuhr. Ich wage nicht, unverschämt zu sein, da meine Mutter mich immer ermahnt, bescheiden und geduldig zu sein, wenn ich Erfolg in der Welt haben will. Sie besteht darauf, dass ich alle Einladungen von Lady Greville annehme, sonst würde ich ihr Haus oder ihre Kutsche nie betreten, weil ich es schon im voraus hasse, dass sie mich jedes Mal wegen meiner Armut beleidigt. Als wir in Ashburnham ankamen, war es fast zehn, also anderthalb Stunden später, als wir erwartet wurden, aber Lady Greville ist zu vornehm (oder jedenfalls bildet sie es sich ein), um pünktlich zu sein. Das Tanzen hatte aber noch nicht begonnen, weil man auf Miss Greville wartete. Ich war noch nicht lange im Saal, als ich von Mr. Bernard aufgefordert wurde. Aber gerade als wir uns auf die Tanzfläche begeben wollten, fiel ihm ein, dass sein Diener seine weißen Handschuhe hatte, und er lief gleich los, um sie zu holen. Währenddessen begann der Tanz, und Lady Greville ging auf dem Weg in ein anderes Zimmer direkt an mir vorbei. Sie sah mich, hielt inne, und sagte zu mir, obwohl mehrere Personen in der Nähe waren: »Hallo, hallo, Miss Maria! Wieder keinen Partner abgekriegt? Armes junges Ding! Ich fürchte, Sie haben Ihr neues Kleid umsonst angezogen. Aber lassen Sie sich nicht unterkriegen; vielleicht können Sie vor Ende des Abends doch noch Ihr Tanzbein schwingen.«

Und damit ging sie weiter, ohne sich meine wiederholte Versicherung anzuhören, dass ich aufgefordert worden sei, und ließ mich verärgert zurück, dass ich vor allen Leuten so bloßgestellt worden war. Mr. Bernard kehrte allerdings bald zurück und kam beim Betreten des Saals gleich auf mich zu; und da wir uns unter die Tänzer mischten, wurde mein Leumund hoffentlich von dem Verdacht freigesprochen, den Lady Greville mir in Hörweite all der alten Damen unterstellt hatte. Ich vergaß all meinen Ärger bei dem Vergnügen, mit dem nettesten Partner im Saal zu tanzen. Da er zudem der Erbe eines sehr großen Besitzes ist, konnte ich sehen, dass Lady Greville durchaus nicht erfreut aussah, als sie merkte, auf wen seine Wahl gefallen war.

Sie war entschlossen, mich zu demütigen, und deshalb kam sie, als wir zwischen den Tänzen Platz nahmen, übervoll von ihrer beleidigenden Wichtigtuerei in Begleitung von Miss Mason zu mir und sagte so laut, dass die Hälfte der im Saal Anwesenden sie hörten: »Sagen Sie, Miss Maria, was für ein Geschäft hatte Ihr Großvater eigentlich? Denn Miss Mason und ich können uns nicht einigen, ob er Lebensmittelhändler oder Buchbinder war.«

Ich merkte, dass sie mich demütigen wollten, und war deshalb entschlossen, ihre Absicht wenn möglich zu durchkreuzen.

»Weder noch, Madam; er war Weinhändler.«

»Ach ja, ich wusste, dass es etwas Gewöhnliches war. Er ging pleite, nicht wahr?«

»Das glaube ich nicht, Madam.«

»Aber ist er nicht abgehauen?«

»Davon habe ich nichts gehört.«

»Wenigstens ist er ohne einen Pfennig gestorben.«

»Das hat man mir nie gesagt.«

»Aber war Ihr Vater nicht arm wie eine Kirchenmaus?«

»Durchaus nicht.«

»War er nicht einmal sogar im Gefängnis?«

»Ich habe ihn dort nie gesehen.«

Sie warf mir einen eisigen Blick zu und wandte sich entrüstet ab, während ich halb entzückt von meiner Impertinenz und halb besorgt über meine vermeintliche Vorlautheit war. Da Lady Greville außerordentlich wütend auf mich war, schenkte sie mir den ganzen Abend keine Beachtung mehr. Aber selbst wenn sie mir wohlgesonnener gewesen wäre, hätte sie mich ebenso vernachlässigt, denn sie hatte sich einer Gesellschaft von vornehmen Leuten zugesellt, und sie spricht nie mit mir, wenn sie mit jemand anderem sprechen kann. Miss Greville nahm den Imbiss mit der Gruppe ihrer Mutter ein, aber Ellen zog es vor, bei den Bernards und mir zu sitzen. Es war ein sehr schöner Tanzabend, und da Lady Greville den ganzen Weg nach Hause schlief, war die Heimfahrt sehr angenehm für mich.

Als wir am nächsten Tag beim Dinner waren, hielt Lady Grevilles Kutsche vor der Tür, denn das ist die Tageszeit, auf die sie es meist anlegt. Sie schickte durch einen Diener eine Nachricht, sie wolle nicht aussteigen, aber Miss Maria solle an die Kutschentür kommen, denn sie wolle mit ihr sprechen, aber sie solle sich beeilen und sofort kommen.

»Was für eine unverschämte Nachricht, Mama!« sagte ich.

»Geh, Maria«, antwortete diese, und so ging ich hinaus und musste dort der gnädigen Frau zum Gefallen herumstehen, obwohl ein außerordentlich scharfer und kalter Wind blies.

»Also, Miss Maria, jedenfalls sind Sie nicht mehr ganz so schick angezogen wie gestern abend. Aber ich bin nicht gekommen, um Ihr Kleid zu inspizieren, sondern um Ihnen zu sagen, dass Sie übermorgen zu uns zum Essen kommen dürfen. Wohlgemerkt, nicht morgen, kommen Sie nicht morgen, denn wir erwarten Lord und Lady Clermont und Sir Thomas Stanleys Familie. Sie brauchen sich nicht so besonders elegant anzuziehen, denn ich werde Ihnen nicht die Kutsche schicken. Wenn es regnet, können Sie einen Regenschirm nehmen.«

Ich konnte mir das Lachen kaum verkneifen, als ich hörte, wie sie mir die Erlaubnis gab, trocken zu bleiben.

»Und achten Sie bitte auf Pünktlichkeit, denn ich werde nicht warten. Ich hasse es, wenn das Essen verkocht ist. Aber Sie brauchen auch nicht zu pünktlich zu sein. Wie geht es Ihrer Mutter? Sie ist beim Essen, nicht wahr?«

»Ja, Madam, wir waren gerade mitten beim Essen, als Sie kamen.«

»Ich fürchte, dir ist ziemlich kalt, Maria«, sagte Ellen.

»Ja, es weht ein schrecklicher Ostwind«, sagte ihre Mutter. »Sehen Sie, ich kann hier kaum mit offenem Kutschenfenster sitzen. Aber Sie sind es ja gewöhnt, vom Wind herumgetrieben zu werden, Miss Maria, und deshalb ist Ihr Teint so gerötet und rauh. Euch jungen Damen, die nicht oft in einer Kutsche unterwegs sein können, macht es ja nichts aus, in welchem Wetter Ihr herumstiefelt oder wie der Wind eure Beine entblößt. Ich würde *meine* Mädchen nicht an einem solchen Tag bei solchem Wetter draußen stehen lassen. Aber manche Leute haben eben kein Gespür für Kälte oder für das, was sich gehört. Also, wie gesagt, wir erwarten Sie am Donnerstag um fünf Uhr. Sie müssen Ihrem Dienstmädchen sagen, sie soll sie abends abholen. Es ist Neumond, und Ihr Heimweg wird schrecklich. Meine Empfehlungen an Ihre Mutter. Ich fürchte, Ihr Essen ist nun kalt. Kutscher, fahren Sie los.«

Und so verschwand sie und ließ mich wie immer in maßloser Wut zurück.

Maria Williams

## Vierter Brief

### Von einer ziemlich impertinenten jungen Dame an ihre Freundin

Wir haben gestern abend bei Mr. Evelyn diniert, wo wir mit einem sehr nett aussehenden Mädchen, seiner Cousine, bekanntgemacht wurden. Mir gefiel ihre Erscheinung außerordentlich, denn außer ihren ansprechenden Zügen hatten ihre Umgangsformen und ihre Stimme etwas besonders Interessantes. Und zwar so sehr, dass es meine entschiedene Neugier weckte, ihre Lebensgeschichte zu erfahren: wer ihre Eltern waren, woher sie kam und was ihr zugestoßen war, denn bisher wusste man nur, dass sie eine Verwandte von Mrs. Evelyn und ihr Name Grenville war. Am Abend ergab sich für mich eine günstige Gelegenheit, zu erfahren zu versuchen, was ich gerne erfahren wollte, denn alle außer Mrs. Evelyn, meiner Mutter, Dr. Drayton, Miss Grenville und mir spielten Karten, und da die ersteren beiden eine Unterhaltung im Flüsterton führten und der Doktor eingeschlafen war, mussten wir uns notgedrungen unterhalten. Genau das wollte ich und war entschlossen, die Gelegenheit zu fragen nicht vorübergehen zu lassen. Ich begann das Gespräch folgendermaßen:

»Sind Sie schon lange in Essex, Madam?«

»Ich bin am Dienstag angekommen.«

»Sie sind aus Derbyshire gekommen?«

»Nein, Madam!« Sie schien von meiner Frage überrascht. »Aus Suffolk.«

Du hältst das sicher für einen kühnen Vorstoß, aber Du weißt, mir fehlt es nicht an Unverschämtheit, wenn ich auf etwas hinaus will.

»Gefällt Ihnen unsere Gegend, Miss Grenville? Ist sie vergleichbar mit der, die Sie verlassen haben?«

»Im Hinblick auf Schönheit ist sie ihr entschieden überlegen, Madam.«

Sie seufzte. Ich hätte liebend gerne gewusst, warum.

»Aber auch die schönste Gegend«, sagte ich, »kann nur ein kümmerlicher Trost für den Verlust sehr guter Freunde sein.«

Sie schüttelte den Kopf, als ob sie die Wahrheit dessen, was ich gesagt hatte, nachempfand. Meine Neugier war nun so geweckt, dass ich unbedingt entschlossen war, sie zu befriedigen.

»Sie bedauern also, Suffolk verlassen zu haben, Miss Grenville?«

»Ja, das tue ich.«

»Sie sind also vermutlich dort geboren?«

»Ja, Madam, und ich habe viele glückliche Jahre dort verbracht.«

»Was für eine Wohltat für Sie«, sagte ich. »Ich hoffe, Madam, Sie haben dort nie *unglückliche* Jahre verlebt.«

»Vollkommenheit ist uns Sterblichen versagt, und niemand hat das Recht, ununterbrochenes Glück zu erwarten. *Einiges* Unglück habe auch ich natürlich erfahren.«

»Welches Unglück, liebe Madam?« fragte ich und brannte vor Ungeduld, alles zu erfahren.

»*Keins*, hoffe ich, das ich durch eigene Fehler vorsätzlich verursacht habe.«

»Das doch sicher nicht, und ich habe keinen Zweifel, dass das, was Sie durchgemacht haben, nur durch die Grausamkeiten von Verwandten oder die Irrtümer von Freunden zustande gekommen ist.«

Sie seufzte.

»Sie sind anscheinend unglücklich, meine liebe Miss Grenville. Steht es in meiner Macht, Ihr Missgeschick zu lindern?«

»In *Ihrer* Macht, Madam?« erwiderte sie höchst überrascht. »Es steht in *niemandes* Macht, mich glücklich zu machen.«

Sie sprach diese Worte auf so wehmütige und feierliche Art, dass ich eine Zeitlang nicht den Mut hatte zu antworten. Ich war zum Schweigen verurteilt. Ich erholte mich allerdings bald und sagte, indem ich sie mit all der Teilnahme ansah, zu der ich fähig war: »Meine liebe Miss Grenville, Sie sind anscheinend noch sehr jung und brauchen wahrscheinlich Rat von jemandem, der aus Sympathie und aufgrund seines größeren Alters und vielleicht auch seiner größeren Einsicht dazu berechtigt ist, ihn zu geben. Ich bin diese Person, und bitte Sie inständig, das Angebot meines Vertrauens und meiner Freundschaft anzunehmen, und bitte Sie ihrerseits nur um ihres ...«

»Sie sind zu gütig, Madam«, sagte sie, »und ich fühle mich durch Ihre Anteilnahme sehr geschmeichelt. Aber ich befinde mich nicht in einer Schwierigkeit, einer Ungewissheit, einer zweifelhaften Lage, die solchen Rat erforderten. Wenn ich ihn allerdings je nötig haben sollte«, fuhr sie fort, während sich ihr Gesicht zu einem höflichen Lächeln aufhellte, »dann weiß ich, an wen ich mich wenden kann.«

Ich verneigte mich, fühlte mich aber durch diese abschlägige Antwort ziemlich beschämt. Und doch gab ich meine Absicht noch nicht auf. Ich merkte, dass ich durch das Angebot von Mitgefühl und Freundschaft nichts erreichen würde, und beschloss deshalb meinen Angriff mit Fragen und Vermutungen wiederaufzunehmen.

»Beabsichtigen Sie, lange in dieser Gegend Englands zu bleiben, Miss Grenville?«

»Ja, Madam, voraussichtlich, eine ganze Weile.«

»Aber wie werden Mr. und Mrs. Grenville Ihre Abwesenheit ertragen?«

»Sie sind beide nicht mehr am Leben.«

Das war eine Antwort, die ich nicht erwartet hatte. Ich war zum Schweigen gebracht und habe mich nie in meinem Leben so geschämt.

## Fünfter Brief
### Von einer sehr verliebten jungen Dame an ihre Freundin

Mein Onkel wird mit jedem Tag geiziger, meine Tante kleinlicher und ich verliebter. Was soll bei diesem Zustand bloß in einem Jahr aus uns werden! Heute vormittag erhielt ich zu meiner Freude folgenden Brief von meinem lieben Musgrove.

Sackville Street, 7. Januar

Genau vor einem Monat habe ich meine reizende Henrietta zuerst erblickt, und die Wiederkehr dieses heiligen Tages muss und wird auf würdige Weise gefeiert werden – durch einen Brief an sie. Niemals werde ich den Augenblick vergessen, als ihre Reize mir zuerst vor Augen traten. Die Zeit kann ihn niemals aus meinem Gedächtnis löschen. Es war bei Lady Scudamore. Glückliche Lady Scudamore, Sie wohnen weniger als eine Meile von der göttlichen Henrietta entfernt! Als das reizende Geschöpf zuerst das Zimmer betrat, oh, welche Empfindungen erfassten mich? Ihr Anblick war wie der Anblick einer Kostbarkeit. Ich stutzte, ich betrachtete sie mit Bewunderung. Mit jedem Augenblick erschien sie liebreizender, und der unglückselige Musgrove wurde zum Gefangenen ihres Liebreizes, bevor ich Zeit hatte, um mich zu blicken.

Ja, Madam, ich hatte das Glück, Sie anzubeten – ein Glück, für das ich nicht dankbar genug sein kann. »Wie«, sagte er zu sich, »darf Musgrove für seine Henrietta sterben? Beneidenswerter Sterblicher! Und darf er sich nach ihr sehnen, die der Gegenstand allgemeiner Bewunderung ist – von einem Hauptmann angebetet und von einem Baron gepriesen!«

Anbetungswürdige Henrietta, wie schön Sie sind! Ich halte Sie geradezu für göttlich. Sie sind mehr als sterblich. Sie sind ein Engel. Sie sind Venus in Person. Kurz und gut, Madam, Sie sind die hübscheste Frau, die ich je in meinem Leben gesehen habe, und Ihre Schönheit wird in Musgroves Augen noch dadurch erhöht, dass Sie ihm erlauben, Sie zu lieben, und mir gestatten zu hoffen. Und, ah!, engelsgleiche Miss Henrietta, der Himmel ist mein Zeuge, wie leidenschaftlich ich auf den Tod Ihres schurkischen Onkels und seiner verworfenen Frau hoffe, da meine Geliebte nicht bereit ist, mein zu werden, bevor das Ableben ihrer Verwandten ihr einen größeren Reichtum beschert, als mein Vermögen ihr bieten kann, obwohl mein Besitz Anlass zu Hoffnung gibt. Grausame Henrietta, auf solch einem Entschluss zu bestehen!

Ich wohne augenblicklich bei meiner Schwester, wo ich zu bleiben gedenke, bis mein eigenes Haus – zwar ansehnlich, aber augenblicklich einigermaßen reparaturbedürftig – bezugsfertig für meinen Empfang ist. Liebenswerte Prinzessin meines Herzens, adieu – von dem Herzen, das zittert, während es unterzeichnet als Ihr leidenschaftlicher Verehrer und ergebener, untertäniger Diener

T. Musgrove

So sieht ein exemplarischer Liebesbrief aus, Matilda! Hast Du je ein solches dichterisches Meisterwerk gelesen? Solche Einsicht, solche Empfindsamkeit, solch gedankliche Reinheit, solch fließende Sprache und solch ungeheuchelte Liebe auf einem einzigen Blatt? Nein, niemals, da bin ich sicher, denn nicht jedes Mädchen lernt einen Musgrove kennen. Ach, wie sehne ich mich danach, bei ihm zu sein! Ich beabsichtige, ihm morgen die folgende Antwort auf seinen Brief zu schicken.

Mein liebster Musgrove,
Worte können nicht ausdrücken, wie glücklich Ihr Brief mich gemacht hat. Mir war, als müsste ich vor Freude weinen, denn ich liebe Sie mehr als alle Menschen auf der Welt. Ich halte Sie für den liebenswürdigsten und schönsten Mann in ganz England, und das sind Sie auch. Nie in meinem Leben habe ich einen so zauberhaften Brief gelesen. Schreiben Sie mir noch einmal einen ähnlichen und sagen Sie mir in jeder zweiten Zeile, dass Sie mich lieben.

Ich sterbe fast vor Sehnsucht, Sie zu sehen. Wie können wir es erreichen, uns zu treffen? Denn wir lieben uns so sehr, dass wir nicht getrennt leben können. Oh, mein lieber Musgrove, Sie ahnen ja nicht, wie ich auf den Tod meines Onkels und meiner Tante warte. Wenn sie nicht bald sterben, werde ich, glaube ich, wahnsinnig, denn ich liebe Sie mit jedem Tag meines Lebens mehr.

Wie glücklich ist Ihre Schwester, dass Sie Ihre Gesellschaft genießt, und wie glücklich sind alle in London, weil *Sie* dort sind. Ich hoffe, Sie sind so freundlich, mir bald wieder zu schreiben, denn so zauberhafte Briefe wie Ihre bekomme ich sonst nie zu lesen. Ich bin, mein liebster Musgrove, Ihre für immer und ewig treue und ergebene

Henrietta Halton

Ich hoffe, meine Antwort gefällt ihm; eine bessere fällt mir nicht ein – obwohl sie mit seinem Brief nicht zu vergleichen ist. Dabei hatte ich schon gehört, was für ein Meister im Schreiben von Liebesbriefen er ist. Ich habe ihn zuerst bei

Lady Scudamore getroffen. Und als ich das nächste Mal Lady Scudamore sah, fragte sie mich, wie mir ihr Vetter Musgrove gefällt.

»Also, ich muss gestehen, ich halte ihn für einen sehr gut aussehenden jungen Mann.«

»Das freut mich«, erwiderte sie, »denn er ist Hals über Kopf in Sie verliebt.«

»Herrjemine, Lady Scudamore!« sagte ich. »Wie können Sie so etwas Lächerliches sagen?«

»Aber nein, es ist wahr«, versicherte sie mir, »denn von dem Augenblick an, als er sie erblickte, war er in Sie verliebt.«

»Ich wollte, es wäre wahr«, sagte ich, »denn es ist die einzige Art von Liebe, an der mir etwas liegt. Liebe auf den ersten Blick hat etwas für sich.«

»Aber ja, ich freue mich über Ihre Eroberung«, antwortete Lady Scudamore, »und ich glaube, es ist ein Sieg auf ganzer Linie. Ich bin sicher, sie ist nicht zu verachten, denn mein Vetter ist ein charmanter junger Mann, der viel von der Welt gesehen hat und die besten Liebesbriefe schreibt, die ich je gelesen habe.«

Dies stimmte mich sehr glücklich, und ich war außerordentlich stolz auf meine Eroberung. Ich hielt es allerdings für angebracht, mich ein bisschen zu zieren. Deshalb sagte ich zu ihr: »Das ist alles schön und gut, Lady Scudamore, aber Sie wissen, dass wir jungen Damen, wenn wir Erbinnen sind, uns nicht an Männer wegwerfen dürfen, die keinerlei Vermögen haben.«

»Meine liebe Miss Halton«, sagte sie, »davon bin ich ebenso überzeugt wie Sie, und ich versichere Ihnen, ich bin die letzte, die jemanden ermutigen würde, einen Mann zu heiraten, der nicht Aussicht auf ein eigenes Vermögen hat. Mr. Musgrove ist weit davon entfernt, arm zu sein, da er Grundbesitz hat, der mehrere Hundert im Jahr abwirft und dessen Wert noch erheblich gesteigert werden kann, und ein ansehnliches Haus, obwohl es augenblicklich noch ziemlich reparaturbedürftig ist.«

»Wenn das der Fall ist«, erwiderte ich, »habe ich gegen ihn nichts mehr einzuwenden, und wenn er, wie Sie sagen, ein gebildeter junger Mann ist und gute Liebesbriefe schreiben kann, dann habe ich keinen Grund, seine Aufmerksamkeiten zu missbilligen, obwohl ich ihn vielleicht trotzdem nicht heiraten werde, Lady Scudamore.«

»Sie sind keineswegs verpflichtet, ihn zu heiraten«, antwortete die gnädige Frau, »außer wenn die Liebe Sie dazu zwingt, denn ich müsste mich sehr irren, wenn Sie nicht in diesem Augenblick, ohne es selber zu wissen, höchst zärtliche Gefühle für ihn hegen.«

»Herrjemine, Lady Scudamore«, erwiderte ich errötend, »wie können Sie so etwas denken?«

»Weil jeder Blick, jedes Wort es verrät«, antwortete sie. »Kommen Sie, meine liebe Henrietta, betrachten Sie mich als Freundin und seien Sie ehrlich mit mir. Ziehen Sie Mr. Musgrove nicht allen anderen Männern Ihrer Bekanntschaft vor?«

»Stellen Sie mir bitte nicht solche Fragen, Lady Scudamore«, sagte ich und wandte den Kopf ab, »denn es gehört sich nicht, dass ich sie beantworte.«

»Aha, meine Liebe«, antwortete sie, »dadurch bestätigen Sie doch meinen Verdacht. Aber warum, Henrietta, sollten Sie sich schämen, eine durchaus standesgemäße Liebe zu gestehen, und warum sollten Sie sich weigern, mir Ihr Vertrauen zu schenken?«

»Ich schäme mich nicht, sie zu gestehen«, sagte ich und fasste Mut, »ich weigere mich nicht, Sie ins Vertrauen zu ziehen oder darüber zu erröten, dass ich Ihren Vetter Mr. Musgrove liebe, dass ich ihn außerordentlich gern habe, denn es ist keine Schande, einen gutaussehenden Mann zu lieben. Wenn er gewöhnlich wäre, hätte ich vielleicht Grund, mich einer Leidenschaft zu schämen, die anstößig ist, weil der Gegenstand meiner Liebe unter meiner Würde wäre. Aber bei *der* Figur und *den* Zügen und bei *dem* schönen Haar, das Ihr Vetter hat, warum sollte ich erröten, wenn ich zugebe, dass solche überragenden Vorzüge Eindruck auf mich gemacht haben.«

»Mein reizendes Mädchen«, sagte Lady Scudamore und umarmte mich höchst liebevoll, »wie edelmütig Sie in solchen Angelegenheiten denken und was für ein sicheres Urteil Sie für Ihre Jahre haben! Oh, wie ehre ich Sie für solche noblen Empfindungen!«

»Wirklich, Madam?« sagte ich. »Wie zuvorkommend von Ihnen. Aber sagen Sie, Lady Scudamore, hat Ihr Vetter Ihnen seine Zuneigung zu mir selbst anvertraut? Ich werde ihn um so mehr dafür lieben, denn was ist ein Liebhaber ohne eine Vertraute?«

»Oh, meine Liebe«, antwortete sie, »Sie sind wie für einander geschaffen. Jedes Wort von Ihnen überzeugt mich mehr, dass eure Gemüter durch die unsichtbare Macht wechselseitiger Sympathie bewegt werden, denn eure Gedanken und Empfindungen stimmen so auffällig überein. Selbst eure Haarfarbe ist nicht sehr verschieden. Ja, mein liebes Kind, der arme, verzweifelte Musgrove hat mir die Geschichte seiner Liebe anvertraut. Und ich war keineswegs überrascht. Ich weiß nicht, wie es kam, aber ich hatte so eine Ahnung, dass er sich in Sie verlieben *würde.*«

»Aber wie hat er es Ihnen denn gestanden?«

»Es geschah erst nach dem Abendessen. Wir saßen zusammen am Kamin und sprachen über Belangloses, obwohl ich wahrheitsgemäß sagen muss, dass *ich* hauptsächlich die Unterhaltung führte, denn er war nachdenklich und schweigsam, als er mich plötzlich mitten im Satz unterbrach und in höchst theatralischem Ton ausrief:

Ja, ich bin verliebt, ich fühl's,
Und Henrietta Halton ist mein Schicksal.«

»Oh, was für eine zauberhafte Art«, erwiderte ich, »seine Leidenschaft zu erklären! Zwei so reizende Zeilen auf mich zu dichten! Wie schade, dass sie sich nicht reimen!«

»Ich freue mich, dass sie Ihnen gefallen«, antwortete sie, »sie sind tatsächlich sehr geschmackvoll. ›Du liebst sie also, Vetter?‹ sagte ich. ›Das tut mir leid, vollkommen wie du in jeder Hinsicht bist, mit einem hübschen Grundbesitz, dessen Wert noch erheblich gesteigert werden kann, und einem ansehnlichen, wenn auch gegenwärtig reparaturbedürftigen Haus. Denn wer kann hoffen, erfolgreich um die anbetungswürdige Henrietta zu werben, die von einem Hauptmann einen Antrag erhalten hat und von einem Baron gepriesen wird.‹«

»Das habe ich! rief ich.«

Lady Scudamore fuhrt fort. »›Ah, liebe Cousine‹, antwortete er, ›ich bin so fest überzeugt, dass ich kaum Chancen habe, eine junge Dame zu gewinnen, die von Tausenden angebetet wird, dass ich deine Bestätigung nicht brauche. Aber weder du noch die schöne Henrietta werden mir die köstliche Genugtuung rauben wollen, für sie zu sterben, Opfer ihres Charmes zu werden. Und wenn ich tot bin‹, fuhr er fort …‹«

»Oh, Lady Scudamore«, sagte ich und wischte mir die Augen, »dass ein so herrliches Geschöpf vom Sterben spricht!«

»Es geht einem wirklich zu Herzen«, antwortete Lady Scudamore. »›Wenn ich tot bin‹, sagte er. ›Möchte ich zu ihr getragen und ihr zu Füßen gelegt werden. Und vielleicht verschmäht sie es dann nicht, eine mitleidige Träne auf meine sterblichen Überreste fallen zu lassen.‹«

»Liebe Lady Scudamore«, unterbrach ich sie, »sprechen

Sie nicht weiter von diesem zu Herzen gehenden Thema. Es geht mir zu nahe.«

»Oh, wie ich die schöne Empfindsamkeit Ihrer Seele bewundere, und da ich sie um alles in der Welt nicht noch mehr verwunden möchte, werde ich schweigen.«

»Fahren Sie bitte fort«, sagte ich. Sie tat es.

»Und dann fügte er hinzu: ›Ah, Cousine, stell dir vor, wie bewegt ich sein werde, wenn die lieben, kostbaren Tropfen mein Antlitz netzen! Wer wollte nicht dafür sterben, solch Entzücken zu erleben! Und wenn ich dann begraben bin, soll die göttliche Henrietta einen glücklicheren jungen Mann mit ihrer Liebe beglücken. Möge er sie so zärtlich lieben wie der unglückselige Musgrove; und während *er* zu Staub zerfällt, sollen *sie* als Beispiel für Glückseligkeit im Ehestand weiterleben!‹«

»Haben Sie je etwas so Erhabenes gehört? Was für ein reizender Wunsch, zu meinen Füßen zu liegen, wenn er tot ist! Oh, was für einen edlen Geist muss er haben, dass er zu solchem Wunsch fähig ist!«

Lady Scudamore fuhr fort: »›Ah, mein lieber Vetter‹, erwiderte ich, ›solch edles Verhalten muss das Herz jeder Frau schmelzen lassen, auch wenn es von Natur noch so verhärtet ist; und könnte die göttliche Henrietta mit ihrem zartfühlenden Gemüt nur deine großmütigen Wünsche für ihr Eheglück hören, dann habe ich keinen Zweifel, dass sie sich deiner Liebe erbarmt und sich bemühen würde, sie zu erwidern.‹ ›Ach, Cousine‹, antwortete er, ›bemüh dich nicht, mir durch solche schmeichelhaften Versicherungen Hoffnungen zu machen. Nein, ich kann nicht hoffen, diesem Engel von Frau zu gefallen, und alles, was ich für sie tun kann, ist, für sie zu sterben.‹ ›Wahre Liebe neigt immer zu Verzweiflung‹, antwortete ich, ›aber *ich*, mein lieber Tom, mache dir noch größere Hoffnung als bisher, das Herz dieser Schönen zu bezwingen, indem ich dir versichere, dass ich sie einen ganzen Tag lang mit größter Aufmerksamkeit beobachtet habe und deutlich sehen konnte, dass sie in ihrem Busen, ihr selber unbekannt, zärtliche Empfindungen für dich hegt.‹«

»Liebe Lady Scudamore«, rief ich, »das ist mehr als ich selber bisher wusste!«

»›Habe ich nicht gesagt‹, fuhr ich zu ihm fort, ›dass deine Gefühle dir selbst unbekannt waren? Ich habe dich zunächst nicht ermutigt, damit die Überraschung das Vergnügen noch vergrößert.‹ ›Nein, Cousine‹, antwortete er mit matter Stimme, ›nichts wird mich davon überzeugen, dass *ich* Henrietta Haltons Herz berührt habe, und wenn du dich täuschst, versuch bitte nicht, *mich* zu täuschen.‹ Kurz und gut, meine Liebe, es dauerte Stunden, bis ich den armen verzweifelnden Jungen überzeugt hatte, dass Sie tatsächlich etwas für ihn übrig haben; aber als er sich schließlich der Unwiderlegbarkeit meiner Argumente nicht länger verschließen oder bestreiten konnte, was ich ihm sagte, da waren seine Begeisterung, sein Freudentaumel, seine Verzückung unbeschreiblich.«

»Ach, das liebe Geschöpf«, rief ich, »wie leidenschaftlich er mich liebt! Aber, liebe Lady Scudamore, haben Sie ihm erzählt, dass ich ganz und gar von meinem Onkel und meiner Tante abhänge?«

»Ja, ich habe ihm alles erzählt.«

»Und was hat er gesagt?«

»Er wütete gegen Onkel und Tanten, klagte die Gesetze Englands an, die es ihnen erlauben, ihren Besitz zu behalten, wenn ihre Neffen und Nichten ihn nötig haben, und wünschte, selbst im Unterhaus zu sein, um die Gesetze ändern und ihren Missbrauch unterbinden zu können.«

»Oh, der liebenswerte Mann! Welch Temperament er hat!« sagte ich.

»Er könne sich nicht schmeicheln, fügte er hinzu, dass

die anbetungswürdige Henrietta um seinetwillen auf all den Luxus und die Pracht verzichte, an die sie gewöhnt sei, und dafür nur den Wohlstand und die Annehmlichkeiten eintausche, die sein geringes Einkommen ihr bieten könne, selbst wenn man annehme, dass sein Haus bezugsfertig für ihren Empfang sei. Ich erklärte ihm, das könne er nicht von ihr erwarten; er tue ihr Unrecht, wenn er annehme, dass sie dazu fähig sei, die Macht aufzugeben, die sie besitzt und so selbstlos nutzt, den Ärmeren ihrer Mitmenschen so viel Gutes zu tun – und nur zu Ihrem und ihrem eigenen Vorteil.«

»Ich bin natürlich sehr wohltätig – jedenfalls gelegentlich. Und was hat Mr. Musgrove dazu gesagt?«

»Er erwiderte, dass er zu seinem tiefen Bedauern die Wahrheit meiner Ausführungen bestätigen müsse und dass er sich, wenn er zu seinem Glück dazu bestimmt sei, der Ehemann der schönen Henrietta zu werden, trotz seiner Ungeduld dazu durchringen müsse, auf den glücklichen Tag zu warten, an dem sie der Gewalt ihrer unwürdigen Verwandten entrinnen könne und fähig sei, sich ihm zu schenken.«

Was für ein edles Geschöpf er ist! Oh, Mathilda, wie glücklich bin ich, die ich seine Frau werden soll! Meine Tante ruft mich, ich soll die Pasteten machen.

Adieu also, meine liebe Freundin. Glaub mir, ich bin immer Deine

Henrietta Halton

*1791*

# Schnipsel

## Für Miss Fanny Catherine Austen

Meine liebe Nichte,
Da ich wegen der großen Entfernung zwischen Rowling und Steventon verhindert bin, Deine Erziehung selbst zu überwachen, so dass diese Aufgabe vermutlich Deinem Vater und Deiner Mutter zufällt, halte ich es für meine besondere Pflicht, so weit wie möglich dafür zu sorgen, dass Du meine persönlichen Unterweisungen nicht entbehrst, indem ich Dir schwarz auf weiß meine Meinungen und Mahnungen über das Verhalten junger Frauen mitteile, die Du auf den folgenden Seiten dargelegt findest. Ich bin, meine liebe Nichte, Deine Dich liebende Tante,

die Autorin

*1793*

# Die Philosophin

## Ein Brief

Meine liebe Louisa,
Dein Freund Mr. Millar stattete uns gestern auf dem Weg nach Bath, wohin er seiner Gesundheit wegen fährt, einen Besuch ab. Zwei seiner Töchter begleiteten ihn, aber die älteste und die drei Jungen sind bei ihrer Mutter in Sussex. Obwohl Du mir oft erzählt hast, dass Miss Miller bemerkenswert hübsch ist, hast Du nie etwas über das gute Aussehen ihrer Schwestern gesagt; denn auch sie sind außerordentlich hübsch. Ich werde sie Dir beschreiben.

Julia ist achtzehn. Mit Zügen, in denen Bescheidenheit, Einsicht und Würde sich aufs schönste vereinigen, hat sie eine Figur, die zugleich Anmut, Eleganz und Ebenmaß zeigt.

Charlotte, die erst sechzehn ist, ist kleiner als ihre Schwester; und obwohl ihre Figur sich nicht durch die zwanglose Würde ihrer Schwester auszeichnet, ist sie doch von reizvoller Rundlichkeit, die ihren eigenen Charme hat. Sie ist blond, und ihre Züge sind manchmal durch Sanftheit höchst bezaubernd und dann wieder durch Lebhaftigkeit höchst ausdrucksvoll. Sie scheint unendlich geistreich und unbeirrbar gut gelaunt; die Unterhaltung mit ihr sprühte während der halben Stunde, die sie bei uns waren, vor witzigen Einfällen, Bonmots und Schlagfertigkeit, während die einsichtige, liebenswerte Julia moralischen Empfindungen Ausdruck gab, die ihrem Herzen Ehre machten.

Mr. Millar entspricht anscheinend charakterlich ganz dem Eindruck, den ich immer von ihm hatte. Mein Vater empfing ihn mit dem liebevollen Blick, dem freundlichen Händedruck und dem herzlichen Kuss, die seine Freude ausdrückten, einen alten und engen Freund wiederzusehen, von dem er durch alle möglichen Umstände fast zwanzig Jahre getrennt gewesen war.

Mr. Millar bemerkte (und völlig zu Recht), dass beide während dieser Zeitspanne vieles erlebt hatten, was der liebenswerten Julia Gelegenheit gab, höchst einsichtige Gedanken über die vielen Veränderungen ihres Lebens – manchmal zum Vorteil und manchmal zum Nachteil – zu äußern, die eine so lange Zeit mit sich bringt. Von diesem Thema machte sie eine kurze Abschweifung über die Unbeständigkeit menschlicher Freuden und die Ungewissheit ihrer Dauer, was sie zu der Beobachtung führte, dass alle irdischen Freuden unvollkommen sein müssen. Sie war im Begriff, diese Doktrin durch Beispiele aus dem Leben großer Männer zu illustrieren, als die Kutsche vorfuhr und die liebenswerte Moralistin gezwungen war, mit Vater und Schwester aufzubrechen – allerdings nicht ohne das Versprechen, bei ihrer Rückkehr fünf oder sechs Monate bei uns zu verbringen.

Wir haben Dich natürlich erwähnt, und ich kann Dir versichern, dass wir all Deinen Verdiensten voll und ganz gerecht wurden. »Louisa Clark (sagte ich) ist im allgemeinen ein sehr nettes Mädchen, aber manchmal wird ihre gute Laune durch Verdrießlichkeit, Neid und Bosheit verdüstert. Es fehlt ihr nicht an Verstand, und sie hat auch einen gewissen Anspruch auf Schönheit, aber beide sind so außerordentlich geringfügig, dass der Wert, den sie auf ihren individuellen Charme legt, und ihre hohen Erwartungen, dafür bewundert zu werden, ein schlagendes Beispiel für ihre Eitelkeit, ihren Stolz und ihre Dummheit sind.« Das sagte ich, und alle verliehen meiner Meinung durch ihre Zustimmung zusätzliches Gewicht.

Herzlich Deine
Arabella Smythe

*1790–93*

## Der erste Akt einer Komödie

*Die Personen*

| | |
|---|---|
| Popgun | Maria |
| Charles | Pistoletta |
| Postillon | Wirtin |
| Chor der Pflüger | Köchin |
| und | und |
| Strephon | Chloe |

*Schauplatz: eine Gastwirtschaft.*
*Es treten auf die Wirtin, Charles, Maria und die Köchin.*

WIRTIN ZU MARIA. Falls die Leute im *Löwen* Betten wollen, schick sie zu Nummer 9.

MARIA. Ja, Frau Wirtin.
*Maria geht ab.*

WIRTIN ZUR KÖCHIN. Falls die Herrschaften im *Mond* um die Speisekarte bitten, gib sie ihnen.

KÖCHIN. Mach ich, mach ich.

WIRTIN ZU CHARLES. Falls die Damen in der *Sonne* klingeln, geh hin.

CHARLES. Ja, Frau Wirtin.
*Alle gehen ab.*

*Der Schauplatz wechselt zum »Mond«. Dort befinden sich Popgun & Pistoletta.*

PISTOLETTA. Sag Papa, wie weit ist es nach London?

POPGUN. Mein Kind, mein Liebling, du liebstes all meiner Kinder, die du das Ebenbild deiner armen Mutter bist, die vor zwei Monaten gestorben ist, mit dem ich in die Stadt fahre, um es mit Strephon zu verheiraten und dem ich meinen gesamten Besitz zu vererben gedenke – es sind noch sieben Meilen.

*Der Schauplatz wechselt zur »Sonne«.*
*Chloe und der Chor der Pflüger treten auf.*

CHLOE. Wo bin ich? In Hounslow. Wohin fahre ich? Nach London. Um was zu tun? Um zu heiraten. Wen? Strephon. Wer ist das? Ein junger Mann. Dann singe ich ein Lied.

(*Lied*)
Ich fahre nach London
Und wenn ich da hinkomm
Dann freie ich Strephon
Das finde ich bon.

CHOR.
Das finde, das finde, das finde,
Das finde ich wirklich bon.

*Die Köchin tritt auf.*

KÖCHIN. Hier ist die Speisekarte.

CHLOE (*liest*). 2 Enten, eine Rinderkeule, ein stinkendes Rebhuhn und ein Törtchen. Ich hätte gerne die Rinderkeule und das Rebhuhn.

*Die Köchin geht ab.*

Und nun singe ich noch ein Lied.

(*Lied*)
Ich esse jetzt mein Dinner,
Danach bin ich nicht dünner,
Ich wollte Strephon wäre hier
Das Rebhuhn zu zerteilen,
Falls ich zu zäh es finde.

CHOR.
Falls ich zu zäh, falls ich zu zäh,

Das Rebhuhn zu zerteilen,
Falls ich zu zäh es finde.
*Chloe und der Chor gehen ab.*

*Der Schauplatz wechselt ins Innere des »Löwen«.*
*Strephon und der Postillon treten auf.*

STREPHON. Sie haben mich von Staines hierhergefahren, von wo ich nach London fahren will, um Chloe zu heiraten. Was bin ich Ihnen schuldig?

POSTILLON. Achtzehn Pence.

STREPHON. Ach, lieber Freund, ich habe nur eine falsche Guinee, von der ich in London leben muss. Aber ich kann Ihnen einen unadressierten Brief als Pfand geben, den ich von Chloe erhalten habe.

POSTILLON. Sir, ich nehme Ihr Angebot an.

Ende des ersten Aktes

*1790–93*

## Brief einer jungen Dame, deren überwältigende Gefühle ihre Urteilskraft beeinträchtigten und sie dadurch zu einer Reihe von Irrtümern verleiteten, die ihr Herz missbilligte

Zahlreich sind die Mühen und Wechselfälle meines bisherigen Lebens, meine liebe Ellinor, und in meiner Verbitterung darüber besteht mein einziger Trost darin, dass ich bei genauerer Betrachtung meines Verhaltens überzeugt bin, nichts Besseres verdient zu haben. Schon in meiner frühen Jugend habe ich meinen Vater ermordet, dann habe ich meine Mutter getötet, und jetzt werde ich meine Schwester umbringen.

Ich habe meine Religion so oft gewechselt, dass mir keinerlei religiöse Gefühle mehr geblieben sind. Ich habe als Zeugin bei allen öffentlichen Gerichtsverhandlungen der vergangenen zwölf Jahre Meineide geschworen und mein eigenes Testament gefälscht. Kurz und gut, es gibt kaum ein Verbrechen, das ich nicht begangen habe – aber jetzt bin ich entschlossen, mich zu bessern. Oberst Martin von der berittenen königlichen Garde hat mir die Ehe angetragen, und wir wollen uns in einigen Tagen trauen lassen. Da unsere Liebesbeziehung einzigartig ist, will ich Dir einen kurzen Bericht davon geben.

Oberst Martin ist der zweite Sohn des verblichenen Sir John Martin, der unermesslich reich verstarb, aber den größten Teil seines Vermögens, ungefähr acht Millionen, dem nunmehrigen Sir Thomas vermacht hat, wohingegen er seinen drei jüngeren Kindern nur jeweils hunderttausend Pfund vererbte.

Von diesem Hungergeld lebte Oberst Martin fast vier Monate einigermaßen sorgenfrei, bevor er sich in den Kopf setzte, das ganze Erbe seines älteren Bruders an sich zu bringen. Ein gefälschtes Testament wurde aufgesetzt und dem Gericht präsentiert – aber niemand außer dem Oberst war bereit, seine Echtheit zu beschwören, denn er hatte schon so viele Meineide geleistet, dass keiner ihm glaubte. Zufällig ging ich in diesem Augenblick an der Tür des Gerichtssaals vorüber; der Richter bat mich herein und erzählte dem Oberst, ich sei die Dame, die um der Gerechtigkeit willen bereit sei, jeden beliebigen Schwur zu leisten, und legte ihm deshalb nahe, sich doch an mich zu wenden. Kurz und gut, die Sache war bald erledigt. Der Oberst und ich beschworen die Gültigkeit des Testaments, und Sir Thomas wurde gezwungen, sich von seinem unrechtmäßig erworbenen Reichtum zu trennen. Der dankbare Oberst machte mir am nächsten Tag seine Aufwartung und hielt dabei um meine Hand an – und jetzt werde ich meine Schwester umbringen.

Auf ewig
Deine
Anna Parker

*1790–93*

## Eine Reise durch Wales

### In einem Brief an eine junge Dame

Meine liebe Clara,
Ich war so lange auf einer vergnüglichen Wanderung unterwegs, dass ich noch gar nicht dazu gekommen bin, Dir für Deinen Brief zu danken. Wir brachen am letzten Montag von unserem lieben Zuhause zu unserer Reise durch Wales auf – ein England benachbartes Fürstentum, das dem »Prince of Wales« seinen Namen gegeben hat. Auf Wunsch meiner Mutter sollte die Reise zu Pferd vonstatten gehen. Sie ritt auf unserem kleinen Pony, und Fanny und ich gingen oder vielmehr rannten zu Fuß neben ihr her, denn meine Mutter reitet so gerne schnell, dass sie den ganzen Weg im Galopp zurücklegte. Du kannst Dir vorstellen, wie wir in Schweiß geraten waren, als wir endlich Rast machten. Fanny hat viele Zeichnungen von der Landschaft angefertigt, die sehr hübsch sind, die Szenerie allerdings wohl nicht so genau wiedergeben, wie es wünschenswert wäre, denn sie musste sie im Laufen machen. Du wärst erstaunt, wenn Du all die Schuhe sehen könntest, die wir auf unserer Reise durchgelaufen haben. Wir hatten vorgesorgt und uns zusätzlich mit einem Extrapaar eingedeckt, mussten beide Paare allerdings in Carmarthen besohlen lassen; und als sie zu guter Letzt ganz hinüber waren, war Mama so freundlich, uns ein Paar blauseidene Prinzessschuhchen zu leihen. Wir haben dann jede einen davon angezogen und sind in bester Laune von Herford aus nach Hause gehüpft.

Ich bin wie immer Deine Dich herzlich liebende

Elizabeth Johnson

*1790–93*

# Eine Erzählung

Ein Herr, dessen Familiennamen ich aber geheimhalten möchte, kaufte vor zwei Jahren ein Häuschen in Pembrokeshire. Diese kühne Unternehmung war ihm von seinem älteren Bruder nahegelegt worden, der ihm versprach, zwei Zimmer und einen Ankleideraum zu möblieren, vorausgesetzt, er finde ein Häuschen am Rand eines ausgedehnten Waldes, ungefähr drei Meilen von der See. Wilhelmus nahm das Angebot dankend an und hatte sich schon eine Zeitlang nach einem solchen abgeschiedenen Ort umgesehen, als er eines Vormittags durch eine Anzeige in der Zeitung auf angenehme Weise seiner Mühe enthoben wurde.

> Zu vermieten
> Ein sauberes Häuschen am Rand eines ausgedehnten Waldes, ungefähr drei Meilen von der See. Komplett möbliert, mit Ausnahme von zwei Zimmern und einem Ankleideraum.

Hocherfreut lief Wilhelmus mit der Anzeige zu seinem Bruder. Robertus gratulierte ihm und schickte ihn sogleich in seiner Kutsche auf den Weg, um das Häuschen in Besitz zu nehmen. Nachdem Wilhelmus drei Tage und sechs Nächte ohne Aufenthalt gereist war und am Rand des Waldes einem Weg gefolgt war, der einen steilen Hügel hinunterführte, über den sich zehn Bäche ergossen, stieß er tatsächlich nach einer halben Stunde auf das Häuschen. Wilhelmus stieg aus, und als er eine ganze Weile geklopft hatte, ohne Antwort zu erhalten oder im Haus irgendwelche Geräusche zu vernehmen, öffnete er die Tür, die nur durch einen hölzernen Riegel befestigt war, und trat in ein kleines Zimmer, das er sogleich als eins der beiden unmöblierten erkannte. Von hier gelangte er in einen ebenfalls leeren Ankleideraum. Von dort führten ein paar Stufen zu einem höhergelegenen Raum, der nicht weniger unbewohnt war; und aus diesen Räumen bestand auch schon das ganze Haus. Diese Entdeckung verdarb ihm allerdings keineswegs die Laune, denn er konnte sich damit trösten, dass ihn die Einrichtung nichts kosten würde.

Er kehrte unmittelbar zu seinem Bruder zurück, der am nächsten Tag mit ihm in alle Möbelgeschäfte der Stadt ging, um das nötige Mobiliar für die beiden Zimmer und den Ankleideraum zu kaufen. In ein paar Tagen war alles erledigt, und Wilhelmus kehrte zu dem Häuschen zurück, um den Einzug vorzunehmen. Robertus begleitete ihn mit der Dame seines Herzens, der liebenswerten Cecelia, ihren beiden reizenden Schwestern, Arabella und der von Wilhelmus zärtlich geliebten Marina, und einer großen Anzahl von Bediensteten.

Der Versuch, eine so umfangreiche Gesellschaft unterzubringen, hätte ein mittelmäßiges Genie wahrscheinlich in Verlegenheit gebracht, aber mit bewundernswerter Geistesgegenwart gab Wilhelmus sofort Anweisung, in einer Lichtung des Waldes neben dem Haus zwei herrschaftliche Zelte zu errichten. Ihre Konstruktion war ebenso einfach wie elegant. Ein paar alte Wolldecken, jede an vier Stöcken befestigt, bewiesen aufs überzeugendste, dass Sinn für Architektur und eine leichte Hand beim Überwinden von Schwierigkeiten zu Wilhelmus' hervorstechendsten Tugenden gehörten.

*1790–93*

# Dritter Band

# Evelyn

In einem abgelegenen Teil der Grafschaft Sussex liegt ein Dorf, das (soweit ich weiß) Evelyn genannt wird und vielleicht eins der hübschesten Fleckchen Erde im Süden Englands ist. Ein Herr zu Pferd, der sich dort vor ungefähr zwanzig Jahren auf der Durchreise befand, war in dieser Hinsicht so völlig meiner Meinung, dass er in dem kleinen Gasthof des Ortes abstieg und sich allen Ernstes erkundigte, ob in der Gemeinde ein Haus zu vermieten sei. Die Wirtin, die wie alle Leute in Evelyn ausgesprochen freundlich war, schüttelte bei dieser Frage den Kopf, war aber anscheinend nicht gewillt, ihm eine Antwort zu geben. Er konnte diese Ungewissheit nicht ertragen, wusste aber nicht, wie er die erwünschte Antwort auf seine Frage erhalten könne. Die Frage zu wiederholen, die der guten Frau offenbar schon beim ersten Mal Unbehagen bereitet hatte, war unmöglich. In sichtbarer Erregung wandte er sich von ihr ab.

»In was für einer Lage befinde ich mich!« sagte er zu sich, während er ans Fenster trat und es aufriss. Die frische Luft belebte ihn bei geöffnetem Fenster erheblich mehr als bei geschlossenem. Aber die Erleichterung hielt nur einen Augenblick an. Die Qual der Ungewissheit und Anspannung lastete erneut auf ihm. Die gute Frau hatte sein lebhaftes Mienenspiel in aufmerksamem Schweigen mit dem Wohlwollen betrachtet, das alle Bewohner Evelyns auszeichnet, und bat ihn, ihr zu sagen, was ihn bedrücke.

»Gibt es irgendetwas, was ich tun kann, um Ihren Kummer zu lindern? Sagen Sie mir, wie ich ihn mildern kann; und glauben Sie mir, dass der Balsam hilfreichen Trostes nicht fehlen wird, denn wahrlich, Sir, ich bin eine mitfühlende Seele.«

»Liebenswerte Dame«, sagte Mr. Gower, der durch dieses

großzügige Angebot beinahe zu Tränen gerührt war. »Diese Großherzigkeit bei jemandem, für den ich eher ein Fremder bin, verstärkt nur meinen innigen Wunsch, in diesem lieblichen Dorf ein Haus zu finden. Was gäbe ich nicht dafür, Ihr Nachbar zu sein, durch Ihre Bekanntschaft und die nähere Kenntnis Ihrer Tugenden belohnt zu werden. Oh, mit welcher Freude würde ich mir an Ihnen ein Beipiel nehmen! Sagen Sie mir, beste Frau, liegt das nicht im Bereich des Möglichen? Mir versagt die Stimme. Sie verstehen mich …«

»Ach, Sir«, erwiderte Mrs. Willis, »die Möglichkeit gibt es nicht. Wegen der lieblichen Lage und der gesunden Luft, in der weder Elend noch Krankheit oder Laster gedeihen, sind alle Häuser bewohnt. Und doch (nach einer kurzen Pause) gibt es eine Familie hier, die zwar sehr an diesem Fleckchen hängt, aber in ihrer eigentümlichen Großzügigkeit möglicherweise bereit wäre, Ihnen ihr Haus zu überlassen.«

Diese Hoffnung beflügelte ihn; und als er sich den Weg hatte erklären lassen, machte er sich sofort dorthin auf. Als er sich dem Haus näherte, war er von dessen Lage entzückt. Es stand genau im Zentrum einer kleinen runden Wiese, die von einem geraden Zaun umgeben war und an eine Pflanzung von lombardischen Pappeln und Kiefern grenzte, die abwechselnd drei Reihen bildeten. Ein Kiesweg lief durch diesen schönen Staudengarten, und da der Rest des Geländes weiter keine Bäume oder Sträucher aufwies, seine Oberfläche völlig glatt und eben war und vier Kühe in gleichmäßigem Abstand voneinander darauf weideten, nahm der Anblick der Grünfläche Mr. Gower beim Betreten der Wiese außerordentlich gefangen. Eine gleichmäßig geschwungene, kiesbestreute Auffahrt führte ohne alle Biegung oder Unterbrechung direkt zum Haus. Mr. Gower klingelte; die Tür wurde bald geöffnet.

»Sind Mr. und Mrs. Webb zu Hause?«

»Mein lieber Sir, das sind sie«, antwortete der Diener und führte Mr. Gower die Treppe hinauf zu einem höchst eleganten Ankleidezimmer, wo eine Dame sich von ihrem Sitz erhob und ihn mit all dem Entgegenkommen begrüßte, das die Familie laut Mrs. Willis auszeichnete.

»Willkommen, bester Mann! Willkommen in diesem Haus und allem, was dazugehört. William, berichte deinem Herrn von der Freude, die mir gemacht wird, und bitte ihn, daran teilzunehmen. Bring auf der Stelle heiße Schokolade, deck den Tisch im Esszimmer und trag die Wildpastete auf. Biete unserem Gast in der Zwischenzeit ein paar Schnittchen an und bring einen Korb mit Obst. Lass ihm eine Auswahl von Eis servieren und eine Terrine Suppe und vergiss den Pudding und den Kuchen nicht.«

Dann wandte sie sich an Mr. Gower und nahm ihre Geldbörse heraus: »Nehmen Sie dies, mein Lieber. Glauben Sie mir, alles, was mir gehört, gehört auch Ihnen. Ich wollte nur, meine Geldbörse wäre gewichtiger, aber Mr. Webb muss für das Fehlende sorgen. Ich weiß, er hat Bargeld im Wert von hundert Pfund im Haus, die er Ihnen sofort überreichen wird.«

Mr. Gower fühlte sich von ihrer Freigebigkeit geradezu überwältigt, während er die Geldbörse einsteckte, und seine grenzenlose Dankbarkeit verschlug ihm fast die Sprache, als er das Angebot von hundert Pfund annahm. Bald darauf trat Mr. Webb ein und wiederholte all die Bekundungen von Freundschaft und Entgegenkommen, die seine Frau schon geäußert hatte. Schokolade, Schnittchen, Pudding, Kuchen, Eis und Suppe wurden bald aufgetischt; und als Mr. Gower von allem gekostet und den Rest eingesteckt hatte, wurde er ins Esszimmer geleitet, wo er ein delikates Dinner zu sich nahm und sich an köstlichen Weinen gütlich tat, während Mr. und Mrs. Webb dabeistanden und ihn drängten zuzulangen.

»Und nun, mein Bester«, sagte Mr. Webb, als Mr. Gower seine Mahlzeit beendet hatte, »wie können wir sonst noch zu Ihrem Wohlbefinden beitragen und Ihnen unsere Zuneigung beweisen? Sagen Sie uns, wonach Ihnen weiter der Sinn steht, und verlassen Sie sich auf unsere Dankbarkeit für die Äußerung Ihrer Wünsche.«

»Dann überlassen Sie mir Ihr Haus und Ihr Grundstück, weiter bitte ich um nichts.«

»Es gehört Ihnen«, riefen beide wie aus einem Munde, »von diesem Augenblick ist es Ihrs.«

Als der Handel abgeschlossen war und Mr. Gower das Geschenk angenommen hatte, ließ Mr. Webb die Kutsche vorfahren und bat William, die jungen Damen hereinzurufen.

»Bester Mann«, sagte Mrs. Webb, »wir werden Ihre Zeit nicht mehr lange in Anspruch nehmen.«

»Sie brauchen sich nicht zu entschuldigen, gnädige Frau«, erwiderte Mr. Gower, »Sie können gerne noch eine halbe Stunde bleiben, wenn Sie wollen.«

Beide brachen in grenzenlose Bewunderung über diese Zuvorkommenheit aus, die ihre Aufdringlichkeit, seine Zeit über Gebühr zu beanspruchen, um so unverzeihlicher erscheinen ließ.

Bald darauf traten die jungen Damen ein. Die ältere war ungefähr siebzehn, die andere einige Jahre jünger. Kaum hatte Mr. Gower seine Augen auf Miss Webb gerichtet, da wurde ihm klar, dass das Haus, das er gerade erhalten hatte, zu seinem vollkommenen Glück noch nicht ausreichte. Mr. Webb stellte ihn seiner Tochter vor. »Unser lieber Freund Mr. Gower, mein Schatz. Er war so liebenswürdig, dieses Haus, so klein es auch ist, anzunehmen, und hat versprochen, es für immer zu behalten.«

»Seien Sie versichert, Sir«, sagte Miss Webb, »dass ich Ihre diesbezügliche Güte, die wegen der kurzen Bekanntschaft meiner Eltern mit Ihnen um so schmeichelhafter ist, außerordentlich zu schätzen weiß.«

Mr. Gower verneigte sich. »Sie sind zu liebenswürdig, Madam. Ich versichere Ihnen, dass mir das Haus außerordentlich gefällt; und wenn Sie das Maß Ihrer Großzügigkeit vollmachten und mir die Hand Ihrer älteren Tochter und eine reiche Mitgift gäben, dann wäre mein Glück vollkommen.«

Dieses Kompliment ließ die Wangen der lieblichen Miss Webb zart erröten. Sie wandte sich allerdings zunächst an Vater und Mutter, die sich ihrerseits entzückt ansahen. Schließlich brach Mrs. Webb das Schweigen und sagte: »Mit Vergnügen übernehmen wir die Verpflichtung, die Sie uns aufbürden und für die wir Sie nie entschädigen können. Nehmen Sie unser Kind, nehmen Sie unsere Maria, und ihr wird die schwierge Aufgabe obliegen, Ihre unendliche Mildtätigkeit wiedergutzumachen.«

Mr. Webb fügte hinzu: »Ihre Mitgift ist lediglich zehntausend Pfund – eigentlich eine zu kleine Summe, als dass man sie mit gutem Gewissen anbieten könnte.«

Da dieser Einwand sofort dadurch beseitigt wurde, dass Mr. Gower sich großzügig mit der Summe einverstanden erklärte, verabschiedeten sich Mr. und Mrs. Webb und ihre jüngere Tochter, und am nächsten Tag wurde die Hochzeit der älteren mit Mr. Gower gefeiert.

So hatte dieser liebenswürdige Mann den Zustand vollkommenen Glücks erreicht: im Besitz einer höchst lieblichen und verdienstvollen jungen Frau, eines hübschen Vermögens, eines eleganten Hauses; und als Bewohner des Dorfes von Evelyn konnte er weiterhin Umgang mit Mrs. Willis pflegen – was blieb ihm zu wünschen übrig?

Einige Monate blieb ihm auch tatsächlich nichts zu wünschen übrig, bis er eines Tages Arm in Arm mit Maria im Garten spazieren ging und eine vollaufgeblühte Rose auf dem Kies liegen sah; sie war von einem Rosenbusch abgefallen, den Mr. Webb zusammen mit drei anderen gepflanzt hatte, um den Spaziergang im Garten interessanter zu machen. Diese vier Rosenbüsche dienten dazu, den Garten so in Viertel einzuteilen, dass der Wanderer immer wusste, wie weit er beim Gang um die Wiese gekommen war. Maria bückte sich, um die schöne Rose aufzuheben, und reichte sie mit der ihrer Familie eigenen Großzügigkeit ihrem Mann.

»Mein lieber Frederic«, sagte sie, »nimm bitte diese entzückende Rose.«

»Rose!« rief Mr. Gower. »Ach, Maria, wenn du wüsstest, woran sie mich erinnert! Oh, meine arme Schwester, wie habe ich dich vernachlässigt!«

Die Sache war die, dass Mr. Gower der einzige Sohn einer kinderreichen Familie und Miss Rose Gower die dreizehnte Tochter war. Diese junge Dame, deren gute Anlagen ein besseres Schicksal verdienten, als ihr beschert war, war der Liebling ihrer ganzen Familie. Ihre zarte Haut und ihre strahlenden Augen rechtfertigten ganz und gar die ihr entgegengebrachte Zuneigung.

Noch ein weiterer Umstand trug zu der Liebe bei, von der sie umgeben war, und zwar ihre schöne, üppige Haarpracht. Ein paar Monate vor der Heirat ihres Bruders hatten es ihr die Aufmerksamkeiten und der Charme eines jungen Mannes angetan, dessen hoher Rang und Zukunftsaussichten den Widerstand *seiner* Familie gegen die Verbindung herausfordern musste, die *ihrer* Familie höchst wünschenswert erschien.

Der junge Mann machte seinen Antrag, und sein Vater erhob seinen berechtigten Einspruch. Man bestand darauf, dass er von Carlisle, wo er sich bei seiner geliebten Rose aufhielt, zu seiner Familie nach Sussex zurückkehrte. Er war gezwungen, dem Wunsch nachzukommen. Und als sein erzürnter Vater in einem Gespräch herausfand, wie entschlossen sein Sohn war, keine andere Frau zu heiraten, schickte er ihn in der Hoffnung, seine Beständigkeit durch einen längeren Aufenthalt in der Ferne zu brechen, unter der Aufsicht des Familienpfarrers für vierzehn Tage auf die Insel Wight.

Also sagten die beiden auf lange Zeit England Lebewohl. Der junge Adlige durfte seine Rose nicht mehr sehen. Sie stachen in See. Ein Sturm erhob sich, dem die Geschicklichkeit der Seeleute nicht gewachsen war. Das Schiff zerschellte an der Küste von Calshot und riss alle an Bord mit sich in die Tiefe.

Die Nachricht von dem traurigen Ereignis erreichte Carlisle sehr bald, und die schöne Rose ergriff eine namenlose Trauer. Um ihren Schmerz zu lindern, wollte Mr. Gower ein Bild ihres unglückseligen Geliebten erwerben und hatte zu diesem Zweck seine Reise nach Sussex unternommen, wo er hoffte, der strenge, aber trauernde Vater werde seine Bitte nicht zurückweisen. Als er Evelyn erreichte, war er von Burg K. nur wenige Meilen entfernt, aber die erfreulichen Ereignisse, die ihm dort widerfuhren, ließen ihn eine Zeitlang den Grund seiner Reise und seine unglückliche Schwester völlig vergessen. Die kleine Episode mit der Rose brachte ihm allerdings alles wieder in Erinnerung, und er bereute seine Nachlässigkeit bitterlich. Er kehrte umgehend ins Haus zurück und schrieb, von Schmerz, Befürchtungen und Scham getrieben, den folgenden Brief an Rose.

14. Juli, Evelyn

Meine geliebte Schwester,
Vier Monate sind vergangen, seit ich Carlisle verließ, und während der ganzen Zeit habe ich Dir nicht ein einziges Mal geschrieben. Du wirst mir wahrscheinlich Nachlässigkeit und Vergesslichkeit vorwerfen. Ach! Ich erröte, wenn ich zugebe, wie recht Du mit Deinem Vorwurf hast. Aber beur-

teile mich, wenn Du noch lebst, nicht zu streng und denke nicht, dass ich die Lage meiner Rose auch nur einen Augenblick vergessen könnte. Glaub mir, ich werde Dich von jetzt an nicht mehr vergessen, sondern so schnell wie möglich nach Burg K. aufbrechen, wenn ich Deiner Antwort entnehme, dass Du noch lebst. Maria stimmt in all meine pflichtbewussten und guten Wünsche ein, und ich bin Dein Dich liebender

F. Gower

Er wartete höchst ungeduldig auf eine Antwort auf seinen Brief, die ihn erreichte, sobald die große Entfernung von Carlisle es zuließ. Aber ach, sie kam nicht von Rose.

Carlisle, 17. Juli

Lieber Bruder,
Meine Mutter hat sich erlaubt, Deinen Brief an die arme Rose zu öffnen, da diese schon seit sechs Wochen tot ist. Deine lange Abwesenheit und Dein andauerndes Schweigen haben uns große Sorge gemacht und ihren Tod beschleunigt. Du kannst Dir deshalb Deine Reise nach Burg K. sparen. Du berichtest weder, wo Du Dich die ganze Zeit seit Deiner Abreise von Carlisle aufgehalten hast, noch gibst Du irgendeine Erklärung für Deine unerfreuliche Abwesenheit, die uns überrascht hat. Wir alle senden Maria unsere Grüße und wüssten gerne, wer sie ist.

Deine Dich liebende Schwester
M. Gower

Dieser Brief, der Mr. Gower die Verantwortung für den Tod seiner Schwester aufbürdete, versetzte seinem Gemüt einen solchen Schock, dass er trotz seines Aufenthalts in Evelyn, wo man Krankheiten eigentlich gar nicht kannte, einen Anfall von Gicht bekam, der ihn ans Bett fesselte und Maria

Gelegenheit gab, in der Lieblingsrolle von Sir Charles Grandison, nämlich als Krankenschwester, zu glänzen.

Nie hatte eine Frau jemanden unter solchen Umständen liebevoller gepflegt; und aufgrund ihrer unermüdlichen Sorge um ihn hatte sie schließlich die Freude, ihn nach und nach wieder auf den Beinen zu sehen. Es war eine Wohltat, deren er sich durchaus bewusst war, denn sobald er das Haus verlassen konnte, schwang er sich aufs Pferd und ritt nach Burg K., wo er herausfinden wollte, ob der Burgherr, durch den Tod seines Sohnes milder gestimmt, seine Zustimmung zu dessen Heirat gegeben hätte, sofern sein Sohn und Rose am Leben geblieben wären. Seine liebenswerte Maria blickte ihm nach, bis sie ihn aus den Augen verlor, sank dann von Schmerz überwältigt in ihren Sessel und fand, dass ihr während seiner Abwesenheit jede Freude versagt bleiben würde.

Mr. Gower erreichte die Burg, die auf einem bewaldeten Felsvorsprung mit großartigem Ausblick übers Meer stand, am späten Abend. Ihm missfiel die Lage des Schlosses keineswegs, obwohl sie mit der seines eigenen Hauses nicht zu vergleichen war.

Das holprig abfallende Gelände und der dichte alte Wald schienen ihm gar nicht zu dem Baustil des Schlosses zu passen, denn da es aus dem Mittelalter stammte, fand er, es brauche als Kontrast und zur Belebung des Gebäudes die Wiese von Evelyn Lodge. Das düstere Aussehen der alten Burg, die drohend über ihm ragte, während er dem gewundenen Pfad folgte, erfüllte ihn mit Schrecken, und er fühlte sich auch nicht sicher, bis er in den Salon geführt wurde, wo die Familie beim Tee versammelt war.

Mr. Gower war allen Familienmitgliedern völlig unbekannt, aber obwohl er sich vor der Dunkelheit fürchtete und sich leicht ängstigte, wenn er allein war, fehlte es ihm doch nicht an dem nötigen edlen Mut, sich ohne zu erröten einer so zahlreichen Gesellschaft von hohem Rang beizugesellen, die er nie gesehen hatte, und in völliger Gelassenheit unter ihnen Platz zu nehmen.

Der Name Gower war dem Burgherrn nicht unbekannt. Er war betroffen und erstaunt, erhob sich aber und begrüßte den Gast mit der vollkommenen Höflichkeit eines wohlerzogenen Mannes. Die Burgherrin, die der Verlust ihres Sohnes erheblich mehr getroffen hatte als den eher gefühlskalten Burgherrn, hielt es kaum auf ihrem Sitz, als sie erfuhr, dass der Gast der Bruder von Henrys Rose war.

»Gnädiger Herr«, sagte Mr. Gower, sobald er sich gesetzt hatte, »es überrascht Sie vielleicht, Besuch von einem Mann zu erhalten, den zu empfangen Sie keineswegs erwarten konnten. Aber meine Schwester, meine bedauernswerte Schwester ist der eigentliche Grund für meine Aufdringlichkeit. Das unglückselige Mädchen ist nicht mehr; und obwohl *ihr* die Kenntnis nicht mehr zugute kommt, würde ich doch zur Beruhigung ihrer Familie gerne erfahren, ob der Tod des unglücklichen Paares Ihren Unmut jedenfalls so weit besänftigt hat, dass Sie ihrer Heirat, die zu erlauben Sie sich unter erfreulicheren Umständen nicht durchringen konnten, jetzt zustimmen würden – vorausgesetzt, die beiden wären noch am Leben.«

Dem Burgherrn verschlug es die Sprache. Der Burgherrin ging die Erwähnung ihres Sohnes so nahe, dass sie den Raum unter Tränen verließ. Der Rest der Familie, in erheblichem Zweifel, ob Mr. Gower noch bei Verstand sei, hörte weiter aufmerksam zu.

»Mr. Gower«, antwortete der Schlossherr, »das ist eine höchst merkwürdige Frage. Ich habe den Eindruck, dass Sie etwas Unmögliches voraussetzen. Niemand könnte den Tod meines Sohnes aufrichtiger betrauern als ich, und es schmerzt mich zu erfahren, dass er das Hinscheiden von Miss Gower beschleunigt hat. Wenn man aber annimmt, dass sie noch leben, dann beseitigt man zugleich den Grund, meine Einstellung zu dieser Sache zu ändern.«

»Gnädiger Herr«, erwiderte Mr. Gower aufgebracht, »ich sehe, dass Sie ein höchst unbeugsamer Mann sind und nicht einmal der Tod Ihres Sohnes Sie dazu veranlasst, ihm eine glückliche Zukunft zu wünschen. Ich werde Ihre Zeit nicht länger in Anspruch nehmen. Ich sehe in aller Klarheit, dass Sie ein niederträchtiger Mensch sind. Und so habe ich die Ehre, Ihnen, meine Damen und Herren, eine gute Nacht zu wünschen.«

Er verließ auf der Stelle das Zimmer, wobei er in seinem maßlosen Zorn die späte Stunde vergaß, die ihn unter normalen Umständen vor Angst hätte erbeben lassen, und ließ die ganze Gesellschaft in der einhelligen Meinung zurück, er sei nicht ganz bei Verstand. Als er sich allerdings auf sein Pferd geschwungen hatte und die riesigen Burgtore hinter ihm zugefallen waren, wurde sein ganzer Körper von einem heftigen Zittern erschüttert.

Wenn man seine Lage bedenkt – allein, zu Pferd, so spät im Jahr wie August, so spät am Tag wie neun Uhr abends, ohne wegweisendes Licht außer dem fast runden Vollmond und dem angsteinflößenden Funkeln der Sterne –, wer kann ihm da sein Mitleid vorenthalten? Im Umkreis einer Viertelmeile kein Haus und hinter ihm eine düstere Burg, die sich durch die tiefen Schatten von Walnussbäumen und Kiefern noch schwärzer vom Himmel abhob.

Seine Angst brachte ihn jetzt tatsächlich fast um den Verstand, und um weder Zigeuner noch Gespenster zu sehen, ritt er mit geschlossenen Augen in vollem Galopp, bis er das Dorf erreicht hatte. Zu Hause angekommen, zog er die Glocke, aber niemand erschien; er klingelte noch einmal, aber die Tür wurde nicht geöffnet; ein drittes und viertes Mal, aber vergebens. Da bemerkte er, dass das Fenster zum Esszimmer offen stand, und so sprang er hinein und ging durch das Haus, bis er Marias Ankleidezimmer erreichte, wo er die gesamte Dienerschaft beim Tee versammelt fand.

Von diesem ungewöhnlichen Anblick überrascht, fiel er in Ohnmacht und fand sich beim Erwachen auf dem Sofa, wobei die Zofe seiner Frau vor ihm kniete und ihm die Schläfen mit Kölnisch Wasser betupfte. Von ihr erfuhr er, dass seine Abreise seine liebe Maria so betrübt hatte, dass sie drei Stunden nach seinem Abschied an gebrochenem Herzen gestorben war.

Er erholte sich so weit, dass er jedenfalls die notwendigen Anordnungen für ihr Begräbnis geben konnte, die an dem auf diesen Sonnabend folgenden Montag stattfand. Als Mr. Gower die Feierlichkeiten für das Begräbnis arrangiert hatte, brach er selbst nach Carlisle auf, um sich im Schoß seiner Familie seiner Trauer hinzugeben. Nach einer höchst ergötzlichen Reise von dreieinhalb Tagen kam er dort in bester Gesundheit und glänzender Laune an.

Aber wie groß war seine Überraschung, als er dort im Frühstückszimmer Rose, seine geliebte Schwester Rose, auf dem Sofa sitzen sah. Bei seinem Anblick fiel sie in Ohnmacht und wäre zu Boden gestürzt, wenn nicht ein Gentleman, der mit dem Rücken zur Tür saß, aufgesprungen wäre und sie davor bewahrt hätte niederzusinken. Sie kam schnell wieder zu sich und stellte ihrem Bruder diesen Herrn als ihren angetrauten Ehemann Mr. Davenport vor.

»Aber meine liebe Rose«, sagte der erstaunte Gower, »ich dachte, du wärest tot und begraben.«

»Ach, mein lieber Frederic«, erwiderte Rose, »ich habe doch in der Hoffnung, dass du die Nachricht überall verbreitest, nur so getan, damit sie auf diese Weise auch Burg K. erreicht. Dadurch hoffte ich, die Herzen seiner Einwohner zu erweichen. Erst vorgestern erfuhr ich die Nachricht vom Tod meines geliebten Henry, die mir Mr. Davenport überbrachte, der mir sogleich seine Hand antrug. Ich nahm sie mit Begeisterung an, und wir wurden gestern getraut.«

Mr. Gower umarmte seine Schwester und schüttelte Mr. Davenport die Hand. Dann machte er sich zu einem Spaziergang in die Stadt auf. Als er an einer Gastwirtschaft vorbeikam, bestellte er sich einen Krug Bier, den ihm seine alte Freundin Mrs. Willis unverzüglich servierte.

Groß war sein Erstaunen, Mrs. Willis in Carlisle zu treffen. Aber eingedenk des Respekts, den er ihr schuldete, ließ er sich auf ein Knie nieder und empfing so das schäumende Getränk, das ihm teurer war als Nektar. Auf der Stelle trug er ihr Hand und Herz an, die dankbar anzunehmen sie nicht zögerte, wobei sie ihm mitteilte, dass sie nur zu Besuch bei ihrer Cousine, der Besitzerin des *Ankers*, und jederzeit bereit sei, mit ihm nach Evelyn zurückzukehren.

Am nächsten Vormittag wurden sie getraut, und unmittelbar darauf brachen sie nach Evelyn auf. Als sie zu Hause ankamen, fiel ihm ein, dass er Mr. und Mrs. Webb den Tod ihrer Tochter nie mitgeteilt hatte, der ihnen, wie er zu Recht annahm, noch unbekannt sein musste, da sie nie Zeitungen lasen. Er schickte ihnen also sofort den folgenden Brief.

Evelyn, 19. August 1809

Verehrte gnädige Frau,

Wie könnten Worte die Tiefe meines Schmerzes ausdrücken! Unsere Maria, unsere geliebte Maria ist nicht mehr; sie hauchte ihr Leben am Sonnabend, dem 12. August, aus. In namenlosem Schmerz beklagen Sie nun zweifellos nicht nur Ihren eigenen, sondern auch meinen Verlust. Trösten Sie sich damit, dass mir jetzt, da ich mein Glück mit der reizenden Sarah gefunden habe, nichts zu wünschen übrig bleibt.

Ich bin mit respektvollen Empfehlungen

Ihr

F. Gower

Westgate Building, 22. August

Großmütiger, bester Mann,

Wie herzlich wir uns freuen, von Ihrem gegenwärtigen Wohlergehen und Glück zu hören! Und wie wahrhaft dankbar wir Ihnen für Ihre beispiellose Großherzigkeit sind, uns mitzuteilen, welch unglückliches Schicksal unsere Maria befiel. Ich füge Ihnen einen Scheck über dreißig Pfund bei, und Mr. Webb vereinigt sich mit mir in dem Wunsch, dass Sie und Ihre liebenwerte Sarah die Güte haben mögen, ihn anzunehmen.

Ihre höchst dankbare
Anne Augusta Webb

Mr. und Mrs. Gower lebten viele Jahre lang im Genuss vollkommenen Glücks, der gerechten Belohnung für ihre Tugenden. Die einzige Änderung, die in Evelyn stattfand, bestand darin, dass Mr. und Mrs. Davenport Mrs. Willis' frühere Gastwirtschaft übernahmen und viele Jahre lang die Besitzer des *Weißen Rössls* blieben. *1792*

# Kitty und die Laube

## Erstes Kapitel

Wie viele Heldinnen vor ihr hatte Catharine das Unglück, ihre Eltern in sehr jungen Jahren zu verlieren und von einer unverheirateten Tante aufgezogen zu werden, die sie zwar zärtlich liebte, ihr Verhalten aber mit so unbarmherziger Strenge überwachte, dass viele Leute und darunter auch Catharine ihre Zweifel hatten, ob sie sie liebte oder nicht. Diese eifersüchtige Besorgtheit hatte sie häufig um ein echtes Vergnügen gebracht, hatte sie veranlasst, einen Ball zu verlassen, weil ein bestimmter Offizier anwesend war, oder statt mit einem Tänzer ihrer Wahl mit einem Partner zu tanzen, den ihre Tante ihr vorgestellt hatte. Aber sie besaß von Natur ein heiteres Gemüt, das nicht leicht zu erschüttern war, und ihre Lebhaftigkeit und gute Laune waren so groß, dass nur ernsthafter Verdruss sie dämpfen konnte. Abgesehen von diesen Heilmitteln und Tröstungen gegen alle Enttäuschungen besaß sie obendrein etwas, was ihr Erleichterung bei all ihren Missgeschicken gewährte, und zwar eine schöne schattige Laube, die sie als Kind mit Hilfe von zwei kleinen, im selben Dorf wohnenden Spielgefährtinnen gebaut hatte.

In diese Laube, die einen sehr hübschen abgelegenen Pfad im Garten ihrer Tante abschloss, zog sie sich zurück, wenn etwas sie bedrückte, und sie übte einen solchen Zauber auf ihr Gemüt aus, dass sich ihr Geist besänftigt und ihre Seele beruhigt fühlte.

Stille und Beschaulichkeit in ihrem Schlafzimmer hätten vermutlich die gleiche Wirkung gehabt, doch war Kitty so zur Gewohnheit geworden, was anfangs nur eine Laune gewesen war, dass sie auf diesen Gedanken gar nicht kam und fest davon überzeugt war, nur ihre Laube könne ihre Seelenruhe wiederherstellen.

Ihre Einbildungskraft war lebhaft, und ihre Freundschaften wie ihre ganze Gemütsverfassung hatten etwas Schwärmerisches. Die geliebte Laube war das gemeinsame Werk von Kitty und zwei liebenswürdigen Mädchen gewesen, für die sie seit frühester Kindheit die zärtlichste Zuneigung verspürt hatte. Sie waren die Töchter des Gemeindepfarrers, mit dessen Familie, solange sie am Ort lebten, ihre Tante engen Umgang gepflegt hatte; und obwohl die kleinen Mädchen aufgrund ihrer unterschiedlichen Erziehung den größten Teil des Jahres getrennt waren, waren sie während der Ferien der Miss Wynne ständig zusammen. In jenen glücklichen Kindertagen, denen Kitty nun so häufig nachtrauerte, war diese Laube entstanden und beschwor jetzt, wo sie vielleicht für immer von diesen lieben Freundinnen getrennt war, mehr als jeder andere Ort die zärtlichen und wehmütigen Erinnerungen an gemeinsam mit ihnen verbrachte Stunden herauf – traurig und doch so tröstlich! Zwei Jahre waren seit Mr. Wynnes Tod vergangen, der die Familie zerstreut und in großer Not zurückgelassen hatte. Sie waren völlig auf die Großmut von Verwandten angewiesen, die zwar sehr wohlhabend waren und zur engeren Familie gehörten, aber nur mit Mühe dazu bewegt werden konnten, zu ihrer Unterstützung beizutragen. Mrs. Wynne waren Wissen und Teilnahme an ihrem Schicksalsschlag glücklicherweise erspart geblieben, denn sie war wenige Monate vor dem Tod ihres Mannes einer schweren Krankheit erlegen.

Die älteste Tochter hatte sich genötigt gesehen, das Angebot einer ihrer Cousinen anzunehmen, sie für die Reise nach Indien auszustatten – die einzige Möglichkeit, die sich ihr bot, ein Auskommen zu haben, auch wenn das ihren Neigungen ganz und gar widersprach. Das Angebot entsprach so wenig ihrer Vorstellung von Schicklichkeit, widersprach so sehr ihren Wünschen und war ihren Empfindungen so zuwider, dass sie sich fast lieber in Dienst begeben hätte, wäre ihr die Wahl geblieben.

Dank ihrer persönlichen Vorzüge hatte sie gleich nach ihrer Ankunft in Bengal einen Mann gefunden und war nun seit fast einem Jahr verheiratet – glänzend, doch unglücklich verheiratet, an einen Mann gebunden, der doppelt so alt war wie sie, dessen Naturell nicht liebenswürdig und dessen Umgangsformen ungepflegt waren, obwohl sein Charakter untadelig war. Kitty hatte seit ihrer Heirat zweimal von ihrer Freundin gehört, doch waren deren Briefe unbefriedigend; und obwohl sie sich nicht offen über ihre Gefühle ausließ, verriet jede Zeile, wie unglücklich sie war. Mit wirklicher Freude sprach sie von nichts als den gemeinsamen Erlebnissen, die nicht wiederkehren würden, und schien sich kein größeres Glück ausmalen zu können, als nach England zurückzukehren.

Ihre Schwester war von einer anderen Verwandten, der verwitweten Lady Halifax, als Gefährtin für ihre Töchter aufgenommen worden und hatte die Familie zur selben Zeit, als Cecilia England verließ, nach Schottland begleitet. Von Mary hatte Kitty deshalb Gelegenheit, häufiger zu hören, doch waren ihre Briefe kaum tröstlicher.

Sie befand sich nicht in der gleichen aussichtslosen Lage wie ihre Schwester, denn sie war nicht verheiratet und konnte damit rechnen, dass ihre Umstände sich noch ändern würden. Aber da augenblicklich wenig Hoffnung darauf bestand und sie in einer Familie war, wo sie keine Freundin hatte, obwohl alle ihre Verwandten waren, schrieb sie meist in niedergedrückter Stimmung, wozu die Trennung von ihrer Schwester und deren Heirat noch erheblich beigetragen hatten. Getrennt von den beiden, die Kitty auf der ganzen Welt am meisten liebte, und durch ihren Verlust noch enger mit ihnen verbunden, war ihr alles, was sie an Cecilia und

Mary erinnerte, doppelt lieb, und die Büsche, die sie gepflanzt, und die Andenken, die sie ausgetauscht hatten, wurden ihr heilig.

Die Pfarre von Chetwynde gehörte jetzt einem gewissen Mr. Dudley, dessen Familie Mrs. Percival und ihrer Nichte im Gegensatz zu den Wynnes nur Ärger und Verdruss bereitete. Mr. Dudley, der jüngere Sohn einer sehr vornehmen Familie, einer Familie, die eher für ihren Stolz als für ihren Wohlstand berühmt war, pochte auf seine Würde, bestand eifersüchtig auf seinen Rechten und lag ständig im Streit, wenn nicht mit Mrs. Percival selbst, dann mit ihrem Verwalter und ihren Pächtern wegen der Abgaben oder mit den nächsten Nachbarn wegen des Respekts und der Ehrerbietung, die er erwartete. Seine ungebildete und unwissende Frau, Mitglied einer alten Familie, war stolz auf ihre Herkunft, ohne zu wissen, warum, und wie er hochmütig und zänkisch, ohne zu wissen, weshalb. Ihre einzige Tochter, die die Unwissenheit, Unverschämtheit und Arroganz ihrer Eltern geerbt hatte, wurde aufgrund ihrer Schönheit, auf die sie übertrieben stolz war, für ein unwiderstehliches Wesen gehalten, auf dem alle Hoffnung ruhte, durch eine glänzende Heirat die Würde der Familie wiederherzustellen, die ihre beschränkten Lebensumstände und die Notwendigkeit, dass Mr. Dudley für eine Landpfarre in den geistlichen Stand treten musste, erheblich beeinträchtigt hatten.

Sie verachteten die Percivals sofort als Leute von niedrigem Herkommen und beneideten sie als Leute von Vermögen. Sie waren eifersüchtig, dass sie mehr Respekt genossen als sie selbst; und während sie so taten, als schenkten sie ihnen keine Beachtung, versuchten sie ständig, sie in der Nachbarschaft durch skandalösen und bösartigen Klatsch schlechtzumachen. Eine solche Familie war schlecht geeignet, Kitty mit dem Verlust der Wynnes zu versöhnen oder die gelegentlich langweiligen Stunden, die das Fehlen einer

Freundin in so entlegener Gegend mit sich bringt, durch ihre Gesellschaft zu beleben.

Ihre Tante liebte sie über alles und war unglücklich, wenn sie sie nur einen Augenblick lang bedrückt sah. Sie lebte allerdings in ständiger Furcht, Kitty könne unklug heiraten, wenn man ihr Gelegenheit zur eigenen Wahl ließe, und war in Gegenwart junger Männer so unzufrieden mit ihrem Benehmen, das aufgrund ihres Naturells außerordentlich offen und ungezwungen war, dass sie ihrer Nichte zuliebe zwar häufig wünschte, die Nachbarschaft wäre größer und sie selbst hätte regeren Umgang mit ihr gehabt; doch machte der Gedanke, dass es in fast allen Familien junge Männer gab, diesen Wunsch gleich wieder zunichte.

Die gleichen Befürchtungen, die Mrs. Percival davon abhielten, mehr Umgang mit ihren Nachbarn zu pflegen, hinderten sie ebenfalls daran, ihre Verwandten zu sich ins Haus zu laden. Sie hatte deshalb auch beharrlich dem alljährlichen Wunsch eines entfernten Verwandten widerstanden, sie in Chetwynde zu besuchen, da es einen jungen Mann in der Familie gab, über den sie allerlei Alarmierendes gehört hatte. Dieser Sohn befand sich zurzeit allerdings auf Reisen; und da Kitty unablässig in sie drang und ihr zudem bewusst war, dass sie die wiederholten Vorschläge ihrer Freunde, die sie selbst nur zu gerne wiedergesehen hätte, von ihr empfangen zu werden, mit zu wenig Höflichkeit abgelehnt hatte, fiel es ihr nicht schwer, sie mit aller Dringlichkeit zu einem Besuch im Sommer zu ermutigen.

## Zweites Kapitel

Mr. und Mrs. Stanley sollten also kommen; und da Catharine etwas hatte, worauf sie sich freuen konnte, ein Ereignis, das die unvermeidliche Langeweile eines ständigen Tête-àtête mit ihrer Tante unterbrach, war sie so aufgeregt und in so gehobener Stimmung, dass sie sich drei oder vier Tage vor dem Eintreffen ihrer Freunde kaum auf irgendeine Tätigkeit konzentrieren konnte. In diesem Punkt hatte Mrs. Percival immer etwas an ihr auszusetzen und beklagte häufig einen Mangel an Ausdauer und Beständigkeit, die Kittys sprunghaftem Naturell so gar nicht entsprächen, was bei jungen Leuten aber vermutlich häufig vorkäme. Die langweiligen Unterhaltungen mit ihrer Tante und der Mangel an anregenden Gefährten trugen erheblich zu Catharines Wunsch nach Abwechslung bei, denn sie ermüdete sehr viel schneller über einem Buch, einer Handarbeit oder einer Zeichnung in Mrs. Percivals Wohnzimmer als in ihrer eigenen Laube, wohin diese sie aus Angst vor Feuchtigkeit niemals begleitete.

Da ihre Tante sich auf den gehörigen Anstand und die Ordnung, mit der sich die Dinge in ihrer Familie abspielten, viel zugute hielt und keine größere Zufriedenheit kannte als zu wissen, dass ihr Haus immer in bestem Zustand war, und da ihr Vermögen beträchtlich und ihr Haushalt vollständig war, gab es für den Empfang ihrer Besucher wenig vorzubereiten. Schließlich brach der Tag ihrer so lang ersehnten Ankunft an, und das Geräusch der vierspännigen Kutsche, die die Auffahrt heraufkam, war für Catharines Ohren ein interessanterer Klang als die Musik einer italienischen Oper, die für die meisten Heldinnen das höchste Vergnügen ist.

Mr. und Mrs. Stanley waren Leute von großem Vermögen und eleganter Lebensart. Er war Mitglied des Unterhauses, und ihnen oblag deshalb die angenehme Pflicht, die Hälfte des Jahres in London zu wohnen, wo Miss Stanley von ihrem sechsten Lebensjahr bis zum vergangenen Frühjahr von den hervorragendsten Lehrern unterrichtet worden war. Ein Zeitraum von zwölf Jahren war also auf das Erwerben von Fertigkeiten verwendet worden, die nun zur

Schau gestellt und in ein paar Jahren vollkommen vernachlässigt werden sollten.

Ihre Erscheinung war nicht unattraktiv, ja hübsch, und es fehlte ihr nicht an Talent. Aber all die Jahre, die auf den Erwerb von nützlichen Kenntnissen und geistiger Bildung hätten verwendet werden sollen, waren mit dem Erlernen von Zeichnen, Italienisch und Musik, vor allem mit dem letzteren, verbracht worden; und mit diesen Fertigkeiten vereinte sie nun ein Verständnis, das keine Lektüre verfeinert hatte, und einen Verstand, dem jedes Geschmacks- oder Urteilsvermögen abging. Ihr Temperament war von Natur ausgeglichen, aber da es ihr an Nachdenklichkeit fehlte, hatte sie weder die Geduld, Enttäuschungen hinzunehmen noch ihre eigenen Wünsche dem Wohlergehen anderer unterzuordnen. All ihre Gedanken galten ihrer eleganten Erscheinung, ihrer modischen Kleidung und der Bewunderung, die sie damit erregen wollte. Sie bekundete eine Liebe zu Büchern, ohne zu lesen, war lebhaft ohne Witz und im großen und ganzen gutgelaunt ohne Grund. So war Camilla Stanley, und Catharine, die von ihrem Äußeren beeindruckt und aufgrund ihres Alleinseins geneigt war, alle und jeden zu mögen, obwohl ihr Verstand und ihr Urteilsvermögen sich sonst nicht so leicht zufriedengaben, war beinahe überzeugt, als sie Miss Stanley sah, dass sie genau die Gefährtin war, die sie sich wünschte und die sie für den Verlust von Cecilia und Mary Wynne einigermaßen entschädigen würde. Sie schloss sich deshalb Camilla vom ersten Tag ihrer Ankunft an, und als die einzigen jungen Leute im Haus waren sie wie selbstverständlich ständige Gefährtinnen. Kitty war selbst eine begeisterte, wenn auch vielleicht nicht sehr tiefsinnige Leserin und deshalb entzückt, dass Miss Stanley ebenfalls Gefallen daran fand. Da sie gerne wissen wollte, ob sie den gleichen Geschmack bei Büchern hatten, begann sie bald, ihre neue Bekannte zu dem Thema zu befragen; und obwohl sie selbst gut in moderner Geschichte bewandert war, wählte sie zuerst Bücher leichterer Natur, allgemein gelesene und bewunderte Bücher.

»Du hast doch bestimmt die Romane von Mrs. Smith gelesen?« fragte sie ihre Gefährtin.

»O ja!« erwiderte diese, »und ich bin ganz entzückt von ihnen. Es gibt nichts Reizenderes auf der ganzen Welt.«

»Und welcher gefällt dir am besten?«

»Ach, du meine Güte, ich glaube, man kann sie nicht miteinander vergleichen. *Emmeline* ist *so viel* besser als die anderen.«

»Das finden viele Leute, ich weiß. Aber meiner Meinung nach ist der Qualitätsunterschied zwischen ihnen nicht so groß. Findest du ihn besser geschrieben?«

»Ach, dazu kann ich überhaupt nichts sagen. Alles da drin ist besser. Außerdem ist *Ethelinde* so lang.«

»Ich glaube, das ist ein sehr häufiger Einwand«, sagte Kitty, »aber ich jedenfalls finde, wenn ein Buch gut geschrieben ist, ist es immer zu kurz.«

»Ich auch, bloß langweilt es mich, bevor es zu Ende ist.«

»Aber fandest du die Geschichte von *Ethelinde* nicht interessant? Und die Beschreibungen von Grasmere, sind die nicht herrlich?«[43]

»Ach! Die habe ich alle verpasst, weil ich das Ende nicht abwarten konnte.« Das machte ihr den Themenwechsel leicht, und sie fuhr fort: »Wir fahren im Herbst an die Seen, und ich bin schon ganz verrückt vor Freude. Sir Henry Devereux hat versprochen mitzukommen, und das macht es viel unterhaltsamer.«

»Das wird es wohl. Aber ich finde, es ist schade, dass Sir Henrys Unterhaltungsgabe nicht da zur Geltung kommt, wo sie angebrachter wäre. Trotzdem beneide ich dich um eine so unterhaltsame Reise.«

»Ach, ich bin entzückt, wenn ich nur daran denke, und

ich kann an gar nichts anderes denken. Ich kann dir sagen, ich hab den ganzen letzten Monat nichts anderes getan als zu überlegen, was für Kleider ich mitnehmen soll, und hab mich schließlich entschlossen, außer meiner Reisekleidung so wenig wie möglich mitzunehmen, und rate dir das gleiche, falls du verreisen solltest, denn wenn es zufällig Rennen gibt oder wir in Matlock oder Scarborough haltmachen, dann lasse ich mir vielleicht einiges anfertigen.«

»Ihr habt also vor, nach Yorkshire zu fahren?«

»Ich glaube nicht, das heißt, ich weiß nichts von der Reiseroute, denn um solche Dinge kümmere ich mich nie. Ich weiß nur, dass wir von Derbyshire nach Matlock und nach Scarborough fahren, aber wohin zuerst, weiß ich nicht, und es ist mir auch egal. Ich hoffe, in Scarborough ein paar enge Freunde zu treffen. Augusta schrieb in ihrem letzten Brief, dass Sir Peter davon redet zu kommen, aber das ist noch ganz ungewiss. Ich kann Sir Peter nicht ausstehen, er ist so ein abscheuliches Geschöpf … «

»Ist er das?« sagte Kitty, die nicht wusste, was sie sonst sagen sollte.

»Oh, er ist absolut schockierend!«

Hier wurde die Unterhaltung unterbrochen, und Kitty blieb, was Einzelheiten über Sir Peters Charakter betraf, in schmerzlicher Ungewissheit zurück. Sie wusste nur, dass er abscheulich und schockierend war, aber warum und inwiefern, musste sich noch herausstellen. Sie wusste nicht recht, was sie von ihrer neuen Bekannten halten sollte. Sie schien von beschämender Unkenntnis, was englische Geographie betraf; und wenn sie sie richtig verstanden hatte, fehlten ihr ebenfalls Geschmack und Wissen. Kitty zögerte allerdings, vorschnell zu urteilen, denn sie hatte sowohl den Wunsch, Miss Stanley gerecht zu werden, als ihre eigenen Erwartungen an sie erfüllt zu sehen. Deshalb beschloss sie, sich ein endgültiges Urteil vorzubehalten. Nach dem Essen kam das

Gespräch auf die politischen Verhältnisse, und Mrs. Percival, die der festen Überzeugung war, dass die gesamte Menschheit entartet sei, sagte, ihrer Meinung nach gehe alles drunter und drüber, auf der ganzen Welt sei jede Ordnung zerstört, das Parlament tage manchmal bis fünf Uhr morgens und die allgemeine Verderbtheit sei noch nie so verbreitet gewesen; und sie schloss mit dem Wunsch, zu ihren Lebzeiten die Umgangsformen der Menschen während der Herrschaft von Königin Elizabeth[44] wiederhergestellt zu sehen.

»Schön und gut, Madam«, sagte ihre Nichte, »aber ich hoffe, Sie wollen mit den Zeiten nicht auch die Herrschaft Elizabeths wiederherstellen.«

»Königin Elizabeth«, sagte Mrs. Stanley, die niemals eine Äußerung über Geschichte zu machen wagte, ohne dass sie wohlbegründet war, »hat ein stattliches Alter erreicht und war eine sehr kluge Frau.«

»Das stimmt, Madam«, sagte Kitty, »aber ich halte keinen dieser beiden Umstände für ihr eigenes Verdienst, und sie sind nicht dazu angetan, mir ihre Rückkehr zu wünschen, denn wenn sie mit denselben Fähigkeiten und derselben guten Konstitution zurückkäme, könnte sie genauso viel Unheil stiften und noch einmal so lange leben wie vorher.« Und sich an Camilla wendend, die eine Zeitlang ganz still dabei gesessen hatte, fügte sie hinzu: »Was hältst *du* von Elizabeth, Camilla? Ich hoffe, du willst sie nicht verteidigen.«

»Ach, du meine Güte«, rief Miss Stanley, »ich verstehe nichts von Politik und kann es nicht ausstehen, wenn man davon redet.«

Kitty zuckte bei dieser Zurechtweisung zusammen, gab aber keine Antwort. Sie war nun völlig überzeugt, dass Miss Stanley auch keine Ahnung von Sachen hatte, die sie von Politik nicht unterscheiden konnte. Bestürzt über ihre neue Freundin und ernsthaft besorgt, dass sie Cecilia und Mary sehr unähnlich war, zog sie sich in ihr eigenes Zimmer zurück. Der nächste Morgen brachte neue Beweise davon, und jeder Tag bestärkte sie in ihrer Überzeugung. Sie fand die Unterhaltung mit ihr eintönig; sie hörte von ihr außer Informationen über Mode nichts Wissenswertes und außer ihrem Cembalospiel nichts Unterhaltendes. Nach wiederholten Anläufen, das in ihr zu finden, was sie erwartet hatte, musste Kitty den Versuch schließlich aufgeben, weil sie ihn für aussichtslos hielt. Camilla hatte gelegentlich Anzeichen von Humor verraten, die Kitty Hoffnung gemacht hatten, sie möge wenigstens natürlichen, wenn auch keinen sehr geistreichen Mutterwitz besitzen, aber diese Geistesblitze kamen so selten vor und führten zu nichts, so dass sie sie schließlich dem bloßen Zufall zuschrieb.

Camillas gesamter Wissensvorrat war in wenigen Tagen erschöpft; und als Kitty von ihr erfahren hatte, wie groß ihr Haus in London war, wann die gesellschaftliche Saison begann, wer die berühmten Schönheiten und die besten Putzmacherinnen waren, hatte Camilla nichts weiter beizutragen, als sich mit der gleichen Nonchalance und Kürze über den Charakter ihrer im Gespräch erwähnten Bekannten zu äußern, indem sie die Person entweder als ›das reizendste Geschöpf auf der ganzen Welt‹ beschrieb, in das sie förmlich ›vernarrt‹ sei, oder als ›abscheulich, schockierend‹ und den Umgang nicht wert.

Da Catharine sehr daran lag, Genaueres über die Mitglieder der Familie Halifax zu erfahren, und überzeugt war, dass Miss Stanley sie kennen musste, da ihr angeblich alle irgendwie einflussreichen Leute bekannt waren, ergriff sie die Gelegenheit, als Camilla eines Tages all die Leute von Rang aufzählte, die ihre Mutter besuchte, sie zu fragen, ob Lady Halifax auch dazu gehöre.

»Ah! Gut, dass du mich an sie erinnerst. Sie ist die reizendste Frau auf der ganzen Welt und eine unserer engsten

Bekannten. Ich glaube, es vergeht kaum ein Tag in den sechs Monaten, die wir in London sind, wo wir uns nicht sehen. Und ich schreib mir mit all den Mädchen.«

»Es ist also eine sehr liebenswerte Familie?« fragte Kitty. »Das muss sie wohl auch bei dem regen Umgang, sonst wäre die Unterhaltung bald erschöpft.«

»Ach, du meine Güte, ganz und gar nicht«, sagte Miss Stanley. »Manchmal reden wir einen ganzen Monat nicht miteinander. Wir treffen sie vielleicht nur in der Öffentlichkeit, und oft kommen wir dann gar nicht nahe genug an sie ran. Aber das heißt nicht, dass wir uns nicht zunicken und lächeln.«

»Das genügt ja auch. Aber ich wollte dich fragen, ob du jemals eine Miss Wynne bei ihnen gesehen hast?«

»Ich weiß genau, wen du meinst, sie trägt einen blauen Hut. Ich bin ihr häufig in Brook Street begegnet, wenn ich auf einem von Lady Halifax' Bällen war. Sie gibt während des Winters jeden Monat einen. Aber stell dir bloß vor, wie nett es von ihr ist, sich um Miss Wynne zu kümmern, denn sie ist bloß eine sehr entfernte Verwandte und, wie mir Miss Halifax erzählt hat, so arm, dass ihre Mutter sie ganz neu einkleiden musste. Ist das nicht beschämend?«

»Dass sie so arm ist? Das ist es tatsächlich bei so reichen Verwandten, wie die Familie hat.«

»O nein, ich meine, ist es nicht beschämend, wie verarmt Mr. Wynne seine Kinder hinterlassen hat, wo er doch die Pfarre von Chetwynde hatte und außerdem in zwei oder drei Vikar war und nur vier Kinder zu versorgen hatte. Was hätte er bloß getan, wenn er zehn Kinder gehabt hätte wie so viele Leute?«

»Er hätte ihnen allen eine gute Erziehung gegeben und sie alle gleichermaßen arm zurückgelassen.«

»Also ich finde, es gibt kaum eine Familie, die so viel Glück gehabt hat. Sir George Fitzgibbon hat nämlich die älteste Tochter ganz auf eigene Kosten nach Indien geschickt, wo sie angeblich hochnobel verheiratet und das glücklichste Geschöpf auf der ganzen Welt ist. Na ja, und Lady Halifax hat die jüngste zu sich genommen und behandelt sie wie ihre eigene Tochter. Natürlich zeigt sie sich nicht mit ihr in der Öffentlichkeit, aber dafür ist Mary immer dabei, wenn die gnädige Frau einen Ball gibt. Und niemand könnte netter zu ihr sein als Lady Halifax. Sie hätte sie letztes Jahr mit nach Cheltenham genommen, wenn genug Platz in ihrem Logis gewesen wäre, und deshalb glaub ich nicht, dass sie sich über irgendwas zu beklagen braucht. Dann sind da noch die beiden Söhne. Den einen hat der Bischof von M., glaub ich, als Leutnant in der Armee untergebracht, und dem anderen geht es enorm gut, denn ich hab gehört, dass ihn jemand irgendwo in Wales in die Schule schickt. Vielleicht hast du sie gekannt, als sie hier wohnten?«

»Sehr gut sogar. Wir haben uns so oft getroffen wie deine Familie und die Halifaxes in London, aber da wir selten Mühe hatten, nahe aneinander heranzukommen, um ein paar Worte zu wechseln, trennten wir uns auch selten bloß mit einem Nicken und Lächeln. Sie waren wirklich eine höchst liebenswerte Familie und haben, glaube ich, auf der ganzen Welt nicht ihresgleichen. Die Nachbarn, die jetzt in der Pfarre wohnen, sind verglichen mit ihnen weniger angenehm.«

»Ach! Abscheuliche Leute! Wie haltet ihr die nur aus?«

»Wieso? Was sollten wir denn tun?«

»Du lieber Gott! Wenn ich an eurer Stelle wäre, würde ich sie den ganzen Tag beschimpfen.«

»Das tue ich ja, aber es hilft nichts.«

»Also, ich finde es eine Schande, dass man sie überhaupt leben lässt. Ich wollte, mein Vater würde dafür sorgen, dass ihnen der Schädel eingeschlagen wird, irgendwann mal, wenn er im Parlament ist. So was von grässlicher Einbildung auf die eigene Familie! Und dabei finde ich, sind sie doch nichts Besonderes.«

»Doch, doch, wenn überhaupt jemand, dann haben sie Grund, darauf stolz zu sein, denn du musst wissen, er ist Lord Amyatts Bruder.«

»Ach, das weiß ich doch alles, aber es ist kein Grund, so abscheulich zu sein. Ich erinnere mich, wie ich Miss Dudley letztes Frühjahr mit Lady Amyatt in Ranelagh getroffen habe, und sie trug so eine grässliche Haube, dass ich sie alle seitdem nicht mehr ausstehen kann. Und du fandst die Wynnes also sehr nett?«

»Du sagst das, als gäbe es daran irgendwelche Zweifel. Nett? Ach, sie hatten alles, was Menschen interessant und liebenswert macht. Ich maße mir nicht an, ihren Verdiensten gerecht zu werden, obwohl es unmöglich ist, sie nicht zu schätzen. Sie haben mir jeden anderen Umgang vergällt.«

»Also, genauso geht es mir mit den Miss Halifax. Übrigens, ich muss morgen an Caroline schreiben und weiß nicht, was ich ihr sagen soll. Die Barlows sind auch zwei so reizende Mädchen, ich wünschte bloß, Augustas Haar wäre nicht so dunkel. Sir Peter kann ich nicht ausstehen – abscheulicher Kerl! Er liegt *dauernd* mit Gicht im Bett, was wirklich unausstehlich ist für die Familie.«

»Und vielleicht auch nicht so sehr angenehm für ihn selbst. Aber was die Wynnes angeht – hältst du ihre Lage wirklich für so glücklich?«

»Ich? Wieso? Tun das nicht alle? Miss Halifax und Caroline und Maria sagen alle, dass sie die glücklichsten Geschöpfe auf der ganzen Welt sind. Und auch Sir George Fitzgibbon und überhaupt alle.«

»Das heißt, alle die, denen sie zu Dank verpflichtet sind. Aber nennst du es Glück, wenn ein Mädchen mit Verstand und Gefühl auf der Suche nach einem Ehemann nach Bengal geschickt wird und dort einen Mann heiraten soll, dessen

Charakter sie nicht eher beurteilen kann, als bis ihr Urteil ihr nichts mehr nützt; der vielleicht ein Tyrann ist oder ein Dummkopf oder beides? Das kann sie ja alles nicht wissen. Nennst du das wirklich Glück?«

»Von so was weiß ich nichts. Ich weiß bloß, dass es richtig anständig von Sir George war, sie einzukleiden und ihre Überfahrt zu bezahlen, und dass es nicht viele gegeben hätte, die das für sie getan hätten.«

»Ich wollte, es hätte keinen gegeben«, sagte Kitty mit großem Nachdruck, »dann wäre sie vielleicht in England geblieben und glücklich geworden.«

»Also, ich versteh wirklich nicht, was schlimm daran sein soll, mit zwei oder drei reizenden Mädchen als Gesellschaft auf bequeme Weise auf Reisen zu gehen, eine vergnügliche Überfahrt zu machen … nach Bengal oder Barbados … oder wo immer das ist … und gleich nach der Ankunft einen charmanten und steinreichen Mann zu heiraten. Ich seh nicht, was daran so schlimm sein soll.«

»Du stellst die Sache natürlich in einem völlig anderen Licht dar als ich«, sagte Kitty lachend. »Aber selbst wenn das wahr wäre, konnte sie doch keineswegs sicher sein, dass sie Glück mit ihrer Reise, ihren Gefährtinnen oder ihrem Ehemann haben würde, und schon das Risiko, dass sich alles ganz anders herausstellen könnte, verschlimmerte zweifellos ihre Lage. Außerdem ist allein schon die Reise, über deren Anlass niemand im Zweifel war, für ein halbwegs zartfühlendes Mädchen Strafe genug.«

»Das seh ich überhaupt nicht ein. Sie ist doch nicht das erste Mädchen, das wegen einem Ehemann nach Indien fährt. Mir jedenfalls würde es riesigen Spaß machen, wenn ich so arm wäre.«

»Ich glaube, dann würdest du ganz anders denken. Aber wenigstens wirst du die Lage ihrer Schwester nicht verteidigen wollen. Sogar für ihre Kleidung auf die Großmut anderer angewiesen zu sein, die sie nicht bemitleiden, weil sie nach deinen Worten finden, dass sie großes Glück gehabt hat.«

»Du bist ganz schön kritisch, ich muss schon sagen. Lady Halifax ist ein entzückendes Geschöpf und hat den reizendsten Charakter auf der ganzen Welt. Ich hab schließlich allen Grund, gut über sie zu reden, denn wir stehen ganz enorm in ihrer Schuld. Sie hat schon öfter die Anstandsdame für mich gespielt, wenn meine Mutter nicht konnte, und im letzten Frühjahr hat sie mir dreimal ihr eigenes Pferd geliehen, und das war ein unglaublicher Gefallen, denn es ist das schönste Geschöpf, das es je gab, und ich bin die einzige, der sie es je geliehen hat. Und dann«, fuhr sie fort, »sind die Miss Halifax so entzückend. Maria ist eins der schlausten Mädchen, die es je gab, sie malt in Öl und spielt alles vom Blatt. Sie hat mir eines ihrer Bilder versprochen, bevor ich London verließ, aber ich habe ganz vergessen, sie danach zu fragen. Ich würde alles in der Welt dafür geben, eines zu kriegen.«

»Aber war es nicht merkwürdig«, sagte Kitty, »dass der Bischof Charles Wynne zur See schickt, wenn er ihn eher in der Kirche hätte unterbringen können – ein Beruf, den Charles bevorzugte und für den ihn sein Vater vorgesehen hatte? Wie ich weiß, hat der Bischof Mr. Wynne mehrfach eine Pfarre versprochen, und da er ihm nie eine gegeben hat, wäre es seine Pflicht gewesen, finde ich, das Versprechen bei seinem Sohn einzulösen.«

»Ich glaube fast, du findest, er sollte ihm sein Bistum abtreten, und bist anscheinend entschlossen, mit allem, was für sie getan worden ist, unzufrieden zu sein.«

»Na gut«, sagte Kitty, »das ist ein Thema, über das wir uns nie einigen werden, und deshalb ist es sinnlos, die Diskussion fortzusetzen oder je wieder aufzunehmen.«

Damit verließ sie das Zimmer, lief aus dem Haus und

war bald in ihrer lieben Laube, wo sie sich in aller Ruhe ihrem heftigen Ärger über die Verwandten der Wynnes hingeben konnte, erheblich verstärkt durch die Mitteilung Camillas, dass man sie allgemein für ihre Großmut bewunderte. Sie vertrieb sich eine Weile die Zeit damit, alle mit großer Heftigkeit zu hassen und zu beschimpfen; und als sie ihrer Verehrung für die Wynnes diesen Tribut gezahlt und die Laube allmählich den gewohnten Einfluss auf ihr Gemüt ausübte, beruhigte sie sich weiter damit, dass sie ein Buch hervorholte, denn sie trug immer eins bei sich, und las.

## Drittes Kapitel

So hatte sie sich ungefähr eine Stunde beschäftigt, als Camilla in großer Erregung und offenbar mit einer freudigen Nachricht angelaufen kam.

»Oh, meine liebe Catharine«, rief sie ganz außer Atem, »ich hab so eine entzückende Nachricht für dich. Aber du sollst selber raten, was es ist. Wir sind die glücklichsten Geschöpfe auf der ganzen Welt. Ob du es glaubst oder nicht, die Dudleys haben uns eine Einladung zu einem Ball in ihrem eigenen Haus geschickt. Was für reizende Leute sie sind! Ich hatte keine Ahnung, dass die ganze Familie so viel Verstand hat. Ich muss sagen, ich bin ganz vernarrt in sie. Und es trifft sich so glücklich, denn ich erwarte morgen eine neue Haube aus London, genau das Richtige für einen Ball … golddurchwirkt … eine himmlische Kreation … alle werden auf das Muster erpicht sein.«

Die Aussicht auf einen Ball war tatsächlich eine sehr angenehme Überraschung für Kitty, die gerne tanzte, selten das Vergnügen hatte und womöglich noch aufgeregter war als ihre Freundin, für die das Ereignis nichts Neues mehr war. Camillas Entzücken war allerdings keineswegs geringer als Kittys, wenn sie es auch um einiges lautstärker ausdrückte. Die Haube traf ein, und alle weiteren Vorbereitungen waren bald getroffen. Mit diesen Beschäftigungen vergingen die Tage wie im Flug, doch als Anweisungen nicht mehr notwendig, Geschmack nicht mehr zu beweisen und Schwierigkeiten nicht mehr zu überwinden waren, lastete die kurze Zeitspanne bis zum Tag des Balles schwer auf ihnen, und jede Stunde wurde ihnen zu lang. Die seltenen Male, die Kitty das Vergnügen zu tanzen genossen hatte, waren eine Entschuldigung für *ihre* Ungeduld und eine Rechtfertigung für die Untätigkeit ihres sonst so regsamen Geistes, doch ihre Freundin hatte keine solche Ausrede und war unendlich viel schlimmer daran. Sie war zu nichts fähig, als vom Haus in den Garten und vom Garten auf die Straße zu wandern, fragte sich, wann endlich der Donnerstag käme, was sie leicht hätte herausfinden können, und zählte die Stunden, die vergingen, was sie nur noch länger machte.

Sie zogen sich am Mittwochabend in gehobener Stimmung in ihre Zimmer zurück, doch erwachte Kitty am nächsten Morgen mit heftigen Zahnschmerzen. Umsonst versuchte sie zuerst, sich darüber hinwegzutäuschen. Der Schmerz bezeugte nur zu spürbar seine Realität. Mit ähnlich geringem Erfolg versuchte sie, wieder einzuschlafen; das Zahnweh verwehrte ihr, die Augen zu schließen. Daraufhin rief sie ihre Zofe, und mit Hilfe der Haushälterin probierten sie jedes Mittel, zu dem die Hausapotheke oder die Weisheit der letzteren riet – doch vergeblich. Wenn sie auch zeitweilig Erleichterung empfand, kehrte der Schmerz doch zurück. Sie musste sich wohl oder übel in ihr Schicksal fügen und sich nicht nur mit dem Zahnschmerz, sondern auch mit dem Verzicht auf einen Ball abfinden. Und obwohl sie den Tag mit so viel Vorfreude erwartet, so viel Spaß an den nötigen Vorbereitungen gehabt und sich so viel Vergnügen davon versprochen hatte, mangelte es ihr im Gegensatz zu vielen gleichaltrigen Mädchen in ihrer Situation doch nicht gänzlich an der nötigen Einsicht. Sie sagte sich, dass es Sterbliche gab, die täglich Missgeschicke von viel größerem Ausmaß erlitten als das Versäumnis eines Balles und dass vielleicht der Tag kommen werde, an dem sie mit Staunen und sogar mit Bedauern auf eine Zeit zurückblicken würde, in der ihr kein größeres Unglück widerfahren war. Mit solchen Überlegungen gelang es ihr, sich mit so viel Geduld und Resignation zu wappnen, wie der Schmerz ihr erlaubte, der schließlich das größere von beiden Übeln war, und so erzählte sie die Geschichte beim Betreten des Frühstückszimmers mit einiger Gefasstheit.

Mrs. Percival bedauerte mehr ihren Zahnschmerz als ihre Enttäuschung und versuchte in ihrer Sorge, dass Kitty, wenn sie den Ball besuchte, kaum umgehen konnte, dort mit einem *Mann* zu tanzen, alles, was bereits versucht worden war, um ihren Schmerz zu lindern, während sie gleichzeitig erklärte, sie könne unmöglich das Haus verlassen. Miss Stanley, die neben der Besorgnis um ihre Freundin von Entsetzen ergriffen wurde, dass der Vorschlag ihrer Mutter, sie sollten alle zu Hause bleiben, akzeptiert werden könne, gab ihrem Kummer über diesen Anlass besonders heftigen Ausdruck; und obwohl ihre diesbezüglichen Befürchtungen bald von Kittys Erklärung ausgeräumt wurden, eher würde sie selbst mitgehen als zulassen, dass jemand ihretwegen zu Hause bleibe, setzte sie ihr Gejammer darüber so ausdauernd fort, dass Kitty schließlich in ihr Zimmer entfloh. Jetzt, wo Camillas eigene Befürchtungen ein für allemal beseitigt waren, hatte sie alle Muße der Welt, ihrer Freundin mit ihrem Mitleid zuzusetzen; und wenn Kitty auch in ihren eigenen vier Wänden vor ihr sicher war, so musste sie in der Hoffnung auf Linderung ihrer Schmerzen doch gelegentlich ihr Zimmer verlassen und hatte dann keine Gelegenheit, ihr zu entgehen.

»Also, so was Schockierendes habe ich lange nicht erlebt«, rief Camilla. »Ausgerechnet an so einem Tag! Zu jeder anderen Zeit hätte es einem ja nichts ausgemacht. Aber so ist es immer. Ich war in meinem ganzen Leben noch nie auf einem Ball, wo nicht was passiert ist, was jemand am Kommen gehindert hat. Wenn's doch auf der ganzen Welt keine Zähne gäbe! Sie sind die reinste Plage, und die Leute könnten doch was anderes erfinden, womit man essen kann. Du Ärmste! Was für Schmerzen du haben musst! Ich muss sagen, es ist ganz schockierend, dich anzugucken. Aber du lässt ihn doch nicht ziehen, oder? Um Himmels willen, bloß nicht, denn vor nichts graut mir mehr. Lieber würde ich die schlimmste Folter auf der ganzen Welt ausstehen, als mir einen Zahn ziehen lassen. Also, wie geduldig du alles erträgst! Wie kannst du bloß so ruhig sein? Großer Gott, ich an deiner Stelle würde ein solches Theater machen, es wäre nicht zu ertragen. Ich würde dich zu Tode quälen.«

Das tust du sowieso, dachte Kitty.

»Was mich betrifft, Catharine«, sagte Mrs. Percival, »so habe ich keinen Zweifel, dass du dir die Zahnschmerzen in deiner Laube geholt hast, denn dort ist es immer feucht. Ich bin sicher, sie hat deine Gesundheit gründlich untergraben. Und ich glaube nicht, dass sie meiner besonders gutgetan hat. Ich habe mich im letzten Mai einmal darin länger aufgehalten und mich seitdem nie wieder ganz wohl gefühlt. Ich werde John auf jeden Fall sagen, er soll sie abreißen.«

»Ich weiß, das werden Sie nicht tun, Madam«, sagte Kitty, »denn Sie wissen genau, wie unglücklich es mich machen würde.«

»Was redest du für dummes Zeug, Kind. Das ist alles Unsinn und Gefasel. Warum kannst du dir dieses Zimmer nicht als Laube vorstellen?«

»Hätten Cecilia und Mary dieses Zimmer gebaut, wäre

es mir genauso lieb und wert, Madam, denn es ist nicht nur der Name *Laube*, der mich bezaubert.«

»Ja, wirklich Mrs. Percival«, sagte Mrs. Stanley, »ich finde, Catharines Liebe zu ihrer Laube beruht auf einer Empfindsamkeit, die sie ehrt. Ich weiß die Freundschaft zwischen jungen Leuten zu schätzen und halte sie immer für das sichere Zeichen eines liebenswerten, anhänglichen Charakters. Ich habe Camilla von Kindesbeinen an beigebracht, auch so zu denken, und immer großen Wert darauf gelegt, sie mit jungen Leuten ihres Alters zusammenzubringen, von denen ich hoffte, sie seien ihrer Achtung wert. Nichts formt den Geschmack mehr als vernünftige, elegante Briefe. Lady Halifax ist darin ganz meiner Meinung. Camilla korrespondiert mit ihren Töchtern, und ich glaube, ich kann behaupten, dass es ihnen nicht zum Nachteil gereicht.«

Diese Vorstellungen waren zu modern für Mrs. Percivals Geschmack, die einen Briefwechsel zwischen jungen Mädchen für schädlich und aufgrund von verderblichem Rat und schlechtem Beispiel für eine häufige Quelle von Leichtsinn und Irrtümern hielt. Sie konnte sich deshalb die Bemerkung nicht ersparen, was sie beträfe, so habe sie fünfzig Jahre auf der Welt verbracht, ohne je eine Briefpartnerin gehabt zu haben, und halte sich deshalb nicht für weniger ehrenwert.

Mrs. Stanley hatte dem nichts zu erwidern, doch ihre Tochter, die weniger wusste, was sich gehört, sagte auf ihre gedankenlose Art: »Aber wer weiß, Madam, was aus Ihnen geworden wäre, wenn Sie eine Briefpartnerin gehabt hätten. Vielleicht hätte es ein völlig anderes Geschöpf aus Ihnen gemacht. Ich muss sagen, ich möchte um alles auf der Welt nicht auf die verzichten, die ich habe. Sie sind das größte Entzücken meines Lebens, und Sie ahnen gar nicht, wie sehr ihre Briefe meinen Geschmack gebildet haben, wie Mama sagt, denn ich höre im allgemeinen jede Woche von ihnen.«

»Hast du nicht erst heute einen Brief von Augusta Barlow bekommen, mein Kind?« fragte ihre Mutter. »Ich weiß, sie schreibt ausnehmend gut.«

»O ja, Mutter! Den entzückendsten Brief, den du je gelesen hast. Sie schickt mir eine lange Beschreibung von dem neuen Tagesmantel im Empirestil, den Lady Susan ihr geschenkt hat, und er ist so wunderhübsch, dass ich vor Neid sterben könnte.«

»Also, ich bin überglücklich, solch erfreuliche Nachrichten von meiner jungen Freundin zu hören. Ich schätze Augusta sehr und teile ihre Freude bei diesem Anlass. Aber hat sie sonst nichts gesagt? Es schien ein so langer Brief. Wollen sie auch nach Scarborough?«

»Ach Gott, sie verliert kein Wort darüber, jetzt fällt es mir wieder ein. Und ich hab ganz vergessen, sie zu fragen, wann *ich* zum letzten Mal geschrieben habe. Sie sagt wirklich nichts außer über das Empirekleid.«

Sie muss tatsächlich gut schreiben, dachte Kitty, um aus einer Haube und einem Mantel einen langen Brief zu machen. Und gelangweilt von einem Gespräch, das sie vermutlich amüsiert hätte, wenn es ihr besser gegangen wäre, sie bei ihrem Zahnschmerz aber nur ermüdete und deprimierte, verließ sie das Zimmer.

Es war ein Glück für sie, dass die Stunde des Ankleidens kam. Denn Camilla, umgeben von ihrer Mutter und der Hälfte aller Mädchen im Haus, bedurfte ihrer Hilfe nicht und war zu angenehm beschäftigt, als dass sie ihre Gesellschaft entbehrte. Sie blieb also allein im Wohnzimmer zurück, bis Mr. Stanley und ihre Tante sich zu ihr gesellten, sie allerdings nach ein paar Erkundigungen sich selbst überließen und sich wie gewohnt über Politik unterhielten. Das war ein Thema, über das sie sich nie einigen konnten, denn Mr. Stanley, der sich durch seinen Sitz im Unterhaus für absolut berechtigt hielt, seine Meinung ohne Vorbehalte zu äußern, behauptete resolut, das Königreich habe sich seit langem nicht in einem so blühenden und wohlhabenden Zustand befunden, während Mrs. Percival mit gleichem Nachdruck, wenn auch vielleicht weniger Überzeugungskraft, ähnlich vehement darauf bestand, dass die gesamte Nation unaufhaltsam auf dem Weg in den Abgrund sei und alles drunter und drüber gehe.

Kitty hörte dem Disput nicht ohne Belustigung zu, besonders da ihre Schmerzen nachzulassen begannen; und ohne am Gespräch teilzunehmen, fand sie es sehr unterhaltsam zu beobachten, mit welchem Eifer die beiden ihre Meinungen verfochten, und konnte nicht umhin sich zu fragen, wer von beiden wohl enttäuschter sein würde – Mr. Stanley, wenn sich die Prognosen ihrer Tante erfüllten, oder ihre Tante, wenn sie nicht einträfen.

Nach einer ganzen Weile erschienen Mrs. Stanley und ihre Tochter. Camilla, in gehobener Stimmung und sehr zufrieden mit ihrem eigenen Aussehen, lamentierte noch heftiger über ihre Freundin, während sie im Zimmer ihre schottischen Tanzschritte übte. Schließlich brachen sie auf; und da Kitty sich nun besser beschäftigen konnte als vorher, schrieb sie einen langen Bericht über ihr Missgeschick an Mary Wynne. Als der Brief fertig war, bestätigte sich ihr die Behauptung, dass geteiltes Leid halbes Leid ist, denn ihre Zahnschmerzen hatten sich so weit gelegt, dass sie mit dem Gedanken zu spielen begann, ihren Freunden zu den Dudleys zu folgen. Sie waren seit einer Stunde fort; und da alles für ihr Ballkleid bereitlag, konnte sie bei der geringen Entfernung damit rechnen, in einer Stunde dort zu sein. Die anderen hatten Mr. Stanleys Kutsche genommen, deshalb konnte sie in der ihrer Tante folgen. Da der Plan so leicht auszuführen war und so viel Vergnügen versprach, war sie nach wenigen Minuten Überlegung entschlossen, lief nach oben und klingelte in aller Eile nach ihrer Zofe.

Die rege Geschäftigkeit nahm fast eine Stunde in Anspruch und fand schließlich ein glückliches Ende, als sie elegant angezogen in ihrer ganzen Schönheit vorm Spiegel stand. Daraufhin wurde Anne mit der gleichen Eile ausgeschickt, um die Kutsche zu bestellen, während ihre Herrin ihre Handschuhe anzog und die Falten ihres Kleides arrangierte. Ein paar Minuten später hörte sie die Kutsche vorfahren; und obwohl zunächst erstaunt über die Schnelligkeit, mit der sie bereitstand, kam sie nach kurzer Überlegung zu dem Schluss, die Männer müssten vorher von ihrer Absicht unterrichtet gewesen sein, und verließ schnell das Zimmer, als Anne in größter Eile und Erregung hereingestürzt kam und rief: »Großer Gott, Madam! Hier ist grade ein Gentleman in einem Vierspänner vorgefahren, und ich hab keine Ahnung, wer es ist! Ich ging zufällig durch die Halle, als die Kutsche vorfuhr; und weil ich wusste, dass ihn niemand reinlassen kann außer Tom, und der sieht ja so komisch aus, weil sein Haar grade geschnitten wird, wollte ich nicht, dass der Gentleman ihn sieht, und bin selbst an die Tür gegangen. Und so einen vornehmen jungen Mann haben Sie lange nicht gesehen. Ich hab mich fast geschämt, dass er mich in 'ner Schürze sieht, Madam, aber er ist so riesig vornehm, es war ihm anscheinend ganz egal. Und er hat gefragt, ob die Familie zu Hause ist, und deshalb hab ich gesagt, es wär keiner da außer Ihnen, Madam, denn ich wollte Sie nicht verleugnen, weil ich sicher war, Sie wollten ihn sehen. Und dann hat er gefragt, ob Mr. und Mrs. Stanley nicht hier sind, und ich sagte, doch, und dann …«

»Du lieber Himmel!« sagte Kitty, »was hat das alles zu bedeuten? Wer kann das nur sein? Hast du ihn schon einmal gesehen? Und hat er denn nicht seinen Namen genannt?«

»Nein, Madam, kein Wort davon. Deshalb hab ich ihn ins Wohnzimmer gelassen, und er war so unheimlich nett, und …«

»Wer immer es ist«, sagte ihre Herrin, »er hat großen

Eindruck auf dich gemacht, Nanny. Aber woher kommt er denn? Und was will er hier?«

»Ach, Madam! Ich wollte Ihnen noch sagen, ich glaub, er will zu Ihnen, denn er hat mich gefragt, ob Sie Besuch empfangen könnten, und gesagt, ich sollte Ihnen seine Empfehlungen ausrichten und sagen, er würde Ihnen gerne seine Aufwartung machen. Aber ich dachte, er kommt besser nicht in Ihr Ankleidezimmer, vor allem, wo da so ein Durcheinander herrscht, deshalb hab ich gesagt, er soll so freundlich sein, im Wohnzimmer zu warten, ich würd rauflaufen und Ihnen Bescheid sagen, und dann hab ich mir rausgenommen zu sagen, Sie würden runterkommen zu *ihm*. Lieber Gott, Madam, ich wette, dass er extra gekommen ist, um Sie zum Tanz abzuholen, und seine Kutsche steht bereit und fährt Sie zu Mr. Dudley.«

Kitty konnte nicht umhin, bei diesem Gedanken zu lachen, und wünschte nur, es wäre wahr, denn inzwischen war es wahrscheinlich für einen anderen Partner viel zu spät.

»Aber was um alles in der Welt kann er mir sagen wollen? Vielleicht will er das Haus ausrauben … wenigstens weiß er aufzutreten, denn wir werden den Einbruch eher verschmerzen, wenn wir von einem Gentleman mit vierspänniger Kutsche ausgeraubt worden sind. Was für eine Livrée tragen denn seine Diener?«

»Das ist ja das ganz Komische an ihm, Madam, denn er hat keinen einzigen Diener bei sich und ist mit Mietpferden gekommen. Aber er ist auch so vornehm wie ein Prinz und sieht auch so aus. Gehn Sie nur schnell runter, Madam, ich bin sicher, Sie sind begeistert von ihm.«

»Ja, dann muss ich wohl gehen. Aber es ist sehr merkwürdig. Was kann er mir zu sagen haben?«

Nach einem kurzen Blick in den Spiegel ging sie in großer Ungeduld die Treppe hinunter – leicht erregt, weil sie nicht wusste, was ihr bevorstand, verharrte dann einen

Augenblick an der Tür, um Mut zu sammeln, und trat entschlossen ins Zimmer.

Der Fremde, dessen Erscheinung der Beschreibung durch ihr Mädchen keine Schande machte, erhob sich bei ihrem Eintritt, legte die Zeitung beiseite, die er gelesen hatte, trat mit dem Anschein vollkommener Nonchalance und Lebhaftigkeit auf sie zu und sagte zu ihr: »Ich befinde mich in der außerordentlich peinlichen Lage, mich Ihnen auf diese Weise vorstellen zu müssen; doch hoffe ich, dass die dringenden Umstände mich ausreichend entschuldigen und verhindern, dass Sie gegen mich voreingenommen sind. Nach *Ihrem* Namen brauche ich nicht zu fragen, Madam. Miss Percival ist mir aus Beschreibungen viel zu gut bekannt, als dass ich mich danach erkundigen müsste.«

Kitty, die erwartet hatte, dass er ihr *seinen* Namen statt *ihren* nennen würde, und die so selten in Gesellschaft kam und sich noch nie in einer solchen Situation befunden hatte, fühlte sich deshalb außerstande, ihn danach zu fragen. Obwohl sie sich ihre Worte auf dem ganzen Weg die Treppe hinunter zurechtgelegt hatte, war sie so verwirrt und bestürzt durch diese unerwartete Ansprache, dass sie nur zu einem leichten Knicks fähig war und den Stuhl akzeptierte, den er ihr hinschob, ohne zu wissen, was sie tat.

Daraufhin fuhr der Herr fort: »Sie sind vermutlich überrascht, mich so bald aus Frankreich zurück zu sehen, und eigentlich hätten mich nur Geschäfte nach England zurückbringen können. Eine sehr traurige Angelegenheit war nun aber der Anlass dazu, und ich möchte nicht wieder abreisen, ohne der Familie in Devonshire, deren Bekanntschaft ich schon so lange zu machen wünschte, einen Besuch abzustatten.«

Kitty, die mehr darüber staunte, dass er sie für überrascht hielt, als dass sie jemanden in England vor sich sah, von dem sie gar nicht wusste, dass er das Land je verlassen hatte, war vor Verblüffung und Verwirrung so sprachlos, dass ihr Besucher fortfahren konnte:

»Sie dürfen nicht glauben, Madam, dass die Anwesenheit von Mr. und Mrs. Stanley bei Ihnen meinem Wunsch, Ihnen meine Aufwartung zu machen, Abbruch getan hätte. Ich hoffe, es geht ihnen gut? Und Mrs. Percival, wie geht es ihr?« Und ohne auf eine Antwort zu warten, fuhr er munter fort: »Aber meine liebe Miss Percival, Sie sind bestimmt im Begriff auszugehen, und ich halte Sie von Ihrer Verabredung ab. Wie kann ich einen solchen Fauxpas wiedergutmachen? Ja, wie kann ich unter diesen Umständen Taktlosigkeit vermeiden? Sie sind anscheinend für einen Ball angezogen? Aber dies ist ja, wie ich weiß, die Gegend, wo man gerne feiert. Schon seit Jahren wollte ich sie besuchen. Hier findet, nehme ich an, mindestens einmal pro Woche ein Ball statt. Aber wo ist denn der Rest der Gesellschaft geblieben, und welcher gütige Engel hat *Sie* aus Mitleid mit mir davon ausgeschlossen?«

»Vielleicht, Sir«, sagte Kitty, die seine Art zu reden stark verwirrte und der die Freizügigkeit seiner Worte gegenüber einer Person ausgesprochen missfiel, die ihn noch nie gesehen hatte und die seinen Namen noch immer nicht kannte, »vielleicht, Sir, sind Sie mit Mr. und Mrs. Stanley bekannt und sind ihretwegen gekommen.«

»Sie erweisen mir zu viel Ehre, Madam«, erwiderte er lachend, »wenn Sie vermuten, ich sei mit Mr. und Mrs. Stanley bekannt. Ich kenne sie nur vom Sehen. Ganz entfernte Verwandte. Lediglich mein Vater und meine Mutter. Sonst nichts, versichere ich Ihnen.«

»Du lieber Himmel!« rief Kitty, »*Sie* sind also Mr. Stanley? Ich bitte tausendmal um Entschuldigung. Obwohl ich, um ehrlich zu sein, nicht weiß, wofür … denn Sie haben mir nicht einmal Ihren Namen genannt.«

»Ich bitte um Verzeihung. Ich habe bei Ihrem Eintritt ins

Zimmer eine glänzende Rede gehalten, um mich Ihnen vorzustellen. Mich jedenfalls hat sie sehr beeindruckt.«

»Ihre Rede war zweifellos glänzend«, sagte Kitty lächelnd, »das fand ich erst auch. Aber da Sie dabei Ihren Namen nicht erwähnt haben, ließ sie als Vorstellungsrede doch zu wünschen übrig.«

Stanley strahlte so viel gute Laune und Fröhlichkeit aus, dass Kitty, die vielleicht nicht das Recht hatte, ihn bei so kurzer Bekanntschaft mit so viel Vertraulichkeit anzusprechen, nicht umhin konnte, ihrer eigenen natürlichen Neigung zu Ungezwungenheit und Munterkeit nachzugeben und so mit ihm zu sprechen wie er mit ihr. Sie stand auf vertrautem Fuß mit seiner Familie, mit der sie verwandt war, und gestattete sich aufgrund dieser Verbindung, darüber hinwegzusehen, wie kurz sie sich erst kannten.

»Mr. und Mrs. Stanley und Ihrer Schwester geht es ausnehmend gut«, sagte sie, »und sie werden gewiss sehr überrascht sein, Sie zu sehen. Aber ich bedauere zu hören, dass Sie Ihre Rückkehr nach England einem unliebsamen Umstand verdanken.«

»Ach, sprechen wir nicht davon«, sagte er. »Es ist eine höchst verflixte, schockierende Geschichte, und der bloße Gedanke daran verstimmt mich. Aber wohin sind mein Vater, meine Mutter und meine Tante denn gegangen? Ah! Stellen Sie sich vor, mir ist, als ich hereinkam, die hübscheste kleine Zofe der Welt über den Weg gelaufen. Sie hat mich hereingelassen; ich dachte erst, Sie seien es.«

»Sie erweisen mir eine große Ehre und halten mich für gefälliger, als ich verdiene, denn ich gehe *nie* an die Tür, wenn jemand kommt.«

»Seien Sie bitte nicht böse. Es war nicht so gemeint. Aber sagen Sie, wohin wollen Sie in dem Aufzug? Ihre Kutsche fährt gerade vor.«

»Ich gehe zu einem Ball in der Nachbarschaft, wo Ihre Familie und meine Tante schon sind.«

»Schon sind, ohne Sie! Was hat denn das zu bedeuten? Aber vielleicht geht es Ihnen wie mir, Sie brauchen Zeit zum Ankleiden.«

»Die hätte ich mir in dem Fall tatsächlich genommen, denn sie sind schon seit fast zwei Stunden fort. Der Grund war allerdings ein anderer ... Es waren Schmerzen, die mich verhindert haben.«

»Schmerzen!« unterbrach Stanley. »Ach, du lieber Himmel, das ist ja furchtbar, was immer für Schmerzen das auch waren! Aber meine liebe Miss Percival, was sagen Sie dazu, wenn ich Sie begleite? Und Sie obendrein mit mir tanzen? *Mir* wäre das sehr angenehm.«

»Ich habe gegen beides nichts einzuwenden«, erklärte Kitty und musste lachen, wie nah ihre Zofe der Wahrheit gekommen war. »Im Gegenteil, ich fühle mich durch beides sehr geschmeichelt und bin überzeugt, dass Sie der Familie hochwillkommen sind, die den Ball gibt.«

»Ach, zum Teufel mit ihnen! Wen kümmert das, sie können mich schließlich nicht rauswerfen. Aber ich fürchte, ich gebe unter all Ihren Devonshire-Beaux eine traurige Figur ab in diesem staubigen Reiseaufzug, denn ich habe nichts zum Umziehen. Sie können mir vielleicht ein bisschen Puder leihen, und ich besorge mir ein paar Schuhe von einem der Diener, denn ich bin so überstürzt aus Lyon abgereist, dass ich außer etwas frischer Wäsche nichts einpacken konnte.«

Kitty erfüllte bereitwillig alle seine Wünsche, beauftragte den Diener, ihn in Mr. Stanleys Ankleidezimmer zu führen, und befahl Nanny, ihm Puder und Pomade bringen zu lassen, was diese gerne persönlich übernahm. Da es sich bei Stanleys Vorbereitungen um bloße Kleinigkeiten handelte, erwartete Kitty ihn natürlich in ungefähr zehn Minuten zurück, doch musste sie feststellen, dass er sich nicht nur aus Eitelkeit mit seiner Saumseligkeit gebrüstet hatte, denn er ließ sie mehr als eine halbe Stunde warten, so dass die Uhr zehn schlug, bevor er das Zimmer betrat, während die restliche Gesellschaft um acht aufgebrochen war.

»Also«, sagte er beim Eintreten, »war ich nicht flink? In meinem ganzen Leben habe ich mich noch nie so beeilt.«

»Wenn Sie wollen, kann man es so nennen«, erwiderte Kitty, »denn aller Verdienst ist relativ.«

»Ah, ich wusste, Sie würden mich bewundern, dass ich mich so beeilt habe. Aber kommen Sie, die Kutsche steht bereit, also lassen Sie mich nicht länger warten.«

Und damit nahm er sie bei der Hand und führte sie aus dem Zimmer.

»Stellen Sie sich vor, meine liebe Cousine«, sagte er, als sie Platz genommen hatten, »was für eine herrliche Überraschung das wird, wenn man Sie mit einem so flotten jungen Burschen wie mich den Saal betreten sieht. Ich hoffe, Ihre Tante bekommt keinen Schreck.«

»Um ehrlich zu sein«, erwiderte Kitty, »halte ich es für das Beste, wenn wir sie oder Ihre Mutter herausrufen, bevor wir eintreten, besonders wo Sie völlig fremd sind und unbedingt Mr. und Mrs. Dudley vorgestellt werden müssen.«

»Ach, Unsinn«, sagte er. »Ich hätte nicht erwartet, dass *Sie* solche Umstände machen würden. Bei unserer Bekanntschaft ist solche Prüderie lächerlich. Außerdem, wenn wir gemeinsam eintreten, sind wir das Gesprächsthema der ganzen Gegend.«

»Für mich«, sagte Kitty, »wäre das zweifellos ein verlockender Anreiz, aber ich bezweifle stark, dass meine Tante es genauso sehen würde. Frauen ihres Alter haben merkwürdige Ideen, was Anstand betrifft.«

»Und das ist genau der Grund, sie ihnen abzugewöhnen. Und warum sollten Sie etwas dagegen haben, mit mir einen

Raum zu betreten, wo unsere Verwandten sind, wenn Sie mir die Ehre erwiesen haben, mich ohne Anstandsdame in Ihre Kutsche zu lassen? Glauben Sie nicht, Ihre Tante wird sich ebenso über das eine wie das andere dieser schweren Vergehen entrüsten?«

»Aber ja«, sagte Catharine, »das wird sie auf jeden Fall. Allerdings gibt es keinen Grund, ein zweites Mal gegen die guten Sitten zu verstoßen, nur weil ich es schon einmal getan habe.«

»Im Gegenteil, das ist genau der Grund, warum Sie es nicht verhindern können, weil Sie nicht noch einmal *zum ersten Mal* gegen sie verstoßen können.«

»Sie sind zu komisch«, sagte sie lachend, »und ich fürchte, ich finde Ihre Argumente unterhaltsam, aber überzeugend sind sie nicht.«

»Wenigstens überzeugen sie Sie davon, dass ich sehr umgänglich bin, und darauf kommt es mir vor allem an; und was die Frage des Anstands betrifft, so lassen wir sie bis zum Ende unserer Fahrt auf sich beruhen. Finden diese Bälle jeden Monat statt? Nichts als Tanzerei hier …«

»Ich habe Ihnen doch gesagt, dass ein gewisser Mr. Dudley ihn gibt.«

»Ach so, ja, das haben Sie, aber warum sollte Mr. Dudley nicht jeden Monat einen geben? Und im übrigen, wer ist der Mann? Alle Welt gibt anscheinend Bälle heutzutage. Ich glaube, ich muss auch bald einen geben. Und apropos, wie gefallen Ihnen mein Vater und meine Mutter? Und auch die arme kleine Camilla, hat sie Sie nicht mit den Halifaxes zu Tode gelangweilt?«

Hier hielt die Kutsche glücklicherweise vorm Haus der Dudleys, und Stanley war zu beschäftigt, ihr beim Aussteigen behilflich zu sein, als dass er auf eine Antwort gewartet oder sich erinnert hätte, dass seine Worte eine erforderten. Sie betraten das kleine Vestibül, das Mr. Dudley zu einer würdigen Halle aufgewertet hatte, und Kitty bat den Diener, der sie die Treppe hinaufgeleitete, unverzüglich, Mrs. Percival oder Mrs. Stanley von ihrer Ankunft zu unterrichten und sie herbeizurufen, doch Stanley, der Widerspruch nicht gewohnt und ungeduldig war, sich zu den anderen zu gesellen, wollte ihrem Wunsch zu warten nicht zustimmen und nicht auf sie hören, sondern nahm sie kurzentschlossen unter den Arm und fiel ihr lautstark ins Wort, so dass Kitty ihm halb verärgert, halb lachend die Treppe hinauf folgen musste und ihn nur mit Mühe bewegen konnte, ihre Hand beim Betreten des Saals loszulassen.

Mrs. Percival befand sich in diesem Augenblick am anderen Ende des Saals im Gespräch mit einer Dame, der sie gerade einen langen Bericht gegeben hatte von der unglückseligen Enttäuschung ihrer Nichte und den fürchterlichen Schmerzen, die sie den ganzen Tag mit so viel Tapferkeit ertragen hatte.

»Ich habe sie allerdings, dem Himmel sei Dank«, sagte sie, »in etwas besserer Verfassung zurückgelassen und hoffe, sie konnte sich mit einem Buch amüsieren, die Ärmste, denn sonst muss es sehr langweilig für sie sein. Inzwischen liegt sie vermutlich im Bett, wo sie in ihrem leidenden Zustand am besten aufgehoben ist, Madam.«

Die Dame wollte dieser Meinung gerade zustimmen, als das Geräusch von Stimmen auf der Treppe und das Öffnen der Tür durch den Diener, um jemanden hereinzulassen, die Aufmerksamkeit aller im Saal auf sich zog. Und da es sich um eine der Pausen zwischen den Tänzen handelte, wenn alle froh sind, sich setzen zu dürfen, sah sich Mrs. Percival zu ihrem Unglück gezwungen, ihre Nichte, die sie im Bett oder allerhöchstens mit einem unterhaltsamen Buch beschäftigt glaubte, höchst elegant gekleidet den Saal betreten zu sehen – mit einem Lächeln auf den Lippen und einer Mischung von Heiterkeit und Verlegenheit auf den Wangen und noch dazu in Begleitung eines ungewöhnlich gut aussehenden jungen Mannes, der keinerlei Anzeichen ihrer Verlegenheit, sondern einzig ihre Munterkeit verriet.

Mrs. Percival wechselte vor Ärger und Verblüffung die Farbe und erhob sich von ihrem Sitz, während Kitty, erpicht darauf, sie darüber aufzuklären, was offensichtlich allgemeine Verwunderung, bei ihrer Tante jedoch Entsetzen erregte, auf sie zueilte und Camilla ihrem Bruder bei seinem Anblick entgegenlief und durch ihre Worte und Gesten allen klarmachte, wer er war. Mr. Stanley, dem sein Sohn so lieb war, dass das Vergnügen, ihn nach einer Abwesenheit von drei Monaten wiederzusehen, ihn davon abhielt, unmittelbaren Ärger darüber zu verspüren, dass er ohne sein Wissen nach England zurückgekehrt war, empfing ihn mit der gleichen Verwunderung und Freude und verzichtete, als er den Grund seiner Rückkehr erfuhr, auf jede weitere Unterredung mit seinem Sohn, der unbedingt seine Mutter sehen und Mr. Dudleys Familie vorgestellt werden wollte. Diese Vorstellung wäre jedem anderen als Stanley höchst peinlich gewesen, denn die Dudleys empfanden es als Verletzung ihrer Würde, dass er uneingeladen ihr Haus betrat, und empfingen ihn mit mehr als ihrer üblichen Herablassung. Aber Stanley mit seinem nicht einzudämmenden lebhaften Temperament und seiner unbeirrbaren Verachtung für Kritik war von seiner eigenen Wichtigkeit so eingenommen und zum Durchsetzen seiner eigenen Pläne so entschlossen, ohne sich vom Verhalten anderer beirren zu lassen, dass er nichts davon zu merken schien. Er nahm also die ihm kühl erwiesenen Höflichkeiten mit der ihm eigenen Munterkeit und Nonchalance entgegen und begab sich dann in Begleitung seines Vaters und seiner Schwester ins Nebenzimmer, wo seine Mutter Karten spielte, um ein zweites Wiedersehen und eine Wiederholung von Freude, Überraschung und Erklärungen zu erleben.

Während sich dies abspielte, kehrte Camilla, die es nicht abwarten konnte, ihre Gefühle jemandem mitzuteilen, der ihr zuhören würde, zu Catharine zurück, setzte sich neben sie und begann auf der Stelle: »Also, hast du je etwas so Entzückendes erlebt? Aber so ist es immer. Ich bin in meinem ganzen Leben noch auf keinem Ball gewesen, wo nicht irgendwas passiert, das ganz bezaubernd ist.«

»Dann ist ein Ball für dich«, erwiderte Kitty, »anscheinend etwas höchst Ereignisreiches.«

»Ach, du lieber Gott, so ist es. Wenn du bedenkst, wie plötzlich mein Bruder zurückgekehrt ist. Und wie schockierend der Anlass ist, der ihn zurückgebracht hat. So was Schreckliches hab ich noch nie gehört!«

»Was hat ihn denn veranlasst, Frankreich zu verlassen? Es tut mir leid zu hören, dass es ein trauriger Anlass ist.«

»Ach, was Schlimmeres kannst du dir gar nicht vorstellen! Sein Lieblingspferd, das auf die Weide gelassen wurde, als er ins Ausland ging, ist irgendwie krank geworden. Nein, ich glaub, es war ein Unfall, aber was es auch war, irgend so was wars jedenfalls, und deshalb haben sie sofort eine Nachricht nach Lyon geschickt, wo mein Bruder war, weil sie wussten, dass ihm mehr an dem Pferd liegt als an allem anderen auf der ganzen Welt. Und deshalb ist mein Bruder sofort nach England aufgebrochen, ohne einen zweiten Anzug einzupacken. Ich bin deswegen richtig böse auf ihn. So was Schockierendes, sich ohne Extrakleidung auf die Reise zu machen!«

»Wirklich«, sagte Kitty, »das ist ja von Anfang bis Ende eine schockierende Angelegenheit.«

»Oh, was Schlimmeres kannst du dir gar nicht vorstellen. Meinetwegen hätte ihm wer weiß was passieren können, bloß nicht sein Pferd verlieren.«

»Außer, dass er ohne einen zweiten Anzug gekommen ist.«

»O ja, das hat mich wütender gemacht, als du dir vorstellen kannst. Also, und dann ist Edward erst in Brampton angekommen, als das arme Biest schon tot war. Und weil er es nicht aushalten konnte, dazubleiben, ist er extra nach Chetwynde gefahren, um uns zu treffen. Ich hoffe, er geht nicht wieder ins Ausland.«

»Und will er das nicht?«

»Ach, ich fürchte, er muss, aber ich wünsche von Herzen, dass nichts draus wird. Du glaubst gar nicht, wie gern ich ihn habe. Übrigens, bist *du* nicht auch verliebt in ihn?«

»Natürlich bin ich das«, erwiderte Kitty lachend. »Ich bin in jeden gutaussehenden Mann verliebt, den ich sehe.«

»Genau wie ich. Ich bin dauernd in alle gutaussehenden Männer auf der ganzen Welt verliebt.«

»Da übertriffst du mich«, erwiderte Catharine, »denn ich bin nur in die verliebt, die ich tatsächlich sehe.«

Mrs. Percival, die auf Catharines anderer Seite saß, wandte sich ihnen, als sie Wörter wie ›verliebt‹ und ›gutaussehender Mann‹ heraushörte, abrupt zu und wollte wissen: »Was sagst du da, Catharine?«

Worauf Catharine mit der natürlichen Schlauheit eines Kindes antwortete: »Nichts, Madam.«

Sie hatte wegen ihres leichtsinnigen Benehmens an diesem Abend bereits eine sehr strenge Predigt von ihrer Tante erhalten, die ihr vorwarf, zum Ball zu kommen … in *einer* Kutsche mit Edward Stanley zu kommen und obendrein gemeinsam mit ihm den Saal zu betreten.

Für den letzten Vorwurf hatte Catharine keine Entschuldigung; und obwohl sie auf den zweiten gerne geantwortet hätte, dass sie es nicht für höflich gehalten hatte, Mr. Stanley *zu Fuß* gehen zu lassen, wollte sie es lieber nicht mit ihrer Tante verderben, die darüber noch empörter gewesen wäre. Die erste Rüge hielt sie allerdings für völlig unbegründet, da sie ihr Kommen für vollkommen berechtigt hielt.

Dieses Gespräch dauerte an, bis Edward Stanley den Saal betrat und sofort auf sie zukam. Auf seine Mitteilung, alle erwarteten, *sie* werde den nächsten Tanz anführen, reichte ihm Kitty, die ihrer unangenehmen Nachbarin gar nicht schnell genug entkommen konnte, ohne das leiseste Zögern und ohne einen einzigen Skrupel über diese Auszeichnung sofort ihre Hand, erhob sich erleichtert von ihrem Sitz und ließ sich ans obere Ende des Saales führen. Dieses Benehmen wurde allerdings von einigen anwesenden jungen Damen entschieden missbilligt – darunter Miss Stanley, deren *überschwengliche* Verehrung für ihren Bruder und ihre *grenzenlose* Zuneigung zu Kitty sie nicht davor bewahrten, in ihrer Wichtigkeit und ihrem Seelenfrieden gekränkt zu sein.

Edward war allerdings bei dem Wunsch, mit Miss Percival den Tanz zu beginnen, nur seinen eigenen Neigungen gefolgt und hatte keinerlei Grund zu der Annahme, dass irgendjemand sonst in der Gesellschaft es wünschte oder erwartete. Als Erbin konnte Catharine zwar Anspruch darauf erheben, doch ihre Herkunft berechtigte sie nicht dazu, denn ihr Vater war Kaufmann gewesen. Es war genau dieser Umstand, warum die unglückselige Affäre Camilla so beleidigte, denn obwohl sie sich gelegentlich ihrer Großherzigkeit rühmte und sich gerne dafür bewundern ließ, dass sie nicht wusste, wer ihr Großvater gewesen war, und von nichts Ahnung hatte, was mit Genealogie oder Astronomie (und sie hätte hinzufügen können mit Geographie) zu tun hatte, war sie im Grunde sehr stolz auf ihre Familie und ihre Beziehungen und leicht beleidigt, wenn sie vernachlässigt wurden.

»Es hätte mir nichts gemacht«, sagte sie zu ihrer Mutter, »wenn sie die Tochter von jemand anders wäre, aber wenn sie so tut, als sei sie *mir* überlegen, wo ihr Vater nur Kaufmann war, das geht zu weit! Es ist ein richtiger Affront gegen unsere ganze Familie! Ich muss sagen, Papa sollte was dagegen unternehmen, aber er kümmert sich ja bloß um Politik. Wenn ich Mr. Pitt oder der Lordkanzler wäre, würde er aufpassen, dass keiner mich beleidigt, aber an *mich* denkt er ja nie. Es ist eine Zumutung, dass Edward *ihr* Gelegenheit gibt, an der Stelle zu stehen. Ich wünschte von ganzem Herzen, dass er nie nach England zurückgekommen wäre! Ich hoffe, sie fällt hin und bricht sich das Genick oder verrenkt sich den Knöchel.«

Mrs. Stanley stimmte in diesem Punkt ganz mit ihrer Tochter überein und äußerte, wenn auch etwas weniger heftig, fast die gleiche Empörung über diese Demütigung. Kitty war inzwischen völlig ahnungslos, dass sie irgendwo Anstoß erregt hatte, und deshalb außerstande, sich zu entschuldigen oder etwas wiedergutzumachen. Sie war ganz von dem Glück erfüllt, mit dem elegantesten jungen Mann im Saal zu tanzen, und achtete auf niemanden sonst. Für *sie* verging der Abend außerordentlich vergnüglich. Er war die meiste Zeit ihr Partner, und die Vorzüge, die er an Persönlichkeit, Umgangsformen und Lebhaftigkeit in sich vereinigte, hatten auf die empfängliche Kitty den Eindruck gemacht, den sie auch auf andere selten verfehlten. Sie war viel zu glücklich, als dass ihr die Verstimmung ihrer Tante, die ihr durchaus nicht entging, oder Camillas verändertes Verhalten, das ihr schließlich nicht länger verborgen blieb, etwas ausgemacht hätten. Sie war in so gehobener Stimmung, dass ihr das Missfallen anderer nichts anhaben konnte, und es war ihr gleichgültig, warum Camilla jetzt und ihre Tante noch immer verärgert waren.

## Viertes Kapitel

Obwohl Mr. Stanleys Freude, seinen Sohn zu sehen, durch keine Unklugheit oder Dummheit von dessen Seite ernsthaft getrübt werden konnte, war er doch fest davon überzeugt, dass Edward nicht in England bleiben sollte, und deshalb entschlossen, auf seine baldige Abreise zu dringen. Doch als er mit Edward darüber sprach, fand er ihn weniger geneigt, nach Frankreich zurückzukehren als die Familie auf ihrer geplanten Reise zu begleiten, was, so versicherte er seinem Vater, ihm unendlich viel mehr Vergnügen bereiten würde; und seine Rückreise nach Frankreich hielt er für keineswegs dringend, denn er könne sie jederzeit nachholen, wenn er nichts Besseres zu tun habe.

Er brachte diese Einwände auf eine Weise vor, die eindeutig zeigte, dass er kaum einen Zweifel an der Erfüllung seiner Wünsche hatte, und schien den Einspruch, den sein Vater anmeldete, nur als dessen ohne Schwierigkeit zu überwindenden Versuch zu sehen, seine Autorität zu wahren. Er beendete das Gespräch, als sie sich in der Kutsche, in der sie gemeinsam von Mr. Dudley zurückkehrten, Mrs. Percivals Haus näherten, mit den Worten: »Na gut, Sir, wir erledigen diese Sache ein andermal, denn zum Glück ist sie so unwichtig, dass eine sofortige Diskussion darüber unnötig ist.«

Damit stieg er aus und betrat das Haus, ohne die Antwort seines Vaters abzuwarten.

Erst auf der Rückfahrt konnte Kitty sich die Kühle in Camillas Benehmen ihr gegenüber erklären, die so auffällig war, dass sie sich nicht länger übersehen ließ. Als sie mit den beiden anderen Damen in der Kutsche Platz genommen hatten, konnte Miss Stanley ihre Entrüstung nicht länger unterdrücken und machte sich mit den folgenden Worten Luft:

»Also, ich muss schon sagen, auf einem dämlicheren Ball bin ich in meinem ganzen Leben noch nicht gewesen! Aber so ist es immer. Immer gibt es irgendwas, warum ich enttäuscht bin. Wenn das bloß nicht immer so wäre.«

»Es tut mir leid, Miss Stanley«, sagte Mrs. Percival und richtete sich auf, »dass Sie sich nicht amüsiert haben. Alles war sicher nur gut gemeint, und es ist für Ihre Mama wenig ermutigend, Sie auf weitere Bälle mitzunehmen, wenn Sie so schwer zufriedenzustellen sind.«

»Ich weiß nicht, was Sie damit meinen, Madam, Mama soll mich *mitnehmen*. Sie wissen doch, ich bin in die Gesellschaft eingeführt.«

»Ach, meine liebe Mrs. Percival«, sagte Mrs. Stanley, »Sie müssen nicht alles glauben, was meine lebhafte Camilla sagt, denn sie ist manchmal in so ausgelassener Stimmung und redet oft, ohne nachzudenken. Ich glaube nicht, dass wir alle je einen eleganteren oder unterhaltsameren Ball erlebt haben, und genau das wollte Camilla auch ausdrücken.«

»Ja, das stimmt«, sagte Camilla ziemlich missmutig, »aber ich muss schon sagen, dass es nicht sehr angenehm ist, wenn jemand mich so unhöflich und schockierend behandelt. Ich bin bestimmt nicht beleidigt, und meinetwegen kann die ganze Welt den Vorrang vor mir haben, aber trotzdem ist es richtig abscheulich, und ich kann es einfach nicht hinnehmen. Es ist mir ja ganz egal, ob ich den ganzen Abend lang am oberen oder am unteren Ende der Reihe stehe, wenn es nicht so unerträglich wäre. Aber wenn jemand mitten am Abend reinkommt und alle anderen verdrängt, das bin ich nicht gewöhnt. Es lässt mich eigentlich eiskalt, aber ich schwöre, dass ich es nicht so leicht vergeben oder vergessen werde.«

Diese Rede machte Kitty die Situation vollkommen klar und wurde gleich darauf von ihr mit einer sehr reumütigen Entschuldigung beantwortet, denn sie war zu vernünftig, um auf ihre Familie stolz zu sein, und zu gutmütig, um mit irgendjemandem in Streit leben zu wollen. Ihre Entschuldigungen wurden mit so viel ehrlichem Verständnis für die Kränkung und so viel natürlicher Liebenswürdigkeit vorgebracht, dass es Camilla fast unmöglich war, auf ihrer Verärgerung zu bestehen. Tatsächlich bereitete es ihr höchste Genugtuung, dass keine Beleidigung beabsichtigt und Catharine weit davon entfernt war, den Unterschied ihrer Herkunft zu vergessen, für den sie sie *jetzt* nur bedauern konnte; und nachdem ihre gute Laune ebenso schnell wiederhergestellt wie sie verdorben worden war, lobte sie den Abend in den höchsten Tönen und erklärte, noch nie auf einem so schönen Ball gewesen zu sein.

Die gleichen Anstrengungen, mit denen Kitty Vergebung bei Miss Stanley gefunden hatte, sicherten ihr auch das Wohlwollen ihrer Mutter, und so fehlte nichts als Mrs. Percivals gute Laune, um das Glück der anderen vollständig zu machen.

Diese allerdings, entrüstet über Camillas eingebildetes Überlegenheitsgefühl, mehr noch über die Ankunft von deren Bruder in Chetwynde und enttäuscht von dem ganzen Abend, saß schweigend und finster da, was der Lebhaftigkeit ihrer Begleiterinnen einen Dämpfer aufsetzte. Sie nahm also am nächsten Morgen die erste sich bietende Gelegenheit wahr, um mit Mr. Stanley über die Rückkehr seines Sohnes zu sprechen, und als sie ihm mitgeteilt hatte, für wie unsinnig sie sein Kommen hielt, schloss sie mit der Bitte, Mr. Edward Stanley zu informieren, dass sie es sich zur Regel gemacht habe, keinen jungen Mann, über welchen Zeitraum auch immer, als Besuch in ihrem Haus zu dulden.

»Ich sage das nicht aus Mangel an Respekt für Sie, Sir«, fuhr sie fort, »aber ich könnte seinen Aufenthalt hier nicht vor mir verantworten. Die Konsequenzen, wenn er bliebe, sind nicht auszudenken, denn die jungen Mädchen von heute geben hübschen jungen Männern immer den Vorzug vor anderen. Aber warum, habe ich nie recht begriffen, denn was bedeuten schließlich Jugend und Schönheit? Sie sind nur ein kümmerlicher Ersatz für wahren Wert und Verdienst. Glauben Sie mir, Vetter, was immer Gegenteiliges die Leute sagen mögen, es geht nichts über die Tugend, um uns zu dem zu machen, was wir sein sollten. Und wenn ein junger Mann Jugend und Schönheit und einnehmende Umgangsformen hat, dann nützt ihm das gar nichts, wenn er nicht ehrbar ist. Das war schon immer meine Meinung, und ich bleibe dabei, und deshalb werden Sie mir den Gefallen tun, Ihren Sohn aufzufordern, Chetwynde zu verlassen, sonst kann ich nicht dafür garantieren, was zwischen ihm und meiner Nichte vorfallen könnte.

Sie sind vielleicht überrascht, es von *mir* zu hören«, fuhr sie fort und senkte die Stimme, »aber die Wahrheit will ans Licht, und ich muss zugeben, dass Kitty eins der schamlosesten Mädchen ist, die es je gegeben hat. Ich schwöre Ihnen, Sir, ich habe sie neben einem jungen Mann sitzen und lachen und mit ihm flüstern sehen, den sie kaum ein halbes Dutzend Mal gesehen hatte. Ihr Betragen ist tatsächlich skandalös, und deshalb bitte ich Sie inständig, Ihren Sohn auf der Stelle fortzuschicken, sonst geht hier alles drunter und drüber.«

Mr. Stanley, der zu Beginn ihrer Rede völlig ahnungslos gewesen war, zu welchen Unterstellungen hinsichtlich Kittys Dreistigkeit sie sich versteigen würde, versuchte nun, ihre Befürchtungen zu zerstreuen, indem er ihr versicherte, dass sein Sohn auf keinen Fall länger als einen Tag bei ihnen verweilen und er selbst alles daran setzen werde, ihrem Wunsch zu entsprechen. Er fügte hinzu, dass Edward selbst den dringenden Wunsch habe, nach Frankreich zurückzukehren, wohl wissend, dass er alle Zeit, die er nicht der Förderung seiner augenblicklichen Pläne widme, nur verschwende, obwohl er selbst vom Gegenteil überzeugt sei.

Diese Versicherung beruhigte Mrs. Percival einigermaßen und befreite sie so weit von ihren Ängsten und Befürchtungen, dass sie nun eher geneigt war, seinem Sohn während seines kurzen verbleibenden Aufenthalts in Chetwynde mit Höflichkeit zu begegnen. Mr. Stanley ging auf der Stelle zu Edward, dem er das Gespräch wiederholte, das zwischen ihm und Mrs. Percival stattgefunden hatte, und machte ihm mit allem Nachdruck die Notwendigkeit klar, Chetwynde am nächsten Tag zu verlassen, da *er* bereits sein Wort gegeben habe.

Sein Sohn, der allerdings nur die Lächerlichkeit von Mrs. Percivals Befürchtungen sah und höchst entzückt war, sie selbst hervorgerufen zu haben, war anscheinend nur darauf bedacht, wie er sie noch vergrößern könne, ohne dem Rest des Gesprächs mit seinem Vater Aufmerksamkeit zu schenken. Mr. Stanley konnte ihm keine definitive Antwort entlocken; und obwohl er im stillen das Beste hoffte, schied er von seinem Sohn fast im Zorn. Sein Sohn allerdings, der nicht die mindeste Absicht hatte zu heiraten und in Miss Percival nicht mehr sah sah als ein gutgelauntes, lebhaftes Mädchen, dem er zu gefallen schien, machte sich ein riesiges Vergnügen daraus, die eifersüchtigen Ängste der Tante durch seine Aufmerksamkeiten der Nichte gegenüber zu schüren, ohne sich über die Wirkung auf die Dame selbst Gedanken zu machen. Er setzte sich immer neben sie, wenn sie im Zimmer war, schien enttäuscht, wenn sie es verließ, und war der erste, der sie fragte, ob sie bald zurückkehren werde. Er war entzückt von ihren Zeichnungen, bezaubert von ihrem Cembalospiel; alles, was sie sagte, schien ihn zu interessieren, im Gespräch wandte er sich ausschließlich an sie, und sie schien der einzige Gegenstand seiner Aufmerksamkeit.

Dass solche Anstrengungen ihre Wirkung auf jemanden nicht verfehlte, der so empfindlich auf alle Alarmzeichen reagierte wie Mrs. Percival, war keineswegs unnatürlich; und dass sie die gleiche Wirkung auf ihre Nichte hatten, deren Phantasie lebhaft, deren Vorstellungen romantisch und die bereits allergrößten Gefallen an ihm fand und sich das gleiche von ihm wünschte, ist ebenfalls nicht verwunderlich. Jeder Augenblick, der sie in dieser Überzeugung bestärkte, machte ihn nur noch sympathischer und bekräftigte ihren Wunsch, ihn besser kennenzulernen. Was Mrs. Percival anging, so litt sie den ganzen Tag Qualen. Nichts, was sie bei ähnlichen Gelegenheiten empfunden hatte, ließ sich mit den Gefühlen vergleichen, die sie verstörten. Ihre Befürchtungen waren noch nie so stark, ja, noch nie so begründet gewesen. Ihre Abneigung gegen Stanley, ihr Zorn auf ihre Nichte, ihre Ungeduld, sie getrennt zu sehen, siegte über Anstand und gutes Benehmen, und obwohl er mit keinem Wort erwähnt hatte, dass er am nächsten Tag abzureisen gedachte, konnte sie nicht umhin, ihn nach dem Dinner in ihrem dringenden Wunsch, ihn gehen zu sehen, zu fragen, um welche Zeit er aufzubrechen gedenke.

»Ach, Madam«, antwortete er, »wenn ich bis zwölf Uhr Mitternacht verschwunden bin, haben Sie Glück gehabt, und wenn nicht, dann haben Sie es sich selbst zuzuschreiben, weil Sie mir die Stunde meines Aufbruchs selbst überlassen.«

Mrs. Percival wurde bei diesen Worten hochrot im Gesicht; und ohne sich an jemanden Bestimmtes zu wenden, fiel sie in eine lange Tirade über das schockierende Benehmen moderner junger Männer und die erstaunlichen Veränderungen, die seit ihrer Zeit stattgefunden hatten, und sie schmückte sie mit vielen lehrreichen Anekdoten über Anstand und Bescheidenheit in all denen, die sie gekannt hatte, als sie jung war.

Das hinderte Stanley allerdings nicht daran, im Laufe des Abends fast eine ganze Stunde lang ohne Begleitung mit ihrer Nichte im Garten spazieren zu gehen. Gemeinsam mit Camilla hatten sie das Zimmer verlassen, als Mrs. Percival abwesend war, und es dauerte eine Weile, bis sie nach ihrer Rückkehr entdecken konnte, wo sie waren. Camilla war ein paar Mal mit ihnen auf dem Weg zur Laube hin und her gegangen, hatte aber bald die Lust verloren, einem Gespräch zuzuhören, in das sie kaum miteinbezogen wurde, und zu dem sie, sobald es um Bücher ging, auch nichts beizutragen hatte. Sie überließ die beiden in der Laube deshalb sich selbst, wanderte in einen anderen Teil des Gartens, probierte das Obst und besuchte Mrs. Percivals Treibhaus. Ihre Abwesenheit wurde so wenig bedauert, dass die beiden kaum Notiz davon nahmen, und sie fuhren fort, über alle möglichen Themen zu reden, denn Stanley hielt sich selten lange bei einem auf, hatte aber zu allen etwas zu sagen – bis sie von ihrer Tante unterbrochen wurden.

Kitty war inzwischen fest überzeugt, dass Edward Stanley seiner Schwester an natürlicher Intelligenz und erworbener Bildung unendlich überlegen war. In ihrem Wunsch, diese Überzeugung bestätigt zu finden, ergriff sie jede Gelegenheit, das Gespräch auf Geschichte zu lenken, und bald befanden sie sich in einer historischen Debatte, für die niemand besser geeignet war als Stanley, der sich keiner Partei zugehörig fühlte und deshalb kaum eine eigene Meinung zu dem Thema hatte. Er konnte also beliebig jede Seite vertreten und immer mit Eifer argumentieren. In seiner Gleichgültigkeit gegenüber all diesen Themen unterschied er sich erheblich von seiner Gefährtin, die ihre auf lebhaften und echten Gefühlen beruhenden Urteile mit Entschiedenheit fällte und sie, auch wenn sie nicht immer unfehlbar waren, mit Überzeugung und Begeisterung verteidigte.

Auf diese Weise hatten sie sich eine Zeitlang über den Charakter Richards des Dritten[45] unterhalten, den er hitzig verteidigte, als er plötzlich erregt ihre Hand ergriff und mit den Worten »Wahrhaftig, Sie irren sich ganz entschieden«, leidenschaftlich an seine Lippen drückte und aus der Laube lief.

Überrascht von diesem Benehmen, das sie sich ganz und gar nicht erklären konnte, blieb sie eine Weile regungslos auf der Bank sitzen, wo er sie zurückgelassen hatte, und war im Begriff, ihm auf dem schmalen Pfad zu folgen, den er genommen hatte, als sie unmittelbar auf dem Weg vor der Laube ihre Tante noch schneller als gewöhnlich auf sich zukommen sah. Das war der Grund, warum er sie verlassen hatte, aber warum er sie mit diesen Worten verlassen hatte, blieb ihr unerklärlich. Sie befand sich in einem Zustand erheblicher Verwirrung, dass sie von ihr mit Edward an einem solchen Ort überrascht worden war und jemand, dem alle Galanterie verhasst war, Zeuge eines Benehmens wurde, für das sie selbst keine Erklärung hatte. Sie verharrte deshalb verwirrt, bekümmert und unentschlossen auf ihrem Platz und ließ ihre Tante auf sich zukommen, ohne die Laube zu verlassen.

Mrs. Percivals Miene war keineswegs dazu angetan, die Stimmung ihrer Nichte zu heben, die schweigend ihre Verdammung erwartete und schweigend über ihre Verteidigung nachsann. Mrs. Percival war zu erschöpft, um gleich sprechen zu können, aber nach einigen spannungsreichen Augenblicken ließ sie sich mit äußerster Schroffheit und Schärfe zu folgendem Erguss hinreißen:

»Also! Das übersteigt alle meine Vorstellungen. Ich wusste, dass du *liederlich* bist, aber auf einen solchen Anblick war ich denn doch nicht vorbereitet. Das übersteigt alles, was du dir bisher geleistet hast, alles, was ich je in meinem Leben gehört habe. Solche Dreistigkeit habe ich noch bei keinem Mädchen erlebt! Und das ist nun die Belohnung für all die Mühe, die ich in deine Erziehung gesteckt habe, für all die Sorgen und Ängste, und der Himmel weiß, wie zahlreich sie waren! Ich wollte nichts, als dich tugendhaft aufzuziehen. Ich habe keinen Wert darauf gelegt, dass du Cembalo spielen oder besser als andere zeichnen konntest. Aber ich hatte gehofft, dass du ehrbar und gut wirst, dass du bereit sein würdest, den jungen Leuten in der Gegend ein Beispiel an Bescheidenheit und Tugend zu geben. Ich habe dir Blairs *Predigten* und *Coelebs auf der Suche nach einer Frau*[46] gekauft, ich habe dir den Schlüssel zu meiner eigenen Bibliothek gegeben und eine Menge guter Bücher von meinen Nachbarn für dich ausgeliehen, alles zu diesem Zweck. Aber ich hätte mir die Mühe sparen können. Ach, Catharine! Du bist ein verworfenes Geschöpf, und ich weiß nicht, was aus dir werden soll. Ich bin allerdings froh«, und hier schlug sie einen etwas milderen Ton an, »dass du eine gewisse Scham über das verspürst, was du getan hast; und wenn es dir ehrlich leid tut und du in Zukunft ein Leben in Reue und Umkehr führst, wird dir vielleicht vergeben werden. Aber ich sehe deutlich, dass alles drunter und drüber geht und die Ordnung im ganzen Königreich aus den Fugen gerät.«

»Aber doch wohl kaum durch *mein* Zutun, Madam«, sagte Catharine im Ton äußerster Unterwürfigkeit, »denn ich habe heute abend wahrlich nichts getan, was zum Umsturz des Königreichs beitragen könnte.«

»Du irrst, mein Kind«, erwiderte sie. »Die Wohlfahrt jeder Nation beruht auf der Tugend ihrer Untertanen, und jeder, der so unverfroren gegen Anstand und gute Sitten verstößt, beschleunigt zweifellos ihren Ruin. Du hast der Welt ein schlechtes Beispiel gegeben, und die Welt ist nur zu willig, ihm Folge zu leisten.«

»Entschuldigen Sie, Madam«, sagte ihre Nichte, »aber ein Beispiel kann ich nur Ihnen gegeben haben, denn nur Sie waren Zeugin des Vergehens. Und es ist wirklich keine Gefahr von dem zu erwarten, was ich getan habe. Mr. Stanleys

Benehmen hat mich ebenso überrascht wie Sie, und ich kann nur vermuten, dass er sich von seinem Temperament zu etwas hat hinreißen lassen, wozu er sich aufgrund unserer verwandtschaftlichen Beziehung berechtigt glaubte. Aber finden Sie nicht, Madam, dass es schon spät wird? Sie sollten lieber ins Haus zurückkehren.«

Diesen Worten musste ihre Tante, wie sie wohl wusste, die Anwort schuldig bleiben. Sie stand auch sofort auf und eilte in höchster Besorgnis um ihre eigene Gesundheit davon, alle Ängste um ihre Nichte unterdrückend, die schweigend neben ihr ging und sich den Vorfall durch den Kopf gehen ließ, der ihre Tante so alarmiert hatte.

»Ich wundere mich über meine eigene Unvorsichtigkeit«, sagte Mrs. Percival. »Wie konnte ich nur so leichtsinnig sein, um diese Tageszeit im Freien zu sitzen. Bestimmt bekomme ich wieder meinen Rheumatismus. Ich spüre die Kälte schon richtig. Ich fühle mich schon ganz durchgefroren. Sicher muss ich den ganzen Winter im Bett liegen.« Sie zählte an den Fingern ab. »Also, jetzt haben wir Juli. Das kalte Wetter wird bald einsetzen. August, September, Oktober, November, Dezember, Januar, Februar, März, April – vor Mai werde ich mich kaum davon erholt haben. Ich muss und werde diese Laube abreißen lassen. Sie wird noch mein Tod sein. Wer weiß, vielleicht werde ich mich nie wieder erholen. So etwas ist schon vorgekommen. Nichts Geringeres hat zum Tod meiner engen Freundin Miss Sarah Hutchinson geführt. Sie ist eines Abends im April zu lange draußen gewesen und durch und durch nass geworden, denn es regnete sehr heftig, und dann hat sie sich nicht umgezogen, als sie nach Hause kam. Wer weiß, wie viele Leute schon an einer Erkältung gestorben sind! Ich glaube, es gibt keine Krankheit auf der Welt, außer Pocken, die nicht daraus resultiert.«

Vergeblich versuchte Kitty sie zu überzeugen, dass ihre Befürchtungen bei dieser Gelegenheit grundlos waren, dass es noch längst nicht spät genug war, um sich zu erkälten, und dass sie, selbst wenn es so wäre, noch hoffen konnte, schlimmeren Krankheiten zu entgehen und sich in *weniger* als zehn Monaten zu erholen. Mrs. Percival entgegnete nur, dass sie ja wohl mehr von Krankheiten verstehe, als sich in diesem Punkt von einem jungen Mädchen belehren zu lassen, das immer vollkommen gesund gewesen sei; und dann eilte sie die Treppe hinauf und überließ es Kitty, sie bei Mr. und Mrs. Stanley dafür zu entschuldigen, dass sie zu Bett gehe.

Obwohl Mrs. Percival diese Entschuldigung für völlig ausreichend hielt, war es Kitty doch peinlich, dass die einzige, die sie ihrem Besuch geben konnte, darin bestand, ihre Tante habe sich *vielleicht* erkältet, denn Mrs. Percival hatte ihr aus Furcht, die Stanleys zu alarmieren, aufgetragen, die Sache nicht zu dramatisieren. Mr. und Mrs. Stanley wussten allerdings nur zu gut, zu welch übertriebenen Ängsten ihre Cousine neigte, und hörten sich den Bericht mit wenig Überraschung und geziemender Anteilnahme an. Edward und seine Schwester kamen bald darauf herein, und Kitty hatte keine Schwierigkeiten, eine Erklärung für sein Benehmen von ihm zu erlangen, denn ihm lag die Angelegenheit so am Herzen und er war so gespannt darauf, ihre Wirkung zu erfahren, dass er sich nicht enthalten konnte, sich sofort danach zu erkundigen; und sie konnte nicht umhin, über die Bereitwilligkeit und Nonchalance überrascht und beleidigt zu sein, mit der er zugab, eine Zuneigung für sie nur vorgetäuscht zu haben, um ihrer Tante Angst einzujagen – ein Plan, der so ganz und gar nicht mit den zärtlichen Gefühlen zu vereinbaren war, von deren Existenz bei ihm sie zeitweilig fast überzeugt gewesen war. Zwar kannte sie ihn noch nicht gut genug, um tatsächlich in ihn verliebt zu sein, doch war sie tief enttäuscht, dass einem so gutaussehenden, so eleganten, so unterhaltsamen Mann solche Gefühle so völlig fehlten, dass er seinen Spaß damit trieb. Es lag etwas für sie Neues in seinem Charakter, das ihn ihr unendlich sympathisch machte. Sein Äußeres war ungewöhnlich vornehm, sein Witz und seine Lebhaftigkeit passten zu ihr, und seine Umgangsformen waren gleichzeitig so gewandt und schmeichelhaft, dass er in ihren Augen gar nicht anders als liebenswert sein konnte und sie bereit war, ihm dies zugute zu halten.

Er war sich dieser Vorzüge durchaus bewusst. Ihnen hatte er oft die Nachsicht seines Vaters für Vergehen zu verdanken, die dieser, wäre Edward linkisch und unbeholfen gewesen, viel ernster genommen hätte. Ihnen verdankte er mehr noch als seiner Persönlichkeit und seinem Vermögen das Wohlwollen, das ihm fast alle entgegenbrachten und ganz besonders junge Frauen geneigt waren, für ihn zu empfinden. Ihnen konnte sich in der gegenwärtigen Situation auch Kitty nicht entziehen, deren Ärger er völlig zerstreute, und ihnen gelang es, ihre Stimmung nicht nur wiederherzustellen, sondern sogar zu heben.

Der Abend verging so angenehm wie der vorhergehende. Sie unterhielten sich fast die ganze Zeit miteinander; und als sie schließlich auseinandergingen, ließen seine unwiderstehliche Gewandtheit und seine strahlenden Augen Catharine fast glauben, dass er tatsächlich in sie verliebt war, obwohl sie erst Stunden zuvor den Gedanken völlig aufgegeben hatte.

Sie dachte über ihr Gespräch noch einmal nach; und obwohl es sich um unterschiedliche und unwichtige Themen gehandelt hatte und sie sich an keine Äußerungen seinerseits erinnern konnte, die eine eindeutige Vorliebe für sie verrieten, war sie doch fast davon überzeugt. Aber aus Angst, aus bloßer Eitelkeit und ohne hinreichende Beweise beschloss sie, ihr endgültiges Urteil bis zum nächsten Tag, ja, bis zum Augenblick ihrer Trennung aufzuschieben, bei der sich unweigerlich herausstellen musste, ob er etwas für sie übrig hatte.

Je länger sie ihn kannte, desto mehr war sie geneigt, ihn zu mögen, und desto größer ihr Wunsch, von ihm gemocht zu werden. Sie war überzeugt, dass er von Natur sehr begabt und sehr gutartig war und dass seine Gedankenlosigkeit und sein Leichtsinn, die ihn in ihren Augen sehr anziehend machten und vielen Leuten zweifellos als Charakterfehler erscheinen mussten, lediglich auf einer bei jungen Männern immer sympathischen Lebhaftigkeit beruhten und nicht auf schwache oder mangelnde Intelligenz schließen ließen. Als sie diesen Punkt geklärt und sich mit ihren eigenen Argumenten völlig von seiner Wahrheit überzeugt hatte, ging sie in gehobener Stimmung zu Bett, entschlossen, am nächsten Tag noch eingehender seinen Charakter zu prüfen und sein Benehmen zu beobachten.

Sie stand mit den gleichen guten Vorsätzen auf und hätte sie vermutlich gleich in die Tat umgesetzt, wenn Anne sie nicht sofort beim Betreten ihres Schlafzimmers informiert hätte, dass Mr. Edward Stanley bereits abgereist sei. Zuerst weigerte sie sich, diese Nachricht zu glauben, aber als ihre Zofe ihr versicherte, dass er bereits am Vorabend eine Kutsche für sieben Uhr morgens bestellt und sie ihn tatsächlich kurz nach acht darin hatte abreisen sehen, konnte sie sich die Wahrheit nicht länger verhehlen.

»Das also«, dachte sie im stillen und errötete vor Ärger über ihre eigene Torheit, »das also ist die Zuneigung zu mir, derer ich so sicher war. Ach! Was für einfältige Wesen sind die Frauen! Wie eitel, wie unvernünftig! Zu glauben, dass ein junger Mann sich im Laufe von vierundzwanzig Stunden in ein Mädchen verliebt, das nichts hat, worauf sie stolz sein kann, als ein Paar schöner Augen! Und nun ist er tatsächlich auf und davon! Auf und davon, ohne vermutlich einen einzigen Gedanken an mich zu verschwenden! Ach!

Warum bin ich nicht um acht Uhr aufgestanden? Aber das ist die gerechte Strafe für meine Faulheit und meine Torheit, und ich bin von Herzen froh darüber. Bei solch unerträglicher Eitelkeit habe ich es doppelt und dreifach verdient. Es wird mir wenigstens eine Lehre sein. Es wird mich in Zukunft ermahnen, mir nicht einzubilden, dass alle Welt in mich verliebt ist. Trotzdem hätte ich ihn gerne gesehen, bevor er abgereist ist, denn vielleicht vergehen Jahre, ehe wir uns wiedersehen. Die Art und Weise seiner Abreise zeigt allerdings, dass es ihm offenbar völlig gleichgültig war. Wie merkwürdig, dass er fortfährt ohne ein einziges Wort und ohne sich von irgendjemandem zu verabschieden! Aber das sieht einem jungen Mann ähnlich, der jeder momentanen Laune nachgibt oder von dem Bedürfnis getrieben wird, alles eigenwillig zu machen! Unberechenbare Wesen, wahrhaftig! Und junge Frauen sind ebenso lächerlich! Ich werde bald wie meine Tante anfangen zu glauben, dass alles drunter und drüber geht und dass die gesamte Menschheit entartet.«

Inzwischen war sie angekleidet und im Begriff, das Zimmer zu verlassen, um sich nach Mrs. Percivals Befinden zu erkundigen, als Miss Stanley an ihre Tür klopfte und nach ihrem Einlass auf die gewohnte Weise in eine lange Tirade verfiel, wie schockierend es von ihrem Vater sei, Edward einfach so fortzuschicken, und wie abscheulich es von Edward war, sie zu so früher Morgenstunde zu verlassen.

»Du hast ja keine Ahnung«, sagte sie, »wie überrascht ich war, als er in mein Zimmer kam, um sich zu verabschieden.«

»Du hast ihn also heute morgen gesehen?« fragte Kitty.

»O ja! Und ich war so verschlafen, ich konnte kaum die Augen aufmachen. ›Also auf Wiedersehen, Camilla‹, hat er gesagt, ›ich breche jetzt auf. Ich habe nicht Zeit, mich von irgendjemandem zu verabschieden, und ich traue mich nicht, Kitty noch zu sehen, denn dann komme ich überhaupt nie fort.‹«

»Unsinn«, sagte Kitty, »das hat er nicht gesagt, und wenn, dann nur im Spaß.«

»O nein! Ich kann dir sagen, es war ihm ernster zumute als je in seinem Leben. Er war viel zu niedergeschlagen, um zu spaßen. Und er hat mir aufgetragen, wenn wir uns alle am Frühstückstisch treffen, deiner Tante seine Empfehlungen auszurichten und dir liebe Grüße, denn du wärst ein nettes Mädchen, hat er gesagt, und er wünschte nur, es stände in seiner Macht, mehr Zeit mit dir zu verbringen. Du wärst genau das richtige Mädchen für ihn, weil du so lebhaft und gutmütig bist, und er wünscht von ganzem Herzen, dass du nicht heiratest, bevor er zurückkommt, denn es gefällt ihm nirgendwo so gut wie hier. Ah! du hast ja keine Ahnung, was für nette Sachen er über dich gesagt hat, bis ich schließlich eingeschlafen bin und er rausgegangen ist. Aber er ist ganz bestimmt verliebt in dich, da bin ich ganz sicher, das hab ich schon seit langem gedacht, wenn du's wissen willst.«

»Wie kannst du so etwas Albernes sagen«, sagte Kitty und lächelte vor Vergnügen. »Ich glaube nicht, dass er sich so leicht verliebt. Aber hat er mir tatsächlich liebe Grüße ausrichten lassen? Und gehofft, dass ich nicht heirate, bevor er zurückkommt? Und gesagt, ich sei ein nettes Mädchen? Wirklich?«

»Oh! Du liebe Güte, ja, und du musst wissen, das ist seiner Meinung nach das größte Lob, das man jemandem machen kann. Ich kann ihn kaum je dazu bringen, mich auch so zu nennen, obwohl ich manchmal stundenlang darum bettle.«

»Und glaubst du wirklich, dass es ihm leid tat abzureisen?«

»Ah! Du hast ja keine Ahnung, wie unglücklich er war. Er wäre den ganzen Monat geblieben, wenn mein Vater nicht darauf bestanden hätte. Das hat Edward mir gestern selbst erzählt. Er hat gesagt, er wünschte von ganzem Herzen, dass er nie versprochen hätte, ins Ausland zu gehen, weil er es von Tag zu Tag mehr bereut, dass es all seine sonstigen Pläne durchkreuzt und dass er, seit Papa mit ihm darüber gesprochen hat, noch weniger Lust hatte, Chetwynde zu verlassen, als je.«

»Hat er das wirklich alles gesagt? Und warum hat dein Vater darauf bestanden, dass er fährt?«

»Seine Abreise aus England durchkreuzt all seine anderen Pläne, und die Unterredung mit Mr. Stanley hat seine Abneigung nur noch verstärkt.«

»Was soll das heißen?«

»Natürlich, dass er maßlos in dich verliebt ist. Was für Pläne soll er denn sonst haben? Und ich nehme an, mein Vater hat gesagt, wenn er nicht ins Ausland geht, hätte er dich womöglich auf der Stelle geheiratet. Aber ich muss mir jetzt die Blumen deiner Tante ansehen. Eine ist dabei, in die ich ganz vernarrt bin, und noch zwei oder drei andere.«

Kann Camillas Erklärung wahr sein, fragte sich Catharine, als ihre Freundin das Zimmer verlassen hatte. Und kann Stanley nach all meinen Zweifeln und Ungewissheiten wirklich nur *meinetwegen* dagegen gewesen sein, England zu verlassen? ›Seine Pläne durchkreuzt.‹ Ja, was für Pläne kann er denn haben, außer zu heiraten? Trotzdem, sich *so schnell* in mich zu verlieben! Aber vielleicht beruht das Gefühl auf echter Herzenswärme, was für mich bei jemandem die schönste Empfehlung ist. Ein Herz zur Liebe geneigt … Und das verbirgt sich bei Stanley unter Anschein von so viel Fröhlichkeit und Gleichgültigkeit! Ach, wie lieb es ihn mir macht! Aber er ist fort, fort vielleicht für Jahre. Gezwungen, sich von dem Liebsten auf der Welt loszureißen, muss er sein Glück der Eitelkeit seines Vaters opfern! Wie bedrückt muss er das Haus verlassen haben! Ohne mich sehen oder mir Adieu sagen zu können, während ich, unglückseliges

Wesen, zu schlafen gewagt habe. Das erklärt, warum er zu dieser Tageszeit aufgebrochen ist. Er hat sich nicht getraut, mich noch einmal zu sehen. Liebenswerter junger Mann! Wie musst du gelitten haben! Ich *wusste*, dass jemand, der so vornehm und so gut erzogen ist, unfähig wäre, seine Familie auf diese Weise zu verlassen, wenn er nicht geheime Motive hätte.

Überzeugt von der Richtigkeit ihrer Überlegungen, machte sie sich in gehobener Stimmung auf den Weg zu den Zimmern ihrer Tante, ohne auch nur einen Gedanken an die Eitelkeit junger Frauen oder das unverantwortliche Benehmen junger Männer zu verschwenden.

Kitty verbrachte die Zeit des verbleibenden Aufenthalts der Stanleys in diesem Zustand der Zufriedenheit. Diese verabschiedeten sich mit wiederholten nachdrücklichen Einladungen, sie in London zu besuchen, wobei Camilla versicherte, sie werde dabei Gelegenheit haben, die Bekanntschaft der reizenden Augusta Halifax zu machen.

»Oder eher«, dachte Kitty, »meine liebe Mary Wynn wiederzusehen.«

Mrs. Percival gab auf Mrs. Stanleys Einladung zur Antwort, dass sie London als das Treibhaus des Lasters betrachte, wo Tugend seit langem aus der Gesellschaft verbannt sei und Verworfenheit jeder Beschreibung von Tag zu Tag zunehme; dass Kitty ohnehin dazu neige, allen sündhaften Neigungen nachzugeben und zu frönen, und deshalb die letzte sei, der man in London trauen dürfe, da sie unfähig sei, Versuchungen zu widerstehen.

Nach der Abreise der Stanleys kehrte Kitty zu ihren gewohnten Beschäftigungen zurück, aber ach!, sie hatte das Interesse daran völlig verloren. Allein die Laube behielt ihren Reiz für sie, und auch das vielleicht nur, weil sie die Erinnerung an Edward Stanley wachrief.

Der Sommer verging ohne irgendwelche erzählenswerten Vorkommnisse oder Vergnügen, außer einem, nämlich dem Empfang eines Briefes von ihrer Freundin Cecilia, der jetzigen Mrs. Lascelles, der die baldige Rückkehr des Ehepaares nach England ankündigte.

Inzwischen hatte sich zwischen Camilla und Catharine ein Briefwechsel entwickelt, der beiden Seiten wenig Vergnügen machte. Für letztere hatte die Korrespondenz auch die einzige Bereicherung verloren, die sie je aus Miss Stanleys Briefen gezogen hatte, da die junge Dame, nachdem sie ihre Freundin von der Abreise ihres Bruders nach Lyon unterrichtet hatte, seinen Namen nie wieder erwähnte. Ihre Briefe enthielten selten eine Nachricht, die über die Beschreibung eines neuen Kleides, eine Aufzählung diverser gesellschaftlicher Ereignisse, eine Lobeshymne auf Augusta Halifax und vielleicht eine kleine Verunglimpfung des unglückseligen Sir Peter hinausging.

*The Grove*, denn so wurde das Haus von Mrs. Percival in Chetwynde genannt, lag kaum fünf Meilen von Exeter entfernt; aber obwohl die Dame eine eigene Kutsche und Pferde besaß, konnte Catharine sie wegen der vielen dort einquartierten Offiziere, von denen es auf den Straßen wimmelte, nur selten dazu bewegen, zum Einkaufen in die Stadt zu fahren.

Als allerdings eine Gruppe von Wanderschauspielern auf ihrem Weg von einigen Pferderennen in der Nachbarschaft dort vorübergehend ein Theater eröffnete, ließ Mrs. Percival sich von ihrer Nichte überreden, ihr während deren Aufenthalt den Besuch einer Vorstellung zu erlauben. Mrs. Percival bestand darauf, Miss Dudley einen Gefallen zu tun und sie einzuladen, sich ihnen anzuschließen, als sich eine neue Schwierigkeit aus dem Umstand ergab, dass sie einen Gentleman zu ihrer Begleitung benötigten … *1792*

## Zu den Texten

Jane Austen sammelte ihre frühen Werke in drei handgeschriebenen Heften und fügte bei einigen die Entstehungsdaten hinzu. Manche Texte enthalten geringe spätere Änderungen. Alle drei Hefte haben eine eigene Geschichte, da Janes Erbin, ihre Schwester Cassandra, sie bei ihrem Tod 1845 einzelnen Familienmitgliedern weitervererbte.

»Volume the First« enthält 92 Blätter. Cassandra hinterließ das Heft ihrem jüngsten Bruder Charles mit der Bemerkung: »Ich meine mich zu erinnern, dass einige der Kleinigkeiten in diesem Band ausdrücklich zu seiner Unterhaltung geschrieben wurden.« Das Manuskript blieb bis 1933 in der Familie und wurde dann von der Bodleian Library in Oxford erworben.

Die Texte wurden zuerst vollständig 1933 von R. W. Chapman veröffentlicht.

»Volume the Second« enthält 139 Blätter. Das Heft ging an Cassandras Bruder Francis, in dessen Familie es bis 1977 blieb. Dann wurde es bei einer Auktion von der British Library angekauft.

Es erschien zuerst 1922 mit einem Vorwort von G. K. Chesterton.

»Volume the Third« enthält 72 Blätter. Cassandra vererbte das Manuskript ihrem Neffen James Edward Austen-Leigh, der 1870 die erste Biographie über Jane Austen veröffentlichte. Das Heft aus dem Familienbesitz wurde 1976 vom »British Rail Pension Fund« erworben und befindet sich in der British Library.

Es wurde zuerst 1951 von R. W. Chapman publiziert.

Alle drei Hefte erschienen dann 1954 zusammen mit *Lady Susan, The Watsons* und *Sanditon* in der folgenden autoritativen Ausgabe:

> *The Works of Jane Austen*. Vol. VI: *Minor Works*. Now first collected and edited from the manuscripts by R. W. Chapman. With illustrations from Contemporary Sources. London: Oxford University Press, 1954.

Die vorliegende Übersetzung wurde nach der von B. C. Southam revidierten Ausgabe von 1972 erarbeitet und ist bis auf Folgendes unverändert:

1. Jane Austen dedizierte viele der Texte mit übertrieben untertänigen Widmungen einzelnen Familienmitgliedern. Nur eine Auswahl der sich wiederholenden Widmungen ist aufgenommen worden.
2. In einigen Stücken ist der Text, vor allem der Dialog, um der Lesbarkeit willen auseinandergezogen. *Kitty und die Laube* ist zudem in Kapitel unterteilt.

# Anmerkungen

1 Martha Lloyd (1765–1843) war Janes zehn Jahre ältere Jugendfreundin, die nach dem Tod ihrer Mutter 1805 mit den drei Austen-Damen zusammenlebte und im Alter von 62 Jahren Francis Austen heiratete.

2 Nach den Konventionen der Zeit wurde die älteste Tochter einer Familie mit »Miss und Nachnamen« bezeichnet, während bei den jüngeren Töchtern der Vorname hinzugefügt wurde. Daher ist in der Familie Austen Cassandra »Miss Austen«, ihre Schwester aber »Miss Jane Austen«. Auch unverheiratete junge Damen des Bürgertums und der Aristokratie wurden mit »Madam« angesprochen.

3 Sir Charles Grandison ist der moralisch integre Edelmann in Samuel Richardsons (1689–1761) letztem Briefroman *The History of Sir Charles Grandison* (1754). Jane Austen bewunderte Richardson und dramatisierte diesen Roman als junges Mädchen. Wie R. W. Chapman anmerkt, heißt es im dritten Brief des vierten Bandes von *Sir Charles Grandison*: Sir Charles »erlaubte seinen Dienern nie, ihn zu verleugnen, wenn er zu Hause war.«

4 Ein Zitat aus »Mr. [James] Merricks« (1720–69) Gedicht »The Camelion. A Fable after Monsieur de la Motte« in Bd. 5 von Robert Dodsleys (1704–64) Sammlung *A Collection of Poems in Six Volumes by Several Hands*, die Jane besaß. Zwei Reisende streiten sich über die Farbe des Chamäleons: »So high at last the contest rose, / From words they almost came to blows.« Ein dritter kommt hinzu und sieht wieder eine andere Farbe. Das Chamäleon selbst schlichtet am Schluss den Streit: »You all are right, and all are wrong: / When next you talk of what you view, / Think others see, as well as you: / No wonder, if you find that none / Prefers your eye-sight to his own.« (London: J. Dodsley, 1766, S. 224, 225)

5 *Which is the Man?* (*Welcher Mann ist es?*, 1782), eine Komödie von Hannah Cowley (1743–1809). Lady Bell Bloomer ist eine »reiche und charmante Witwe« (zit. nach der 5. Aufl. London 1785, S. 5), die entgegen den Erwartungen der Gesellschaft nicht den attraktiven, eitlen und unmoralischen Salonlöwen Lord Sparkle heiratet, sondern den schüchternen Offizier Mr. Beauchamp, weil sie »inneren Wert vorzieht«. So werden am patriotischen Schluss des Stückes »Liebe und mein Vaterland« (ebd., S. 53) vereint.

6 Newgate ist das schon aus dem Mittelalter stammende Londoner Gefängnis, wo ab 1783 auch die öffentlichen Hinrichtungen durch Erhängen stattfanden. Es spielt als Schauplatz in der englischen Literatur öfter

eine Rolle, unter anderem in mehreren Romanen von Charles Dickens. – Für interessierte Leser: Kelly Grovier, *The Goal. The Story of Newgate, London's most Notorious Prison*, London: John Murray, 2008.

7 Gretna Green liegt unmittelbar nördlich der englischen-schottischen Grenze. Da in Schottland zur Eheschließung damals das Einverständnis der Beteiligten genügte, ließen sich junge Paare, die gegen den Willen ihrer Eltern heirateten, hier trauen.

8 Kardinal Thomas Wolsey (1475–1530), ein Fleischerssohn, war als »Lord Chancellor« der mächtigste politische Beamte König Henrys VIII. (1509–47; bei Königen sind in den folgenden Anmerkungen nicht die Lebens-, sondern die Herrschaftsjahre angegeben), bis er dabei scheiterte, den Papst zur Annullierung von Henrys Ehe mit Katharina von Aragon (1485–1536) zu bewegen. Er fiel in Ungnade und starb, des Hochverrats angeklagt, auf dem Weg nach London zu seiner Gerichtsverhandlung.

9 Der Geistliche und Hobbymaler William Gilpin (1724–1804) löste mit seiner Theorie des »Pittoresken« (vgl. dazu Anm. 9 in Jane Austen, *Stolz und Vorurteil*, Stuttgart: Reclam, 2008, S. 444–446) eine ästhetische Mode aus und etablierte den Seendistrikt im Nordwesten Englands und die Natur Schottlands als touristische Reiseziele. Das hier genannte Buch erschien 1789, war also ganz neu.

10 Covent Garden ist noch heute der Theaterdistrikt Londons. William Thomas Lewis (1776?–1812) und John Quick (1748–1831) waren tatsächliche Londoner Schauspieler der Zeit.

11 Janes Bruder Henry (1771–1850) ging gutgelaunt auf ihre Widmung ein. Der zweite Eintrag ist, offenbar in seiner Handschrift, unter ihre Dedikation gesetzt.

12 Vauxhall Gardens waren von 1661 bis 1859 ein beliebtes Unterhaltungszentrum im Süden Londons, wo man sich unter anderem traf und flanierte, Musik hörte, Prostituierte fand und speiste. Die Schinkenscheiben im Restaurant waren angeblich so dünn geschnitten, dass man durch sie die Zeitung lesen konnte.

13 »Malbrouck s'en va-t-en guerre« war ein populäres französisches Kinderlied. Jane charakterisiert also Charlottes naiven musikalischen Geschmack.

14 Austens *Geschichte Englands* orientiert sich karikierend an Oliver Goldsmiths (1728–74) *The History of England in a Series of Letters from a Nobleman to his Son* (4 Bde., 1764), die die Familie Austen besaß und der Vater vermutlich als Unterrichtsmaterial verwendete. Für Janes *Geschichte* sind der zweite und dritte Band relevant, denn ihre Geschichte reicht von 1399 bis 1649, umfasst also die Königshäuser Lancaster, York, Tudor und Stuart. Sie endet mit der Hinrichtung Charles' I.

Austen verzerrt Goldsmiths Werk ins Komische, indem sie die eigentlich wichtigen historischen Ereignisse nur kursorisch berührt und stattdessen weniger bedeutende, manchmal triviale Details herausstreicht und zudem der englischen Geschichte ihre persönliche, von Sympathien und Antipathien bestimmte Deutung gibt. Janes konservative Einstellung, ihre Sympathie für die Könige der Häuser York und Stuart, durchzieht den Text. Ihre Lieblingsgestalt ist die unglückliche Mary Stuart, ihr Hassobjekt Elizabeth I. In einigen der folgenden Anmerkungen wird auf Janes Bezug auf Goldsmith hingewiesen.

Janes *Geschichte Englands* nimmt in ihren Werken eine Sonderstellung ein, weil ihre Schwester Cassandra zu den einzelnen Königen, dem Geist des Werks entsprechend, dreizehn charmante, karikierende Aquarell-Porträts, die meisten in zeitgenössischem Kostüm, gemalt hat, die Teil des Textes sind. Während ihre jüngere Schwester schriftstellerte, aquarellierte Cassandra, und die Nachwelt verdankt ihrem eher bescheidenen Talent zwei Bilder, die die einzigen authentischen Darstellungen Janes sind. *Die Geschichte Englands* stellt, soweit bekannt, die einzige Zusammenarbeit zwischen der Malerin Cassandra und der Autorin Jane dar. Besonders sprechend ist – ganz im Sinn von Janes geliebtester beziehungsweise verhasstester historischer Gestalt – der Gegensatz zwischen der angeblich schönen Mary Stuart und der hexenhaften alten Elizabeth. Der Lächerlichkeit preisgegeben wird besonders auch der fast bucklig wirkende Edward IV., dessen Schönheit Jane betont.

15 Shakespeare, *2 Henry IV*, IV,4, wo Henry tatsächlich die Krone nimmt und abgeht, aber wiederkommt und sich mit seinem Vater versöhnt.

16 Goldsmith berichtet: Als einem der »ausschweifenden Gefährten« des Kronprinzen Henry der Prozess gemacht wurde, »ohrfeigte [der Prinz] den obersten Richter [Sir William Gascoigne] vor aller Augen im Gerichtssaal. Der ehrwürdige Richter, […], reagierte mit der seinem Amt gebührenden Würde und ließ den Prinzen sogleich ins Gefängnis abführen.« Als der Prinz dann als Henry V. (1413–22) König wurde, lag ihm an einer Versöhnung und deshalb »wurde Gascoigne Lob zuteil«. (Zit. nach der Ausgabe Dublin 1784, Bd. 2, S. 121 f., 127)

17 Sir John Oldcastle, durch seine Heirat Baron Cobham, ein Jugendfreund König Henrys V., wurde 1422 wegen Rebellion und Häresie auf dem Scheiterhaufen verbrannt.

18 In der berühmten Schlacht von Agincourt in Nordfrankreich am 25. Oktober 1415 schlug Henry V. durch die Effektivität seiner Bogenschützen die zahlenmäßig überlegene französische Armee und stärkte dadurch seine territoriale Position in Frankreich erheblich. Nach seiner Heirat mit der Tochter des französischen Königs Charles VI. (1380–1422) erkannte dieser ihn als Nachfolger an. Aber Henrys Aussicht,

auch französischer König zu werden, wurde durch seinen vorzeitigen Tod verhindert. Seine territorialen Gewinne gingen unter seinem Nachfolger weitgehend wieder verloren, obwohl Henry VI. (1422–61, 1470/71) als Neunjähriger 1431 in Paris sogar zum französischen König gekrönt wurde.

19 Vgl. die charmanten, mit viel französischem Dialog durchsetzten Szenen in Shakespeare, *Henry V*, III,4, wo Catherine Englisch lernen möchte, und V,2, wo sich Henry zum ersten Mal mit seiner Braut unterhält und sie »gut und schön wie ein Engel« (A. W. von Schlegels Übersetzung) nennt.

Margaret von Anjou, die Frau Henrys VI., kämpfte für die Thronrechte ihres Mannes aus dem Haus Lancaster, nachdem dieser 1453 einen geistigen Zusammenbruch erlitten hatte und der Regent, Herzog Richard von York, selbst die Krone anstrebte. So brach der »Rosenkrieg« aus, der zwischen den Familien von König Edwards III. (1327–77) Söhnen ausgefochten wurde. Es handelte sich dabei um die Nachkommen des dritten Sohns (Lancaster, rote Rose) und des vierten Sohns (York, weiße Rose). Margaret besiegte zunächst Richard, der 1460 in der Schlacht von Wakefield fiel, wurde aber 1461 von dessen Sohn Edward geschlagen und floh nach Frankreich. Ihre weiteren Versuche, die Krone für ihren Mann zurückzugewinnen, scheiterten schließlich 1471. Henry wurde gefangen und im Tower hingerichtet, die gefangene Margaret wurde 1475 gegen Lösegeld nach Frankreich entlassen und starb 1482. Nun herrschte das Haus York, bis Richard III. 1485 in der Schlacht von Bosworth von Henry VII., dem Enkel Margarets, geschlagen wurde und auf dem Schlachtfeld starb. Henry (1485–1509) heiratete Elizabeth von York (1466–1503), versöhnte dadurch die feindlichen Geschlechter und gründete durch seinen Vater die Tudor-Dynastie.

20 Das siebzehnjährige Bauernmädchen Jeanne d'Arc (*1412) inspirierte mit seiner religiösen Begeisterung für die Befreiung Frankreichs das französische Heer zwischen 1429 und 1431 zu entscheidenden Siegen über die Engländer, deren französischer Besitz dadurch weitestgehend verloren ging. Von den Burgundern gefangen und an die Engländer ausgeliefert, wurde sie wegen Ketzerei und Zauberei zum Feuertod verurteilt und nach einer widerrufenen Abschwörung am 30. Mai 1431 in Rouen verbrannt. 1920 heiliggesprochen, gilt sie als französische Nationalheilige.

21 Goldsmith preist Edwards »äußere Schönheit, seinen Mut und sein edles Auftreten in der Öffentlichkeit« (*The History of England*, Bd. 2, S. 164).

22 Edward heiratete gegen alle Konventionen die bürgerliche Elizabeth Woodville (um 1437–92). Jane Shore (um 1445 – um 1527) war seine

Geliebte von 1476 bis zu seinem Tod 1483. Danach wurde sie von Richard III. ins Gefängnis geworfen. *The Tragedy of Jane Shore* (1714) stammt von Nicolas Rowe (1673–1718).

23 Ihre Enkelin war Mary Stuart (1542–86), Königin von Schottland 1542 bis 1567, danach Gefangene in England.

24 Sofern man akzeptierte, dass Mary und Elizabeth Tudor, die Töchter Henrys VIII., Bastarde waren, war Jane Grey als Enkelin von Henrys Schwester Mary die legitime Thronerbin, aber sie konnte sich in der Öffentlichkeit nicht durchsetzen, gab den Thron nach neun Tagen zugunsten von Mary Tudor auf und wurde als etwa Siebzehnjährige mit ihrem Mann am 12. Februar 1554 hingerichtet.

25 Richard III. hatte 1483 seinen zwölfjährigen Neffen Edward V., den legitimen Thronerben Edwards IV., und dessen jüngeren Bruder Richard im Tower ermorden lassen. Nach ihrem Tod traten Perkin Warbeck und Lambert Simnel als angeblich überlebender Richard von York als Thronprätendenten auf. Nach anfänglichen Erfolgen in der Öffentlichkeit wurden sie gefangen gesetzt. Austens Sätze über ihr Schicksal wieder fast wörtlich bei Goldsmith: »Simnel wurde [...] in der Küche des Königs zum Küchenjungen gemacht, von wo er zum Falkner aufstieg.« (*The History of England*, Bd. 2, S. 203) Bei Warbeck verwechselt Austen die Reihenfolge der Ereignisse: Er »suchte Zuflucht im Kloster von Beaulieu«, floh von dort, versteckte sich dann »im Heiligtum von Syrne«, verließ es aber, »wurde in Westminster und Cheapside [in London] in Stockeisen gesetzt« (ebd., S. 214 f.) und dann in Tyburn gehängt.

26 Zu Wolsey vgl. Anm. 8. Seine Worte im Kloster und Henrys VIII. Ritt durch London mit Anne Boleyn, die er dann heiratete, sind bei Goldsmith (*The History of England*, Bd. 2, S. 255, 259) zu finden. Die Schreibweise Bullen übernimmt Austen ebenfalls von Goldsmith. Der öffentliche Auftritt war gewagt, denn die neue Königin war schwanger, bevor Henrys Ehe mit seiner ersten Frau annulliert war und er mit Anne getraut wurde.

27 Goldsmith druckt Annes Rechtfertigungsbrief und Bitte um Gnade an den König vollständig ab mit ihrer eigenen Datierung »von meinem beklagenswerten Gefängnis im Tower an diesem 6. Mai [1536]« (*The History of England*, Bd. 2, S. 271). Anne wurde – offenbar unschuldig – am 19. Mai 1536 wegen Hochverrats geköpft. Die Anklage war offenbar ein Vorwand, denn Henry wollte seine dritte Frau Jane Seymour heiraten, die ihm endlich den ersehnten Sohn gebar, aber zehn Tage später starb.

28 Catherine Howard, die fünfte Frau Henrys VIII., wurde als Zweiundzwanzigjährige am 13. Februar 1542 hingerichtet; sie hatte Ehebruch begangen, was als Hochverrat galt, sofern der König der betrogene Ehe-

mann war. Der dritte Herzog von Norfolk (1473–1554) war eigentlich der Onkel sowohl von Anne Boleyn als auch von Catherine Howard. Ihr »Verwandter« war der vierte Herzog von Norfolk (1536–72), der, obwohl protestantisch, das Haupt des mehrheitlich katholischen englischen Nordens war. Er setzte sich für die gefangene Mary Stuart ein und war bereit, sie zu heiraten, aber Königin Elizabeth ließ ihn als Hochverräter hinrichten.

29 Catherine Parr (*1512) war die sechste und letzte Frau Henrys VIII., der am 28. Januar 1547 starb. Sie überlebte ihn nur um anderthalb Jahre, denn sie starb am 5. September 1548, vier Tage nach der Geburt ihres ersten Kindes. Sie hatte wenige Monate nach dem Tod des Königs zum vierten Mal geheiratet, und zwar Lord Thomas Seymour von Sudeley (1508–49), einen Onkel des neuen neunjährigen Königs. Er wurde allerdings schon 1549 hingerichtet. Die Spuren des kleinen Waisenkindes, eines Mädchens, verlieren sich im zweiten Lebensjahr.

30 Der Herzog von Somerset war Edward Seymour (*um 1506), der Bruder von Königin Jane Seymour, der dritten Frau Henrys VIII. Er war unter dessen minderjährigem Sohn und Nachfolger Edward VI. Regent, wurde aber entmachtet und 1552 hingerichtet.

31 Robert Devereux, Graf von Essex (*1565) war der letzte Favorit von Königin Elizabeth. Nach militärischen Misserfolgen als Gouverneur und General in Irland wurde er unter Hausarrest gesetzt. Er unternahm einen Aufstand gegen die Regierung und wurde am 25. Februar 1601 als Hochverräter hingerichtet. – Zur Gestalt Delameres in Charlotte Smiths *Emmeline* vgl. Nachwort, Abschnitt 4; seine Leidenschaft und Eifersucht treibt ihn am Ende des Romans zu einem Duell mit Bellozane, in dem er tödlich verwundet wird. – Zu Gilpin vgl. Anm. 9.

32 Austens Bemerkungen finden sich fast wörtlich bei Goldsmith: Jane Grey galt als »das Wunder ihrer Zeit« und »dankte mit Zeichen echter Zufriedenheit ab«. Als sie zum Schafott geführt wurde, bat der Wärter des Towers sie um ein Andenken. »Sie gab ihm ihre Tafeln, auf die sie beim Anblick ihres toten Mannes gerade drei Sätze geschrieben hatte, einen auf Griechisch, einen auf Lateinisch und einen auf Englisch.« (Zit. nach der Ausgabe *The History of England*, London 1771, Bd. 3, S. 36, 40, 49 f.)

33 Mary Tudor (1553–58) heiratete als Achtunddreißigjährige zum Missbehagen ihrer Untertanen 1554 den siebenundzwanzigjährigen spanischen Thronfolger Philipp, der 1556 König von Spanien wurde und sich selten in England aufhielt. Marys Versuch, England in die katholische Kirche zurückzuführen, scheiterte an ihrem frühen Tod. – Philipps Versuch einer Invasion Englands mit einer Flotte von 130 Schiffen, der

»Armada«, während der Herrschaft von Marys protestantischer Nachfolgerin Elizabeth (1558–1603) scheiterte 1588.

34 William Cecil (1521–98), ab 1571 Baron Burghley, war Königin Elizabeths mächtigster Staatsbeamter. – Sir Francis Walsingham (1532–90) war ab 1573 Elizabeths Staatssekretär. Er baute das erste umfangreiche staatliche Spionagesystem in Europa auf, um die Versuche der Katholiken abzuwehren, das protestantische England zu untergraben. Als Opfer seiner erfolgreichen Spionage wurde die gefangengesetzte Mary Stuart, das Aushängeschild des Katholizismus und als potentielle englische Thronerbin gefährlich, 1586 hingerichtet. – John Whitaker (1735–1806) ist der Autor von *Mary Queen of Scots Vindicated* (1787). – Mrs. Lefroy ist eine mütterliche Freundin Janes, die 1804 durch einen Sturz vom Pferd starb. – Mrs. Knight ist die Adoptivmutter von Janes Bruder Edward.

35 Mary Stuarts »Verbrechen« bestanden darin, dass sie angeblich ein Verhältnis mit ihrem italienischen Sekretär Rizzio hatte, der vor den Augen der schwangeren Königin von ihrem Mann Henry Stuart, Lord Darnley (1545–67) erstochen wurde. Danach wurde ihr Mann unter mysteriösen Umständen ermordet, und sie war angeblich an dem Mord beteiligt, ein Verdacht, der dadurch bestätigt zu werden schien, dass sie einen der Mörder, James Hepburn, Graf von Bothwell (1534–78) heiratete.

36 Sir Francis Drake (1540–96), Vizeadmiral, Sklavenhändler, Politiker; seine Weltumseglung, die zweite überhaupt, fand zwischen 1577 und 1580 statt. – Mit dem noch jungen Seefahrer spielt Jane auf ihren Bruder Francis (1774–1865) an, der 1787 seine Ausbildung an der Marineakademie in Portsmith begonnen hatte. Er hatte dann eine höchst erfolgreiche Karriere, wurde Admiral und geadelt.

37 Zu Essex vgl. Anm. 30; bei Goldsmith fand Austen das Detail, dass der Graf bei seinem Aufstand »nur mit einem Schwert bewaffnet war« (*The History of England*, Bd. 3, S. 147).

38 Hätte der Kronprinz überlebt, dann wäre er womöglich statt seines Bruders Charles I. (s. Anm. 42) hingerichtet worden.

39 Austen spielt auf das »Gunpowder Plot« an, bei dem am 6. November 1605 Katholiken das englische Oberhaus in die Luft sprengen und einen Staatsstreich unternehmen wollten. – Henry Percy, Graf von Northumberland (1564–1632) wurde wegen seiner katholischen Sympathien und der Teilnahme seines Verwandten Sir Thomas Percy am »Gunpowder Plot« ebenfalls der Verwicklung in das Attentat beschuldigt und siebzehn Jahre lang im Tower gefangengehalten. Er galt als einer der Intellektuellen seiner Zeit und erhielt wegen seiner zahlreichen geistigen und auch okkulten Interessen den Beinamen »Wizard Earl«. – William Parker, Baron Mounteagle (1575–1622) verriet trotz seiner Sympathien

mit den Katholiken das »Gunpowder Plot« an die Autoritäten und erwarb sich so die Gunst James' I.

40 Sir Walter Raleigh (*1554), englischer Politiker, der bei der Kolonialisierung Nordamerikas eine wichtige Rolle spielte. Er führte eine Expedition nach Südamerika durch, wo er der spanischen Regierung ins Gehege kam, und veröffentlichte dann einen Bericht über seine Reise. Aus diplomatischer Rücksicht Englands auf Spanien wurde er 1618 hingerichtet. – Sir Christopher Hatton (1540–91) war ab 1587 als »Lord Chancellor« Königin Elizabeths einer ihrer einflussreichsten Berater. – In Richard Sheridans (1751–1816) Komödie *The Critic* (1779) hören der Kritiker Mr. Dangle und seine Freunde Mr. Sneer und Sir Fretful Plagiary nach einer Diskussion über Theaterangelegenheiten einer Probe von Mr. Puffs Tragödie *The Spanish Armada* zu, wobei sich Sheridan über die routinierten, aber inkompetenten Dramatiker lustig macht. In der Tragödie unterhalten sich Sir Walter und Sir Christopher in metaphernreichen shakespeareschen Blankversen über die Lage der Nation unmittelbar vor dem Eintreffen der Armada (vgl. Anm. 32). Später tritt auch Lord Burghley auf, »denkt« aber auf der Bühne nur, ohne zu sprechen. Eine Anregung aus dem Stück für Austens *Liebe und Freundschaft* war möglicherweise auch die Szene, wo nach der Wiedererkennung eines verlorenen Sohns die Familienmitglieder »sich ohnmächtig abwechselnd gegenseitig in die Arme fallen« (Richard Brinsley Sheridan, *The School of Scandal and Other Plays*, Harmondsworth: Penguin, 1988, S. 176).

41 Austens unübersetzbares Worträtsel bezieht sich unmittelbar auf diese Textstelle und lautet: »My first is what my second was to King James the 1st, and you tread on my whole.« Die Lösung ist *car-pet* (»Teppich«). Robert Carr (1587–1645), ab 1613 Graf von Somerset, war der langjährige Favorit und Liebhaber (*pet*) König James' I.; er fiel 1615 in Ungnade. Sein Nachfolger war George Villiers (1592–1628), ab 1623 Herzog von Buckingham. Er behielt seine Favoritenrolle bis zum Tod des Königs, wurde aber unter Charles I. ermordet. – Die Übersetzer haben ein deutsches, auf die allgemeine politische Lage in England bezogenes Worträtsel erfunden.

42 Die genannten Persönlichkeiten spielten in den englischen Bürgerkriegen 1642–46 und 1648/49 auf den gegnerischen Seiten eine Rolle. Es handelt sich bei diesen Ereignissen um eine Auseinandersetzung des auf seine demokratischen Rechte bestehenden Parlaments (»das Lange Parlament«, 1640–60) und dem auf seine absolute Königsherrschaft insistierenden Charles I. Sie führte zum Sieg des Parlaments und der Hinrichtung des Königs am 30. Januar 1649. Bis 1660 war Großbritannien dann eine Republik, die sich bis 1653 »Commonwealth« und dann un-

ter der persönlichen Führung des »Lord Protectors« Oliver Cromwell (1599–1658) und seines Sohnes Richard (1626–1712) »Protektorat« nannte. Der Thronfolger Charles II. (1660–85) kehrte 1660 aus dem Pariser Exil zurück und stellte die Monarchie wieder her. – William Laud (*1573), Erzbischof von Canterbury ab 1633, wurde als Ratgeber des Königs wegen seiner übergroßen Macht in Kirche und Staat und wegen seines dem Katholizismus nahen Glaubens vom Parlament angeklagt und im Tower gefangen gesetzt. Nach seinem Prozess wurde er am 10. Januar 1645 geköpft. – Thomas Wentworth, Graf von Stratford (*1593), unterdrückte als stellvertretender Gouverneur in Irland von 1632 bis 1639 den dortigen Katholizismus. Als sich die Iren 1640 gegen die englische Herrschaft erhoben, führte er die englische Armee gegen sie. Auf Beschluss des Parlaments wurde er als Ratgeber des Königs am 12. Mai 1641 geköpft. – Sir Lucius Cary (*um 1610), seit dem Tod seines Vaters 1633 Vicomte von Faulkland, diente in den dreißiger Jahren in der holländischen Armee und kämpfte dann als Königstreuer in England, wo er 1643 in der Schlacht von Newbury fiel. – James Butler, Herzog von Ormond (1610–88) kämpfte 1641–47 gegen die Katholiken in Irland und war dort 1649/50 Kommandant der königlichen Armee gegen Cromwells Truppen. Er folgte Charles II. ins Exil, kehrte 1660 mit ihm zurück und diente danach viele Jahre lang auf hohen Regierungsposten.

Oliver Cromwell, die zentrale Gestalt der anti-königlichen Front, ihr militärischer und politischer Führer, war als Offizier an den wesentlichen Schlachten gegen die königstreuen »Kavaliere« beteiligt und reorganisierte das parlamentarische Heer. Nach der Hinrichtung des Königs schaffte er die Monarchie ab und schlug den Widerstand in Schottland und Irland nieder. Mit großer Machtfülle ausgestattet, regierte er bis zu seinem Tod. Die ihm vom Parlament angebotene Königskrone lehnte er ab. – Lord Ferdinando Fairfax (1584–1648) war ein nicht besonders erfolgreicher General auf parlamentarischer Seite. – John Hampden (1595–1643), einflussreicher parlamentarischer Führer, kämpfte als Offizier gegen den König und wurde in der Schlacht von Chargrove Field tödlich verwundet. – John Pym (1584–1643) war einer der führenden Politiker des »Langen Parlaments« und organisierte den Kampf gegen den König finanziell.

43 Vgl. zu Charlotte Smiths Roman *Emmeline* Nachwort, Abschnitt 4. Smith (1749–1806) war mit ihren drei Lyrikbänden, zehn Romanen und vier Kinderbüchern eine erfolgreiche Schriftstellerin. Die Natur um Grasmere mit idyllischem See im Seendistrikt im Nordwesten Englands wird in *Etheline; or the Recluse of the Lake* (5 Bde., 1789) mehrmals beschrieben. Im zwölften Kapitel von Bd. 1 etwa heißt es: Etheline

machte »oft Spaziergänge am Ufer des Sees, der häufig durch Windböen von den Hügeln bewegt und von schweren Wolken verdunkelt wurde«. Dann wieder ging sie »zu einer kleinen Höhle in einem weichen Sandsteinfelsen, über deren Bogen Efeu, Clematis, wilder Hopf, Zaunrübe und dichter Nachtschatten durcheinanderwuchsen und Girlanden bildeten, die den Eingang halb verdeckten« (zit. nach der Erstausgabe, Bd. 1, S. 255 f.).

44 Vgl. Austens Biographie von Elizabeth I. (S. 176–179), in der ihre Abneigung gegen die Königin deutlich wird.

45 Vgl. Austens Biographie von Richard III. (S. 171 f.).

46 Die Predigten des schottischen Geistlichen Dr. Hugh Blair (1718–1800) erschienen in fünf Bänden ab 1777; zu *Coelebs* vgl. Nachwort, Abschnitt 5 sowie dort die Fußnote 23.

# Nachwort

*If you don't know the juvenilia, you don't know Jane Austen.*

Juliet McMaster

## 1

Man kann sich die Szene leicht ausmalen: ein junges Mädchen sitzt abends im Kreis ihrer Familie und liest kurze Geschichten vor. Die Zeit ist ungefähr 1790, und es handelt sich um eine kinderreiche Pfarrersfamilie im ländlichen Süden Englands in idyllischer Landschaft, die noch heute fast unverändert und unzerstört ist. Die Texte, die die Zuhörer hören, sind witzig, ja überkandidelt absurd und anspielungsreich, und zweifellos brechen die Teilnehmer immer wieder in lautes Lachen aus. Dazu trägt auch bei, dass einzelne Geschichten in übertrieben untertänigen Widmungen bestimmten Familienmitgliedern dediziert sind, die bei solchen Gelegenheiten sicher unter den Zuhörern saßen. Wenn die kesse jugendliche Vorleserin eine Erzählung *Henry und Eliza* nennt, dann kann man vermuten, dass ihr Bruder Henry und ihre Cousine Eliza, die kokette, mit einem französischen Grafen verheiratete Comtesse de Feuillide, unter den Zuhörern waren. Man wusste in der Familie, dass Henry die zehn Jahre Ältere anhimmelte, die er dann 1797 nach dem unglückseligen Tod ihres Mannes – er war am 2. Februar 1794 während des revolutionären Terrors in Paris guillotiniert worden – auch heiratete.

Dass *ein* Familienmitglied zu dieser Zeit *den anderen* laut vorlas, war nichts Ungewöhnliches. Abgesehen davon, dass man damals ohnehin – anders als meist heute – die Abende bei gemeinsamen Beschäftigungen verbrachte, beschränkte man sich, da Kerzen teuer waren, oft auf *eine* Lichtquelle im Zimmer, die zu schwach war, als dass alle im Raum Versammelten ihr eigenes Buch hätten lesen können.

Soweit also ist an dieser Abendunterhaltung nichts Ungewöhnliches. Was den vorliegenden Fall aber außerordentlich macht, ist, dass die junge *Vorleserin* auch die *Verfasserin* der vorgelesenen Texte war. Es handelt sich um Jane Austen, die mit ihren späteren sechs Romanen die beliebteste Klassikerin der englischen Literatur geworden ist.

Sie war kurz vor dem Jahresende 1786 mit ihrer Schwester von einer Internatsschule in Reading nach Hause zurückgekehrt; die formale Erziehung der Elfjährigen außer Haus war damit abgeschlossen. Nun übernahmen Vater und Mutter und wohl auch die älteren Brüder die weitere Bildung ihrer beiden Töchter bzw. Schwestern. Zu dieser Zeit begann Jane zu schreiben und dabei ihr schriftstellerisches Talent zu erproben und sprachlich zu experimentieren. So entstand eine ganze Reihe höchst amüsanter Texte, obwohl die Autorin gelegentlich – wohl in dem Bedürfnis, Eindruck zu machen mit ihrem Geschick, sich wortreich, gebildet, gekonnt auszudrücken – manchmal fast bis zur Unüberschaubarkeit komplexe Satzgebilde schafft (die Übersetzer haben sich bemüht, ihren Charakter zu wahren).

Auch viele Leser und Liebhaber von Austens späteren sechs Romanen, die zu den Meisterwerken der englischen Literatur gehören, wissen nicht, dass die Autorin schon zwischen ihrem elften und siebzehnten Lebensjahr – also zwischen 1787 und 1793 – eine ganze Reihe von kürzeren fiktionalen Texten schrieb. Diese blieben lange im Besitz der Familie, die es im 19. Jahrhundert entsprechend den Vorstellungen der viktorianischen Zeit nicht für angebracht hielt, »diesen Werdegang der Öffentlichkeit zu enthüllen, so wie es auch unangebracht wäre, alles zu zeigen, was hinter dem

Vorhang geschieht, bevor er aufgezogen wird«.[1] Janes Jugendwerke wurden deshalb der Öffentlichkeit zum allergrößten Teil erst im 20. Jahrhundert zugänglich. In dem hier vorliegenden Band erscheinen sie zum ersten Mal vollständig auf Deutsch.

Obwohl eine Schilderung von Janes abendlichen Lesungen nicht erhalten ist – ihr erster erhaltener Brief stammt von Januar 1796, als sie zwanzig Jahre alt war –, gibt es doch in späteren Briefen Hinweise, dass man im väterlichen Pfarrhaus auch Jahre später noch regelmäßig vorlas. »Mein Vater liest [Gedichte von William] Cowper vor«, heißt es in ihrem Brief vom 18. Dezember 1798,[2] und noch am 20. Juni 1808[3] erwähnt sie, dass ihr Bruder James bei einem Besuch Walter Scotts gerade erst erschienenes Epos *Marmion* vorlas, das Jane nicht beeindruckte. Aber auch in Janes Teenager-Jahren war sie nicht die einzige Vorleserin. Ihre Schwester Cassandra erfand Worträtsel, die die Austen-Familie bei den abendlichen Unterhaltungen erraten musste; James und Henry lasen vermutlich aus ihren Artikeln für *The Loiterer* (s.u.) vor; und überhaupt waren nach dem Bericht von Janes Neffen im austenschen Pfarrhaus »die Familiengespräche voller Geist und Ausgelassenheit«.[4]

Der Teilnehmerkreis bei Janes Vorleseabenden wechselte. Mit fünf Söhnen – ein sechster lebte wegen eines nicht bekannten Gebrechens schon seit seiner frühen Kindheit nicht in der Familie – und zwei Töchtern waren die Austens zwar eine kinderreiche Familie, aber nicht alle Geschwister

1 James-Edward Austen-Leigh, *A Memoir of Jane Austen and Other Family Recollections*, mit einer Einleitung und Anmerkungen hrsg. von Kathlyn Sutherland, Oxford: Oxford University Press, 2002, S. 43.

2 *Jane Austen's Letters to her Sister Cassandra and Other*, hrsg. von R.W. Chapman, 2 Bde., Oxford: Clarendon Press, 1932, Bd. 1, S. 39.

3 Ebd., S. 197.

4 James-Edward Austen-Leigh (s. Anm. 1), S. 19.

konnten bei solchen Gelegenheiten dabei sein. Die beständigste Zuhörerin war sicher Janes zwei Jahre ältere Schwester (*1773) und lebenslange Vertraute Cassandra, die sie um Jahrzehnte überlebte und ihre Erbin wurde. Die älteren Brüder James (*1765) und Henry (*1771) besuchten die Universität und widmeten sich dann ihrem Beruf – James als Pfarrer und Henry zunächst als Offizier in der Miliz. Edward (*1767) wurde schon als Junge von reichen Verwandten seines Vater als Erbe adoptiert und lebte auf deren Besitzungen; und die jüngsten Söhne der Austens, Francis (*1774) und Charles (*1779), begannen schon als Zwölfjährige auf der Marineakademie in Portsmouth ihre später höchst erfolgreiche Karriere in der Royal Navy – beide brachten es bis zum Admiral, und Francis wurde sogar geadelt.

Aber der Zuhörerkreis wurde manchmal durch Janes Cousinen und Freundinnen und auch durch die im Hause wohnenden Privatschüler des Vaters vergrößert, und zu Weihnachten und bei anderen Gelegenheiten war die Familie meist vollständig oder doch fast vollständig versammelt. Dann wurde in der Scheune auch Theater gespielt – eine für die junge Autorin stimulierende Freizeitgestaltung, die den Teenager vermutlich zu ihren eigenen komischen kleinen Theaterstücken und in den 1790er Jahren wohl auch zu ihrer erst in den 1980er Jahren aufgefundenen Dramatisierung von *Sir Charles Grandison* anregte, dem von ihr bewunderten letzten Roman Samuel Richardsons.

Anders als die ersten Versionen und die endgültigen Handschriften ihrer sechs späteren Romane, die Jane offenbar vernichtete, bewahrte sie einen erheblichen Teil, wenn nicht sogar alle frühen Manuskripte auf. Ob sie mehr als das Erhaltene schrieb, ist nicht bekannt. Sie sammelte die Texte, sorgfältig abgeschrieben, in drei stattlichen Heften, die sie mit ironischem Anspruch »Erster Band«, »Zweiter Band«

und »Dritter Band« nannte. Diese frühen Texte erlauben den einzigen Einblick in die Entwicklung der Schriftstellerin Jane Austen. Sie belegen, wie früh entscheidende Züge ihrer spezifischen literarischen Begabung schon ausgebildet waren, die dann zwei Jahrzehnte später ihre reifen Werke auszeichnen: lebendige Charaktere zu schaffen, mit satirischem Blick, das Absurde, Heuchlerische, Enthüllende, Verstörende menschlichen Verhaltens zu erkennen; die Ironie als literarische Waffe einzusetzen; die Sprache präzise und elegant zu handhaben; und die Fähigkeit, eine Handlung mit überraschenden, die Leser manchmal in die Irre führenden Fäden und Wendungen zu erfinden.

## 2

Der Teenager Jane Austen hatte eine überbordende Phantasie, einen frechen Humor, eine unbändige Lust zu provozieren und eine diebische Freude daran zu schockieren. Sie war ein literarisches Naturtalent und erprobte in ihren Jugendwerken die verschiedensten Genres: Anekdotenhaftes, Burlesken, Erzählungen und Romane, Miniatur-Theaterstücke, fiktive Briefe, Skizzen, eine respektlose Geschichte der englischen Könige und Königinnen von 1399 bis 1648 sowie eine ironische Ode und Predigt. Die Länge der Texte, die fast durchweg einen spielerischen, komischen Charakter haben, reicht von einer halben Seite bis zu ungefähr fünfzig Seiten.

Sie stellen im Positiven und Negativen ein Panoptikum ins Extrem getriebener menschlicher Haltungen und Handlungen dar. Auf der einen Seite Gemeinheiten, Charakterfehler, Verfehlungen, Missetaten, Verbrechen und Unmenschlichkeiten jeder Art – vorgetragen aufs charmanteste, in glänzender Laune und höchst unterhaltsam. Auf der anderen Seite edle, generöse, empfindsame, fast übermenschlich gute Taten. Auf der einen Seite Unhöflichkeit, Eitelkeit, Heuchelei, Undankbarkeit, Ehebruch, Rache, Lüge, Verrat, Hinterlist, Mord. Auf der anderen Seite Wohlwollen, Mildtätigkeit, Freundschaft, Liebesüberschwang. In beiden Fällen steckt in den aberwitzigen Situationen über den Spaß hinaus oft eine Kritik an den bestehenden gesellschaftlichen Zuständen und an der Literatur der Zeit.

Jane Austens Texte sind, so schreibt Juliet McMaster, »respektlos, übermütig, spontan, übertrieben, gewaltsam, unanständig, unschicklich, empörend; das genaue Gegenteil der vertrauten Charakterisierungen der als kanonisch anerkannten reifen Werke Jane Austens: ausgewogen, maßvoll, untertrieben, diszipliniert, schicklich, nuanciert«[5].

Da ist – um ein paar Beispiele zu nennen – Lady Greville, die sich ein Vergnügen daraus macht, die arme junge Maria zu beleidigen und zu erniedrigen. Da ist Anna Parker, die Vater und Mutter umgebracht hat und sich nun daran macht, ihre Schwester zu ermorden, nachdem sie einen Meineid geleistet und das Kunststück vollbracht hat, ihr eigenes Testament zu fälschen. Da ist die überempfindsame, aber rechthaberische, selbstgerechte Laura, die lügt und stiehlt. Da ist die Gouvernante Miss Dickins, die ihren Schützling zum tugendhaften Leben anhält und dann mit dem Butler durchbrennt. Da ist Sukey Simpson, die aus Eifersucht Lucy vergiftet und am Galgen landet. Da ist Lady Montague, die ihr neugeborenes Kind in einem Heuhaufen »aussetzt« und dann vergisst, dass sie je eins hatte. Da ist Eliza Harcourt, die eine Armee aufstellt, um das »schmucke« Gefängnis der Herzogin von F. zu zer-

5 Juliet McMaster, »Young Jane Austen: Author«, in: *A Companion to Jane Austen*, hrsg. von Claudia L. Johnson und Clara Tuite, Chichester: Wiley-Blackwell, 2009, S. 81 (Blackwell Companions to Literature and Culture 56).

stören, in dem sie gesessen hat, weil sie der herzoglichen Tochter ihren Bräutigam abspenstig gemacht hat. Da ist die herzlose Charlotte Lutterell, die beim Tod des Bräutigams ihrer Schwester ausschließlich die Vergeudung der für die Hochzeit gekochten, geschmorten und gebratenen Speisen beklagt. Da ist Sir William, der den ihm vorgezogenen Mr. Stanhope erschießt, so dass Miss Arundel keinen Grund mehr hat, ihn nicht zu heiraten. Und da ist immer wieder die als Freundlichkeit getarnte Bosheit junger Damen, die ihre eigene Schönheit preisen und dabei ihre Freundinnen herabsetzen, wie es Margaret Lesley mit Charlotte Lutterell macht:

> Wie oft habe ich gewünscht, so wenig individuelle Schönheit, eine so unelegante Figur, so wenig ansprechende Züge zu haben und eine so unerfreuliche Erscheinung abzugeben wie du! Aber ach, welch geringe Hoffnung besteht für diese so wünschenswerte Veränderung [...].

Dass Margaret die entstellenden Pocken gehabt hat, macht ihren Schönheitsanspruch um so blödsinniger.

Wenn Anna Parker lapidar sagt, »es gibt kaum ein Verbrechen, das ich nicht begangen habe«, dann spricht sie gewissermaßen auch mit der Stimme ihrer Autorin.

Aber auch auf der entgegengesetzten Seite menschlichen Verhaltens gibt es eine ganze Reihe von ebenfalls ins Maßlose gesteigerten menschlichen Haltungen und Handlungen – nun allerdings der Menschlichkeit, Rücksicht, Besorgtheit, Freundschaft und Liebe. Da ist etwa – um wiederum einige Beispiele anzuführen – die grenzenlose Gutmütigkeit von Sir Godfrey und Lady Marlow, die einem Besucher ihren Besitz schenken, diesen binnen Stunden verlassen und dem ihnen unbekannten Mann auch noch ihre Tochter zur Ehe und eine reiche Mitgift anbieten. Da ist das Wiedersehen zweier Freunde, von dem die Frau des einen berichtet:

> Niemals habe ich eine so rührende Szene wie die Begegnung von Edward und Augustus gesehen. »Mein Leben! Meine Seele!« rief der erstere. »Mein anbetungswürdiger Engel!« erwiderte der letztere, als sie sich in die Arme fielen. Es war zu herzzerreißend für Sophia und mich: Wir fielen abwechselnd auf dem Sofa in Ohnmacht.

Da ist der Hilfspfarrer, der zusätzlich zu seinen zahlreichen Kindern einen Sohn seines viel besser gestellten Kollegen aufzieht. Da ist Charlotte, die sich in ihrem Wunsch, immer allen Menschen »zu Diensten zu sein«, mit zwei Männern zugleich verlobt und nach der erschreckenden Erkenntnis, was sie getan hat, Selbstmord begeht. Da sind die Familien Fitzroy, Drummond und Falknor, deren »Vertrautheit« so zunahm, »dass sie nicht davor zurückschreckten, sich bei der geringsten Provokation gegenseitig aus dem Fenster zu werfen«. Da sind immer wieder die jungen Männer, die schon bei der ersten Begegnung jungen Damen einen Heiratsantrag machen, den diese begeistert annehmen, und immer wieder die jungen Damen, die in unleidlichen Situationen ihre harmlosen Liedchen singen.

In einer Gesellschaft wie Jane Austens, die einen strikten Kodex von Anstandsregeln befolgte, deren Missachtung soziale Missbilligung, wenn nicht gar Verfemung bewirkte, mussten all diese Gestalten und Handlungen um so ungeheuerlicher und unglaublicher wirken und daher zum Lachen reizen.

## 3

Variationsreich und phantasievoll ist Jane Austens Arsenal von literarischen und sprachlichen Techniken, das Erwartete und die »normalen« menschlichen Reaktionen zu enttäuschen und überhaupt das traditionelle System von gesellschaftlichen und moralischen Werten auf den Kopf zu stellen – also gewissermaßen eine verkehrte Welt zu schaffen.

Es beginnt mit *purem Unsinn* – so wenn Wilhelmus auf einer Reise »drei Tage und sechs Nächte« unterwegs, ein Tanzsaal eine halbe Meile lang ist oder die Erzählerin schreibt: »Der edle junge Mann berichtete uns, dass sein Name Lindsay sei – aus bestimmten Gründen aber werde ich seine Identität hinter dem Pseudonym Talbot verbergen«, womit sie den Namen doch verraten hat. Obendrein ist beides, wie sich dann herausstellt, falsch; sein Name ist Edward. Dann wieder kann es die für die Zuhörer/Leser *unerwartete Pointe* sein, die das Lachen auslöst: »Kaum saßen [Mrs. Williamson und Charlotte] wie gewöhnlich höchst innig vereint – auf *einem* Stuhl, […].«

Manchmal erzielt Jane Austen komische Effekte durch bloße *Wortwiederholungen*, so wenn Tom Musgroves Haus immer wieder »reparaturbedürftig« genannt wird oder es für Mrs. Percival immer wieder im britischen Königreich »drunter und drüber« geht. Dann wieder narrt die Autorin ihre Zuhörer/Leser mit einem *unpassenden Glied in einer Kette* – die lange Reihe von Mr. Cliffords einzeln aufgelisteten Kutschen endet mit einer »Schiebkarre«.

Viele witzige Passagen lassen sich unter der Kategorie *Absurditäten* und *Unmöglichkeiten* erfassen, so das phänomenale drei Monate alte Kind, das »kindliche, aber lebhafte Antworten« auf die ihm gestellten Fragen gibt; oder die Witwe, die ihren kleinen Kopf aus ihrem noch kleineren Fenster steckt. *Untertreibungen* (Mr. Clifford beschloss, »sich eine schöne heiße Mahlzeit zu gönnen, und ließ deshalb für sich und seine Diener ein ganzes Ei kochen«) und *Übertreibungen* (die Willmots sind in Begleitung von neun ihrer Kinder, Mrs. Willmot zählt zwölf weitere auf und erwähnt dann »die übrigen«) wechseln in bunter Folge.

Manche Gestalten haben offensichtlich nach dem gängigen Verständnis *falsche Prioritäten*, so der leicht entflammbare Sir William Mountague, der, um eine Jagdpartie nicht zu verpassen, den festgesetzten Hochzeitstermin verschiebt und dadurch seine beleidigte Braut verliert. Dann wieder zeigen sie in bestimmten Situationen völlig *unangemessene Reaktionen*, so wenn Emma Stanhope von demselben Sir William die grotesk niedrige Summe von 14 Shilling als Kompensation für den Mord an ihrem Bruder verlangt.

Die Juvenilia sind zudem voll von demonstrativen *Widersprüchen*, die unter anderem eine ganze Gestalt charakterisieren: Lady Williams in *Jack und Alice*. Einen Spaß macht sich Jane Austen auch aus der *Zerstörung idyllischer Natureindrücke*: So machen etwa zwei Damen einen Spaziergang im »Zitronenhain, der vom Schweinestall der gnädigen Frau zu Charles Adams' Pferdetränke führte«. Und da sind schließlich *Wortspiele, Doppeldeutigkeiten, feierlicher Blödsinn* und *die ironischen Perlen der Weisheit* wie: »Man soll nur denen zur Last fallen, die man verachtet« oder »Werde wahnsinnig, so oft du willst, aber falle nicht in Ohnmacht«.

Die Leser müssen Jane Austens frühe Texte aufmerksam lesen, um die Pointen auch in den bewusst übertreibenden sentimentalen Geschichten nicht zu übersehen.

## 4

Familie, Liebe, Heirat, Ehe, Partnerverlust und ihre finanziellen Implikationen – dass die Partnerwahl und ihre persönlichen und gesellschaftlichen Konsequenzen im Zentrum der Welt eines jungen Mädchens stehen, ist nicht verwunderlich (unabhängig davon, dass die intimen persönlichen Beziehungen ohnehin im Mittelpunkt des menschlichen Lebens stehen und daher zwangsläufig auch das universalste Thema der Weltliteraur bilden). Sie sind für einen Teenager, dessen Erwartungen sich naturgemäß auf Liebe und Ehe richteten, der natürliche Mittelpunkt seines Empfindens und Denkens. Dass Jane dann später trotz mindestens *eines* Heiratsantrags, den sie erst annahm und dann widerrief, keine Ehe einging, entsprach zur Zeit ihrer Juvenilia zweifellos noch nicht ihren Erwartungen. Die Erfüllung persönlichen Glücks gönnte sie allerdings – trotz oder wegen ihres eigenen so anderen Schicksals – den Protagonistinnen all ihrer Romane. In ihnen sind die Heldinnen verliebte junge Damen, deren Aufgabe es ist, den richtigen Partner zu finden.

Aber anders als in ihren späteren Romanen nimmt Jane Austen in ihren Juvenilia die Thematik des persönlichen Glücks oder Unglücks noch nicht ernst, sondern beutet sie zu satirischen und parodistischen Zwecken aus und konzentriert sich auf ihre lächerlichen, witzigen, grotesken Aspekte. Mary Stanhope etwa hasst den gewöhnlichen, unausstehlichen Mr. Watts, heiratet ihn aber trotzdem, weil sie verhindern möchte, dass er eine ihrer Schwestern heiratet. Ihrer jüngeren Schwester gibt der Bewerber seine sonderbare Auffassung der Ehe, in der *sie* Treue, Liebe und Rücksicht erwartet, deutlich zu verstehen:

> Mr. Watts starrte sie an. »Sie haben wirklich höchst eigenartige Ideen, meine liebe junge Dame. Schlagen Sie sie sich aus dem Kopf, bevor Sie heiraten, sonst müssen Sie es hinterher tun.«

Tom Musgrove schreibt idiotisch überkandidelte Liebesbriefe, die seine Angebetete für das Muster des Genres hält, und sehnt sich danach, für seine Henrietta zu sterben. Charles Adams ist für die hoffnungslos verliebte Alice unerreichbar, weil er sich für den vollkommenen Mann hält, wie er ihrem Vater klarmacht:

> Ich halte mich, Sir, für den Inbegriff der Schönheit – wo finden Sie eine vollkommenere Gestalt und bezauberndere Züge? Und dann, Sir, halte ich mein Taktgefühl und meine Umgangsformen für höchst erlesen; sie besitzen eine gewisse Eleganz und ganz besondere Verfeinerung, die ich nirgendwo sonst gefunden habe und nicht beschreiben kann. Bei aller Parteilichkeit übertrifft meine Kenntnis aller Sprachen, aller Wissenschaften, aller Künste und auch alles sonstigen Wissenswerten die aller anderen Menschen in Europa. Mein Temperament ist ausgeglichen, meine Tugenden sind zahlreich, meine Persönlichkeit ist einzigartig. Wie kommen Sie, Sir, bei diesen Eigenschaften auf den Gedanken, dass ich den Wunsch haben könnte, Ihre Tochter zu heiraten?

Aber umgekehrt gibt es hier auch die auf lächerlich übertriebene Weise vollkommene Liebe auf den ersten Blick – wie bei Laura und Edward, der sie um ihre Hand bittet, nachdem er sie erst einige Minuten kennt, und mit ihr ein höchst glückliches Paar bildet, bis ein Unfall ihn ihr entreißt, woraufhin sie vorübergehend wahnsinnig wird.

Zwei zusätzliche Faktoren müssen für die bevorzugte Themenwahl schon in den Werken des Teenagers Jane Austen berücksichtigt werden. Zu ihrer Zeit konnten nur die ärmsten Frauen arbeiten und ihren wenn auch meist minimalen Unterhalt selbst verdienen; alleinstehende unverheiratete Frauen verfielen deshalb nach dem Tod ihrer Eltern oft der Abhängigkeit oder Armut. Zu heiraten war daher die selbstverständliche Erwartung und die weitaus sicherste Lebensversorgung fast aller Mädchen. Auch die Briefe der jungen Jane Austen an ihre Schwester sind voll von – manchmal beißenden – Bemerkungen über Liebe, Flirts, Heiraten usw. Zudem beobachtete Jane in den letzten Jahren ihres Lebens mit Teilnahme die Liebessorgen ihrer heranwachsenden Lieblingsnichte Fanny Knight, die ihre Tante in ihr Vertrauen zog (Fanny heiratete später einen zwanzig Jahre älteren Witwer mit sechs Kindern).

Die jungen Damen der »Gentry«, zu der die Austen-Familie gehörte, und mehr noch der Aristokratie hatten neben ihren häuslichen Pflichten und ihren bildenden Beschäftigungen wie Handarbeiten, Sprachenlernen, Musik und Kunst (Jane spielte gut Klavier und ihre Schwester war eine recht talentierte Zeichnerin) viel Zeit, sich ihrem emotionalen Innenleben, ihren Freundschaften und Flirts zu widmen. Die weibliche Gefühlswelt und ihre ausführliche Reflexion spielt daher in den englischen Romanen der Zeit in der Nachfolge von Samuel Richardsons Briefromanen aus der Mitte des 18. Jahrhunderts die zentrale Rolle, wird aber öfter mit Elementen des damals beliebten Schauerromans verbunden. Gerade der in Janes Juvenilia viel verwendete Brief als Dokument persönlicher Mitteilung ist ja für diesen Romantyp wie geschaffen.

## 5

Wie alles parodistische Schreiben brauchte auch Jane Austens parodistisches Talent Anregungen, Vorlagen, literarisches Material, von dem sie sich inspirieren lassen und das sie ironisierend und parodierend neu gestalten und der Lächerlichkeit preisgeben konnte. Jane Austens Juvenilia beruhen nicht so sehr auf Spiegelungen des tatsächlichen Lebens ihrer Gesellschaft; sie sind zum größeren Teil satirische Reflexionen über die Literatur ihrer Zeit, deren Schwächen, Entstellungen und sentimentale Übertreibungen sie aufs Korn nimmt. Sie sind »Literatur über Literatur«,[6] amüsierte und süffisante Reflexionen ihrer Leseerfahrungen. Die Mitglieder der Austen-Familie waren, wie Jane im Brief vom 18. Dezember 1798 bestätigt, »eifrige Romanleser und nicht beschämt, es zu sein«,[7] und auf den Teenager Jane selbst traf das zweifellos auch zu. Sogar Goethes *Die Leiden des jungen Werthers* werden ja in *Liebe und Freundschaft* erwähnt.

Die so lebhafte Jane-Austen-Forschung hat in den letzten Jahrzehnten den Jugendwerken der Autorin mehr Aufmerksamkeit geschenkt und dabei auch Austens literarische Anregungen untersucht.

Einen unmittelbar familiären Einfluss auf die schriftstellerische Entwicklung des Teenagers bilden die 60 Nummern der satirischen Zeitschrift *The Loiterer* (»Der Bummler«), die ihr ältester Bruder James als junger Vikar in Oxford unter Mithilfe seines Bruders, des Studenten Henry, und einiger Freunde vom 31. Januar 1789 bis 20. März 1790 heraus-

6 Patricia Meyer-Spacks, »Plots and Possibilities: Jane Austen's Juvenilia«, in: *Jane Austen's Beginnings. The Juvenilia and »Lady Susan«*, hrsg. von J. David Grey, Ann Arbor / London: University of Michigan Press, 1989, S. 133.

7 *Jane Austen's Letters to her Sister Cassandra and Other* (s. Anm. 2), Bd. 1, S. 38.

gab und zum größeren Teil selbst verfasste. A. Walton Litz konstatiert: »*The Loiterer* ist gewissermaßen ein Index von Jane Austens literarischen und sozialen Interessen und vermittelt die beste zeitgenössische Einführung in die Welt ihrer Juvenilia.«[8]

Zur Zeit des Erscheinens der Zeitschrift ihrer Brüder war deren Schwester im fünfzehnten Lebensjahr und intensiv mit ihrer eigenen Schriftstellerei beschäftigt. Aber es ist wahrscheinlich, dass Jane selbst etwas zum Unternehmen ihrer Brüder beitrug. Ihre erste Veröffentlichung ist wahrscheinlich ein Leserbrief in Nr. IX vom 28. März 1789. Darin beschwert sich eine »Sophia Sentiment« darüber, dass es in der Zeitschrift bisher »nicht eine gefühlvolle Erzählung über Liebe und Ehre« gegeben habe:

> […] Wir möchten ein paar rührende Erzählungen sehen – über das Unglück zweier Liebender, die genau in dem Moment plötzlich starben, als sie zur Trauung in die Kirche gingen. Lassen Sie den Liebhaber in einem Duell sterben oder bei einem Schiffbruch umkommen; Sie können ihn auch Selbstmord begehen lassen, ganz wie Sie wünschen, und seine Geliebte muss natürlich verrückt werden. […].[9]

Hat der schwesterliche Leserbrief bewirkt, dass der thematische Rahmen der Zeitschrift tatsächlich in den späteren Nummern ausgeweitet wurde? *The Loiterer*, der fast zur Hälfte aus fiktiven und echten (?) Leserbriefen besteht, mokiert sich in milde satirischem Ton über alle möglichen gesellschaftlichen und studentischen Unsitten: Faulheit,

8 A. Walton Litz, »Jane Austen: The Juvenilia«, in: *Jane Austen's Beginnings* (s. Anm. 6), S. 4.

9 Der vollständige Text des *Loiterer* ist über das Internet verfügbar: http://www.theloiterer.org

Schmarotzertum, sprachliche Heuchelei, Angeberei, Nachlässigkeit von Pastoren, Zeitungsanzeigen und -kritiken, männliche Heiratsangst usw. Gelegentlich schleicht sich der bloße Unsinn ein, wie er sich auch in Janes frühen Werken findet, so in Nr. XII vom 18. April 1789:

> Lieber Mr. Loiterer,
> Ich habe schon lange ein dringendes Bedürfnis zu sehen, wie mein Name sich gedruckt ausnimmt; wenn Sie also diesen Brief in Ihrem unterhaltsamen Werk veröffentlichen, erfüllen Sie einen lang gehegten Wunsch
> Ihres treuen Lesers und ehrlichen Bewunderers
> TOM WITTY[10]

Park Honan sieht in der Kritik des Materialismus und des Sittenverfalls im *Loiterer* die konservative »Tory«-Haltung der Familie Austen bestätigt.[11] Die kritisierten Laster beurteilte sicher auch Jane Austen kritisch, die angepriesenen Tugenden fanden sicher auch ihre Zustimmung, etwa die Aufforderung des *Loiterer*, beim Gespräch Affektiertheit zu vermeiden: »Wir sollen uns bemühen, unsere Mängel zu verbergen – unsere Vorzüge sollen sich von selbst zeigen.«[12]

Den deutschen Lesern wäre mit einer detaillierten Analyse der einzelnen literarischen Vorbilder für Janes parodistisches Spiel kaum gedient; ein paar Romanbeispiele mögen aber einen Eindruck davon vermitteln. Wie Edward Copeland nachgewiesen hat, las Jane Austen neben anderen Zeitschriften auch das monatlich erscheinende beliebte und vor allem durch die Leihbüchereien verbreitete *Lady's Magazine*, das vielerlei für Jane aufregendes Material enthielt:

10 Ebd.
11 Vgl. Park Honan, *Jane Austen. A Life*, New York: St. Martin's Press, 1987, S. 57.
12 *The Loiterer* (s. Anm. 9), Nr. XXVI, 25. Juli 1789.

»billig, allgegenwärtig und für Frauen geschrieben – kein Wunder, dass die junge Jane Austen ihre Feder daran schärfte«.[13] Ein Bericht wie der folgende vom November 1789 – also während die fast vierzehnjährige Jane ihre maliziösen Texte schrieb – trifft genau die Seelenlage einiger ihrer Heldinnen: Eine Dame von

> vielversprechenden Talenten und höchst liebenswertem, Charakter [...] wurde das Opfer ungewöhnlicher Empfindsamkeit. Sie hatte eine Neigung zu einem jungen Gentleman gefasst, aber ihre Liebe für sich behalten, die schließlich so von ihrem Gemüt Besitz nahm, dass sie sie ihres Verstandes beraubte. In diesem traurigen Zustand verweigerte sie alle Nahrung [...]. Sie kümmerte dahin und wurde eine Märtyrerin ihrer unglückseligen Zuneigung.[14]

Die bedauernswerte Dame beging dann Selbstmord. Was hier als trauriger Einzelfall aus dem tatsächlichen Leben gegriffen ist, die romantische Überempfindsamkeit der verliebten jungen Frau, gehört zum Repertoire des sentimentalen Frauenromans der Zeit. Es klingt geradezu wie eine Reaktion auf diesen Artikel, wenn Henry Austen – unter Mitwirkung seiner Schwester? – in Nr. XLVII des *Loiterer* vom 19. Dezember 1789 beklagt, dass das weibliche »Übermaß an Gefühl und Anfälligkeit« in den Büchern in der Nachfolge von Jean-Jacques Rousseaus Briefroman *Julie, ou la nouvelle Héloïse* (1761) zu einem »Geist von entarteter und kränklicher Verfeinerung« geführt habe. Dadurch machten die »fiktiven Gestalten« »der Helden und Heldin-

13 Edward Copeland, »Money Talks: Jane Austen and the *Lady's Magazine*«, in: *Jane Austen's Beginnings* (s. Anm. 6), S. 153.

14 Zit. nach: Susannah Fullerton, *Jane Austen and Crime*, Sydney: Jane Austen Society of Australia, 2004, S. 31.

nen« in diesen empfindsamen Romanen arglose Frauen »zu Märtyrerinnen ihrer eigenen Anfälligkeit«, wie es auch Jane Austens frühen Heldinnen geschehen kann – noch Marianne Dashwood in *Verstand und Gefühl* leidet an dieser »Krankheit«.

Mit diesem empfindsamen Romantyp ist eins der parodistischen und satirischen Hauptangriffsziele von Jane Austens frühem Œuvre genannt: das zwischen Überschwang und Enttäuschung pendelnde Liebesleben der Heldinnen dieser um die Gefühle einer Frau kreisenden Romane, deren Gefühligkeit und Künstlichkeit Jane Austen missbilligte. Ihre Reaktion auf die Lektüre von Sarah Burneys *Clarentine* (1791) im Brief vom 8. Februar 1807 ist bezeichnend: »Wir sind überrascht, wie albern es ist. Es ist voll von unnatürlichem Benehmen und forcierten Verwicklungen, ohne jedes hervorstechende Verdienst.«[15] Zu diesem Romantyp gehören auch die beiden von Kitty und Miss Stanley in *Kitty und die Laube* diskutierten Romane von Charlotte Smith: *Emmeline* (1788) und *Etheline* (1789).

Bezeichnenderweise bestehen die Titel vieler Frauenromane zu Austens Zeit aus solchen – häufig etwas gesuchten – Frauennamen, wie sie auch Jane gelegentlich verwendet. Sie imitiert oder steigert den Ton dieser populären Romane ins Larmoyante oder Hysterische, untergräbt sie durch subversive inhaltliche Maßlosigkeiten und gewinnt ihnen dadurch auch Elemente einer Gesellschaftskritik ab, etwa am sozialen Snobismus, an der Missachtung elterlicher Autorität, am Heirats-»Markt« oder an den engstirnigen Vormündern lebenshungriger junger Damen.

Die erfolgreichsten englischen Frauenromane, die vor beziehungsweise während Janes Arbeit an ihren Juvenilia

15 *Jane Austen's Letters to her Sister Cassandra and Other* (s. Anm. 2), Bd. 1, S. 180.

erschienen, waren Fanny Burneys *Evelina* (1778) und Elizabeth Inchbalds *A Simple Story* (1791) – beides durchaus Werke von einigem literarischen Anspruch. In dem letzteren fließen immer wieder Tränenströme von den Wangen sogar männlicher Gestalten, wirft sich Miss Millner immer wieder vor ihrem Vormund, einem katholischen Priester (!), auf die Knie, der sie dann, nachdem sie viele Heiratsangebote abgelehnt hat und er von seinem Eid entbunden ist, als Lord Elmwood doch noch heiraten kann.

Ein Briefauszug aus *Evelina* – der Geschichte einer »Unschuld vom Lande«, die im Sündenbabel London allerlei Versuchungen ausgesetzt ist, bevor sie den Mann ihres Herzens, Lord Orville, heiraten kann – ist ein repräsentatives Beispiel für den gefühligen Ton, den Jane Austen augenzwinkernd in ihren eigenen Geschichten reproduziert:

> Ich habe keine Worte [schreibt Evelina], meine liebe Freundin, um den Dank auszudrücken, den ich für die grenzenlose Freundlichkeit empfinde, mit der Sie, Ihre liebe Mutter und die hochgeehrte Lady Howard mich beglückt haben, und weniger noch finde ich Ausdrücke, um Ihnen zu sagen, mit welchem Zögern ich von so lieben und großzügigen Freunden geschieden bin, deren Güte ihrem eigenen Herzen und dem derer, der sie erwiesen wurde, so große Ehre macht. [...]
>
> Sag mir, meine liebe Maria, erlebst du auch in der Erinnerung die Zeit noch einmal, die wir [in London] gemeinsam erlebt haben? Ich immer aufs neue, und doch erscheint sie mir eher wie ein Traum oder eine mir vorschwebende Phantasie als wie die Wirklichkeit. Dass ich je mit Lord Orville bekannt wurde, dass er mit mir gesprochen hat, ich mit ihm getanzt habe – alles scheint mir wie eine bloße Illusion; und die elegante Höflichkeit, die schmeichelhafte Aufmerksamkeit, das wohlerzogene

> Feingefühl, die ihn vor allen Männern auszeichnen und uns solche Bewunderung abforderten, legt mir in meiner Erinnerung nahe, dass sie eher einem meiner eigenen Einbildung entsprungenen Wesen von idealer Vollkommenheit angehören als jemandem von derselben Gattung und Natur wie die, mit denen ich mich gegenwärtig unterhalte.[16]

Dass Jane Austen Fanny Burneys und Samuel Richardsons Bücher durchaus schätzte – 1796 findet sich ihr Name in der Subskriptionsliste für Burneys neuen Roman *Cecilia* –, bewahrte beide Autoren nicht davor, ihrem literarischem Spiel zum Opfer zu fallen.

Es gehört zu den Stereotypen dieses Frauenromans, dass die naive, häufig verwaiste jugendliche Heldin von berückender Schönheit sich ihres unwiderstehlichen Charmes nicht bewusst ist. Jane Austen hat das Prinzip durchschaut und nimmt es »auf die Schippe«, denn ihre Heldinnen preisen demonstrativ gerne ihre eigenen unübertrefflichen äußeren Vorzüge, behaupten aber im selben Atemzug, dass sie keine Ahnung von ihrer eigenen Schönheit haben, und lassen sich über die Hässlichkeit ihrer Freundinnen aus. Jane übernimmt Typisches, bezieht sich aber, wie in den obigen Fällen, durchaus auf einzelne identifizierbare Romane.

Einer davon ist zweifellos Charlotte Smiths *Emmeline or the Orphan of the Castle*, ja, Mary Lascalles macht wahrscheinlich, dass auch Catherine Moreland in *Kloster Northanger* – natürlich in ironischer Umkehrung – Züge der Heldin dieses Romans trägt. Man vergleiche etwa folgende Szene mit Episoden in Austens Jugendwerken – kaum

16 Frances Burney, *Evelina or the History of a Young Lady's Entrance into the World*, mit einer Einleitung hrsg. von Edward A. Bloom, London [u.a.]: Oxford University Press, 1970, S. 172.

hat Mr. Delamere, der Sohn von Emmelines Onkel und Wohltäter, sie erblickt, da fällt er in eine unbezwingbare Leidenschaft zu ihr:

> Delamere [...] zögerte nicht, sie auf so unmissverständliche Weise mit den äußerst leidenschaftlichen Bekenntnissen seiner Bewunderung zu bestürmen, dass Emmeline in der Annahme, er wolle sie beleidigen, in einen Tränenstrom ausbrach und ihn mit zitternder und gebrochener Stimme anflehte, ihr nicht so grausam zuzusetzen, sondern ihr zu erlauben, nach Hause zurückzukehren.
>
> Delamere konnte ihr Erschrecken nicht mitansehen, ohne davon betroffen zu sein. Er versicherte ihr, es liege ihm fern, ihr Kummer zu bereiten, er wäre aber überglücklich, wenn sie ihm erlauben würde, ihr sein ganzes Leben zu widmen.

Auf die Vorwürfe seines Vaters, Lord Montreville, reagiert er so:

> Delamere küsste ihr vergnügt die Hand und [seinem Vater] versichernd, dass er sich zum ersten Mal in seinem Leben veranlasst sehe, seine Angelegenheiten in die eigene Hand zu nehmen, winkte er seinem Diener, ihm zu folgen, sprang dann über die Hecke, die die Wiese von dem schmalen Weg trennte, und verschwand.

Wer denkt da nicht an Edward in *Liebe und Freundschaft*? Es versteht sich von selbst, dass Emmeline während dieser Szene in Tränen aufgelöst ist, während Delamere anschließend kaltblütig und respektlos den strikten Befehl seines Vaters missachtet, Emmeline in Ruhe zu lassen, und ihr weiterhin auf zudringliche, leidenschaftliche Weise nachstellt. Etwa fünfzigmal, also ungefähr auf jeder zehnten Seite, brechen in diesem Roman Frauen, aber auch Männer in Tränen aus. Hier findet sich etwa eine »Ode an die Verzweiflung«, die Jane offenbar zu ihrer »Ode an das Mitleid« angeregt hat; hier wird eine junge Frau wie Austens Lucy in *Jack und Alice* als »schöne Nymphe« angesprochen (»nymphe belle« auf Französisch, weil der Sprecher der »schöne, lebhafte, galante« Schweizer Bellozane ist); hier fallen Damen wiederholt in Ohnmacht; hier will man nach Scarborough reisen wie die Stanleys; hier liest man Goethes *Werther*; und hier taucht sogar der Name Percival auf.

Wenn die Autorin von einer ihrer Gestalten abfällig sagt, »sie hatte all den sentimentalen Jargon aus Romanen gelernt«, dann fällt das auf sie selbst zurück, und dasselbe gilt für ihre Heldin, die an einer Stelle ihre Sorgen »nicht dadurch besänftigen kann, dass sie sich den fiktiven und unwahrscheinlichen Kalamitäten der Heldin einer Romans widmet«, denn später reflektiert sie »die sonderbaren Fügungen ihres eigenen Schicksals«. Sie sind wahrlich sonderbar, aber am Schluss kann die in viele Abenteuer und Reisen verwickelte Emmeline von der »schönen Waise«, auf deren adliger Abkunft ein Schatten liegt, zur reichen »Erbin von Burg Mowbray« werden und von ihren vier Bewerbern endlich den richtigen heiraten. Fitz-Edward hat eine verheiratete Frau geschwängert und scheidet aus; Delamere verdächtigt Emmeline zu Unrecht, ein Kind zu haben, und scheidet aus; Bellozane hat nie eine Chance, weil Emmeline schon Godolphin liebt. So sind es auf der letzten Seite des Romans »Tränen des Freudentaumels«, die Emmeline weint.[17]

17 Charlotte Smith, *Emmeline or the Orphan of the Castle*, mit einer Einleitung hrsg. von Anne Henry Ehrenpreis, London: Oxford University Press, 1971. Die Zitate in der Reihenfolge: S. 23 f., 464, 450, 474, 229, 22, 386, 43, 400, 427.

## 6

Obwohl dann umfangreichere Werke die Schriftstellerin für den Rest ihres zu kurzen Lebens beschäftigten – sie starb mit 41 Jahren –, verlor sie das Interesse an ihren Jugendwerken nicht ganz. Noch im August 1814 macht sie in einem Brief an ihre Schwester eine Anspielung auf »meine Kutsche zwischen Edinburgh und Sterling«[18] aus dem 1790, also fast fünfzehn Jahre vorher geschriebenen *Liebe und Freundschaft.* Auch Cassandra hat sich also offenbar an Einzelheiten aus den Jugendwerken erinnert.

1808/09 muss Jane ihre Manuskripte noch einmal durchgesehen haben, denn einige Verbesserungen kann sie nicht früher vorgenommen haben. A. Walton Litz[19] weist darauf hin, dass die Namensänderung in *Kitty und die Laube* von Mrs. Percival zu Mrs. Petersen offenbar geschah, weil es am Ort nun einen neuen Dr. Percival gab, wie Jane in dem Brief an Cassandra vom 7. Oktober 1808[20] bemerkt.

Eine weitere späte Änderung in diesem Text ist auch der Austausch eines Buchtitels. Ursprünglich hatte die bigotte Mrs. Percival/Petersen Catharine zu deren Erbauung die *Lectures on the Catechism of the Church of England* (*Vorlesungen über den Katechismus der anglikanischen Kirche,* 1769) von Thomas Secker, dem Erzbischof von Canterbury, geschenkt. Aber Jane ersetzte den Titel durch Hannah Mores Roman *Coelebs in Search of a Wife* (*Coelebs auf der Suche nach einer Frau*), der erst 1808 erschien.

18 *Jane Austen's Letters to her Sister Cassandra and Other* (s. Anm. 2), Bd. 2, S. 397.

19 Vgl. Anm. 8.

20 *Jane Austen's Letters to her Sister Cassandra and Other* (s. Anm. 2), Bd. 1, S. 218. – Die Übersetzer haben ihr durchweg den Namen Percival gelassen.

Da um 1800 in konservativen Kreisen – anders als im Haus Austen, wo sogar der väterliche Pfarrer Schauerromane las – das Lesen von Romanen, die ja etwa auch Schiller gegenüber Poesie und Drama für eine minderwertige literarische Gattung hielt, vielfach noch als frivole Lektüre galt, ist Austens Austausch auf den ersten Blick verwunderlich, weil die Lektüre von Romanen anders als die von religiösen Werken nicht recht zu der engstirnigen Mrs. Percival passen will. Aber die Lektüre von Mores einzigem, äußerst erfolgreichen Roman bestätigt, wie gerade dieses Buch Mrs. Percivals Persönlichkeit entspricht, so dass die Aktualisierung ihres Manuskripts einleuchtet. Mores Roman ist ein penetrant moralisierendes, mit gelehrten Zitaten gespicktes, tief christliches Werk, das Austen zu dem Kommentar herausforderte: »Zuerst war meine Abneigung gegen [*Coelebs*] nur vorgespielt, aber jetzt ist sie ernsthaft; ich mag die Überfrommen [*evangelicals*] nicht.«[21] Man kann sich leicht vorstellen, dass Jane es parodiert hätte, wenn es fünfzehn Jahre früher erschienen wäre.[22]

21 Ebd., Bd. 1, S. 256, Brief an Cassandra, 24. Januar 1809.

22 More selbst schreibt im »Vorwort« ihres Romans: »Durch meine Veröffentlichung [des Buches] fürchte ich die Kritik zweier Gruppen herauszufordern. Die Romanleser werden es als langweilig ablehnen; die religiös Gesinnten werden es vielleicht als frivol zur Seite werfen.« Die Handlung des Romans kreist um den dreiundzwanzigjährigen Coelebs, der nach Verlust seiner Eltern durch England reist, um die richtige Frau zu suchen. An allen Familien mit heiratsfähigen Töchtern hat er auf eine Weise etwas auszusetzen, die heutige Leser nur als selbstgerecht, besserwisserisch und arrogant empfinden können, bis er in Lucilla Stanley die ideale Ehepartnerin findet – eine Gestalt, die es aber wohl nur in der Einbildung der Autorin gibt, denn sie ist ein Wunder an Frau, ein bigotter Wunschtraum, der Jane Austen zur ironischen Porträtierung von Mrs. Percival »ein gefundenes Fressen« sein musste: Lucilla, meint Coelebs,

Jane Austens bis 1793 geschriebene Jugendwerke gehen fast nahtlos in die Komposition der ersten drei ihrer späteren Romane über. Nach Cassandras Notiz stammt die Entstehung der frühen Fassungen von Janes Romanen aus der zweiten Hälfte der Neunzigerjahre: Die erste Niederschrift von *Stolz und Vorurteil*, noch unter dem Titel *Erste Eindrücke*, schrieb Jane 1796/97; Janes Vater bot es schon 1797 einem Londoner Verlag zur Veröffentlichung an, der es aber ablehnte.

*Verstand und Gefühl*, hier noch *Elinor und Marianne* und angeblich ein Briefroman, wurde 1797 entworfen, und *Kloster North-hanger* (so Cassandras Schreibung) wurde 1798/99 geschrieben und unter dem Titel *Susan* 1803 von einem Londoner Verleger angekauft, ohne dass dieser es veröffentlichte.

Alle drei Romane wurden noch erheblich umgearbeitet, bevor sie dann etwa fünfzehn Jahre später erschienen. Hatte Jane womöglich vor, auch ihre frühen Texte zu publizieren? Vielleicht wäre das geschehen, wenn sie länger gelebt hätte. So aber wurden diese reizenden, erheiternden, ja übersprudelnden Geschichten, die schon früh ein großes Talent bezeugen, erst über ein Jahrhundert nach ihrem Tod bekannt.

Mit dem letzten der frühen Texte Jane Austens, *Kitty und die Laube*, beginnt, so kann man sagen, ihre eigentliche Karriere als ernsthafte Romanschriftstellerin. Sie ist auf

> »ist keine erklärte Schönheit, sie ist kein erklärtes Genie, sie ist keine erklärte Philosophin, sie sprüht nicht vor Geist, […], sie ist keine Künstlerin! […] sie ist […] von Natur eine sanfte, mitfühlende, lebhafte, bescheidene Frau. – Sie ist durch Erziehung elegant, gebildet, aufgeklärt. – Sie ist durch Religion fromm, demütig, offen, wohltätig.«

(Hannah More, *Coelebs in Search of a Wife Comprehending Observations on Domestic Habits and Manners, Religion and Morals*, hrsg. von Patricia Demers, Toronto: Broadview Editions, 2007, S. 38 und 144.)

dem Weg zum realistischen, durch Natürlichkeit gekennzeichneten Roman. Dazu berechtigt nicht nur die Länge des Fragments von etwa fünfzig Seiten. Hier wird nun das Liebesthema ernsthaft behandelt und zum ersten Mal bei Jane Austen auch das Thema der Politik kurz und satirisch eingeführt. Es wird ein regelrechter Roman mit einer Anzahl von »runden« Charakteren entworfen, zu denen auch Gestalten mit karikaturhaften Zügen gehören wie Kittys Tante, die den Untergang Englands kommen sieht, weil ihre Nichte in Begleitung eines jungen Mannes allein in einer Kutsche gefahren ist. Zur Fortsetzung der Handlung gibt das Ende des Fragments vier Stichworte und Andeutungen, die zu allerlei Verwicklungen geführt hätten.

Erstens signalisiert Edwards Abreise ohne Abschied von Kitty seine Verliebtheit in sie, der er offenbar entfliehen möchte. Wird ihm das gelingen?

Zweitens kommt Cecilia Wynne als verheiratete Mrs. Lascalles aus Indien nach England zurück, so dass eine Wiederbegegnung mit ihrer alten Freundin Kitty zu erwarten ist. Cecilia ist, wie die Leser wissen, nicht glücklich verheiratet. Was steht ihr in ihrer Heimat bevor?

Drittens dringen die Stanleys auf einen Besuch Kittys in London, wo sie sicher auch mit der Familie Halifax bekannt werden und dadurch ihre Freundschaft mit Mary Wynne erneuern würde. Sollte Kitty gar die Stanleys auf ihrer Sommerreise nach Yorkshire und zu den Seen begleiten? Würden auch die beiden Brüder der Wynne-Mädchen im Verlauf des Romans eine Rolle spielen?

Viertens steht eine Reise von Mrs. Percival, Miss Dudley und Kitty nach Exeter bevor, die sie aber nur in Begleitung eines Herrn antreten können. Wer würde es sein? In Exeter wimmelt es von Soldaten, und eine Schauspieltruppe gibt ein Gastspiel. Welche Verwicklungen würden sich bei der Borniertheit von Catharines Tante ergeben?

Auch hier, wie bei Austens anderem frühen unvollendeten Roman *Die Watsons* und ihrem letzten, durch ihren Tod unabgeschlossenen Roman *Sanditon,* ist es den Lesern überlassen, sich Fortsetzung und Abschluss des Romans auszudenken oder ihn gar zu Ende zu schreiben.

*Christian Grawe*
Melbourne, Australien

RECLAM TASCHENBUCH Nr. 20470
2012, 2017 Philipp Reclam jun. Verlag GmbH,
Siemensstraße 32, 71254 Ditzingen
info@reclam.de
Umschlaggestaltung: Philipp Reclam jun. Verlag GmbH
Umschlagabbildung: Pierre-Joseph Redouté,
Iris Xiphium Variété (1835) – © akg-images
Umschlagmaterial: PEYVIDA puro 270 g/m², peyer cover gmbh
Druck und Bindung: GGP Media GmbH,
Karl-Marx-Straße 24, 07381 Pößneck
Printed in Germany 2025
RECLAM ist eine eingetragene Marke
der Philipp Reclam jun. GmbH & Co. KG, Stuttgart
ISBN 978-3-15-020470-2
reclam.de

FSC www.fsc.org
MIX
Papier | Fördert gute Waldnutzung
FSC® C014496